影视传媒实践教材系列丛书·播音主持系列

JIEMU ZHUCHIREN SHIYONG JINENG XUNLIAN JIAOCHENG

节目主持人实用技能训练教程

李丹 主编

罗共和 赵小蓉 主审

李丹 石雨冰 王明辉 任云芳 宋池 编写

重庆大学出版社

图书在版编目（CIP）数据

节目主持人实用技能训练教程 / 李丹主编. —重庆：重庆大学出版社，2014.9（2024.8重印）

（影视传媒实践教材系列丛书. 播音主持系列）

ISBN 978-7-5624-8576-6

Ⅰ. ①节… Ⅱ. ①李… Ⅲ. ①主持人—教材 Ⅳ. ①G222.2

中国版本图书馆CIP数据核字（2014）第209866号

节目主持人实用技能训练教程

主 编 李 丹

责任编辑：杨 敬 版式设计：雷少波

责任校对：邹 忌 责任印制：张 策

*

重庆大学出版社出版发行

出版人：陈晓阳

社址：重庆市沙坪坝区大学城西路21号

邮编：401331

电话：（023）88617190 88617185（中小学）

传真：（023）88617186 88617166

网址：http://www.cqup.com.cn

邮箱：fxk@cqup.com.cn（营销中心）

全国新华书店经销

POD：重庆新生代彩印技术有限公司

*

开本：787mm×1092mm 1/16 印张：21.5 字数：448千

2014年10月第1版 2024年8月第9次印刷

印数：15 501—16 000

ISBN 978-7-5624-8576-6 定价：54.00元

编写委员会

总　主　编：罗共和

总　主　审：王岩平

总主编助理：李　丹

编　　　委：（以拼音字母为序）

黄元文　李　丹　林　莉　罗共和

罗文筠　骆志伟　王岩平　王　炜

王韦皓　谢建华　赵小蓉　张　亮

总　序

摆在我们面前的这套播音主持系列丛书，是在党中央国务院发出要求高等院校更加注重行业对口、校企合作，培养应用型高等专业人才和中宣部、教育部联合推出的卓越新闻人才教育培养计划的重要精神鼓舞下，集中了高校近年来教学与实训中的基础理论、成功案例，结合广播电视行业转型期对播音主持人才的定位与需求，以努力培养一大批德艺双馨、专业能力突出、文化底蕴厚实、专业素质过硬的广播电视后备专业人才为基点，编写出版的一套为热爱播音主持专业的青年学习的专业书籍。

播音主持系列丛书包括《普通语音理论与实践》《播音语言表达艺术教程》《经典艺术作品朗诵》《语音发声基础训练教程》《节目主持人实用技能训练教程》《影视作品分析》《影视写作基础》《非节目主持艺术实践教程》等教材，涵盖了高等院校对培养应用型、技能型、复合型播音主持人才的全方位教育与训练。

基于目前广电行业对播音员主持人专业技能、基础理论、文化底蕴、全面素质发展诸多方面的岗位要求，播音主持系列丛书融合时代的传媒教育理论，吸收了目前国内国外广播电视主持行业的最新成果，遵循科学、合理的知识体系架构，理论知识更易学生学习、吸收；注重实践环节的训练设计，结合广电行业的实际案例，引导学生进行主观能动性、探讨性学习训练，强化专业技能；注重基于行业发展的现状，通过理论与案例的分析，引导学生独立思考，激发学生主动求知的愿望，围绕知识点进行实践训练，强化学生通过学习掌握系统、扎实的专业理论与技能。

播音主持专业是既重理论又重实践的学科。播音主持系列丛书在当今媒体处于大竞争、大变动、大发展的时期，为广大热爱播音主持专业的青年提供了通过学习走向成功的平台。丛书在编写过程中不仅凝练了高校多年来培养广电行业优秀毕业生的教学经验，更是集中了广电行业许多专家的智慧和情感，是热爱播音主持专业的青年们学习本专业的必读书籍。

在此，我们要特别感谢在播音主持丛书编写过程中给予我们热情帮助与指导的中央电视台、凤凰卫视、上海东方卫视、湖南卫视的专家和领导，也热切期盼着我们共同培养广播电视后备青年人才的理想通过我们辛勤的劳动得以实现。

罗共和

2014 年 8 月

前　言

一、编写背景

节目主持人，对于我们每一个人来说都不陌生，他/她出现在每一个受众身边。随着广播电视的发展，节目主持人已经广泛深入地走进社会的各个领域，与每个家庭和各个层面的受众相联系，成为了人们身边“最熟悉的贴心人”。

我国的广播电视节目主持人经历了30多年的发展，形成了一支由数万人组成的庞大而充满活力的队伍。进入21世纪，主持人在广播电视传媒中显得越来越重要，受众对主持人职业化水准的要求更高了，对主持人个性魅力的期待也更强了。因此，主持人在未来的传播领域面临着前所未有的挑战：节目质量的好坏由受众直接评价，收视率、收听率成为衡量节目和节目主持人的重要标准，国外节目涌入中国市场，新媒体对传统媒体步步紧逼，这些对专业院校培养主持人又提出了新的、更高的要求。

不知从什么时候开始，我们身边出现了一些非播音主持专业学生从事主持工作的案例；不知从什么时候开始，我们耳边听到有人用轻蔑的口吻说播音主持专业如何如何空洞无用；不知从什么时候开始，我们看到一些媒体的招聘启事中赫然写着“非211大学毕业生不用，主持人专业不限”的字眼。作为播音主持专业的一名教育人员，我们不禁要问，专业院校的主持人才培养真的“无用”了吗?

万事万物的存在都是一把双刃剑，一个学科、一个专业存在了几十年时间一定有其必然性，尽管我们现在看到越来越多的非播音主持专业学生出现在广播电视节目中，但占到的份额还很有限。特别是在广播电视新闻节目中，新闻主播的来源主要还是新闻专业和播音主持专业毕业生。因此，只要播音主持专业的人才培养与行业接轨、市场接轨，教育者能够在人才培养的过程中发现学生专业学习的困惑和不足，及时地给予学生专业报导，专业院校仍然有能力培养胜任一线工作的节目主持人。

当然，随着受众文化水平和审美水平的不断提高，受众渴望看到更多优秀的主持人，他们不仅要形象靓丽，而且要具有专业素养、专家视野，这就需要教育者们针对播音主持专业学生的特质，结合学生自身的不足，尝试开发与设计出适合学生成长的课程与教材，提高播音主持专业人才培养的质量。

二、编写理念

近年来，越来越多的青年学子受广播电视行业的影响，希望成为主持人队伍中的一员，怀揣梦想进入全国各大高校进行学习。目前，全国开设播音主持艺术专业的高校众多，各所学校的人才培养目标不同，教学侧重点也不尽相同。

本书的编写思路由四川电影电视学院播音主持系赵小蓉主任开创的“主持人学”这门课程的教学思路而来。一名普通的高中毕业生，想要成长为一名准节目主持人，必须经历以下几个阶段：认识节目主持人——树立榜样——具备主持人的基本素质——具有节目创作的能力——结合自身特点与优势提升个性魅力。本书的章节设计充分考虑了学生在不同阶段的情况，知识点呈阶梯式分布，同时配合围绕知识点进行螺旋式实践训练，强化学生“理论与实践相结合”的能力，使学生为如何成为一名职业化主持人建立相对完善的知识架构。

三、内容提要

本书适用于播音主持专业本科教学，适用于播音主持专业二、三年级学生。本书共分为四部分：

第一部分　你了解节目主持人吗

第二部分　为成为节目主持人作好准备

第三部分　我将成为这样的节目主持人

第四部分　我可以做得更好

学生通过第一部分的理论学习，了解节目主持人从无到有的过程；明确节目主持人发展过程中相关的概念问题；了解节目主持人的特征、基本素质及工作职责。了解中、西方节目主持人的发展轨迹及节目主持人分类的相关情况。

学生通过第二部分的理论学习和课堂实训，了解节目主持人的工作状态并通过实训初步进入工作状态。了解节目主持人的有声语言特点，通过实训做到流畅地表达、准确地表达、适应性地表达，逐步成为能说会道的主持人。

学生通过第三部分的理论学习和课堂实训，熟练掌握社教、新闻、综艺娱乐、访谈节目的理论知识，了解这几类节目主持人需要具备的基本能力，掌握这些节目的基本创作方法，通过实训具备相应的主持能力。

学生通过第四部分的理论学习和课堂实训，提高自身在节目主持过程中的专业能力，使自己能够适应目前电视节目多元化传播方式的需要。

四、编写特色

广义的“主持人”包含的种类繁多，本书作为播音主持专业教材，研究的对象特指在广播电视节目中出现的“节目主持人”，这是整个广播电视学科的一个分支。本书一方面梳理了与“节目主持人”相关的理论知识，使学生了解主持人产生的脉络及发展历史，明确主持人这一职业的特质，明确媒体与受众对主持人的需求，更好地认清自身学习和努力的方向；另一方面，为了提升学生的主持能力，在每一节加入了实践训练内容，学生在理解理论内容的基础上，通过实训加深对理论知识的印象，能够基本掌握一些常见节目的创作方法，为实习就业打好基础。

为使学生在实训练习中有参考、借鉴，本书在部分实训练习中加入了学生作业案例；为使教师方便使用，本书在附录中加入了教师授课内容进度表及学生课堂实训情况记录表。希望编者的细节考虑能够为本书的使用者带来更多的方便。

五、编写分工

本书的编写是在四川电影电视学院播音主持系赵小蓉主任的指导下，在四川电影电视学院播音主持系主持教研组的五位教师的共同协作下完成的。具体编写分工如下：

第一章、第二章、第三章，李丹；第四章，石雨冰、任云芳；第五章，任云芳、王明辉；第六章，王明辉；第七章，石雨冰、李丹；第八章，任云芳、李丹、石雨冰；第九章，宋池、李丹、石雨冰；第十章，王明辉、石雨冰、宋池。

最后由主编李丹统稿、定稿。

编　者

2014 年 6 月

目 录

第一部分　你了解节目主持人吗

第二部分　为成为节目主持人做好准备

第三部分　我将成为这样的节目主持人

第四部分　我可以做得更好

附　录

第一部分

你了解节目主持人吗

第一章 话说节目主持人

【学习目标】

1. 了解节目主持人从无到有的过程。
2. 明确节目主持人发展过程中相关的概念问题。
3. 了解节目主持人的特征、基本素质及工作职责。

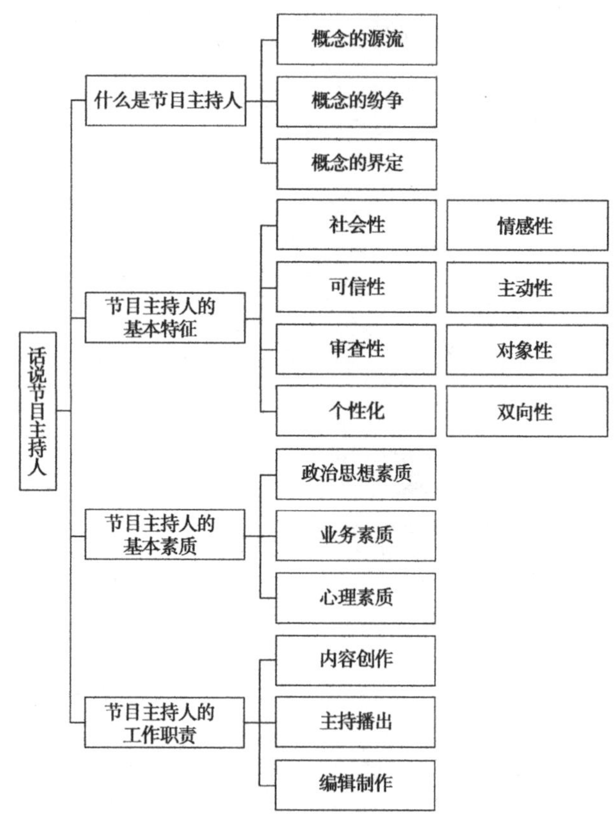

节目主持人，对于我们每一个人来说都不陌生，他 / 她出现在每一个受众身边。随着广播电视的发展，主持人已经广泛深入地走进社会的各个领域，成为人们日常生活的重要组成部分。

我国的广播电视节目主持人经历了 30 多年的发展，形成了一支庞大而充满活力的队伍。进入 21 世纪，主持人在广播电视传媒中显得越来越重要，媒体和受众对主持人职业化水准的要求更高了，对主持人个性魅力的期待也更强了。因此，主持人在未来的传播领域中应该对自己有更高的要求。要想成为一名优秀的主持新人，学习并掌握与主持人相关的理论知识十分重要。

第一节　什么是节目主持人

广义的“主持人”包含的种类繁多。本书作为播音主持类教材，研究的对象特指在广播电视节目中出现的“节目主持人”。

在现代汉语中，“主持人”存在着广义和狭义的区别。广义的“主持人”是泛指在各种活动、项目中负责掌管和处理具体事宜的人，如礼仪主持（包括婚礼主持、商务主持、开业主持、庆典主持等）、报纸专栏主持、网络主持等；狭义的“主持人”即专指广播电视节目主持人。本书主要探讨的是狭义的“主持人”。

一、概念的源流

（一）节目主持人的起源

主持人节目的出现与主持人称谓的提出是不同步的。主持人在电子媒介中出现是在 20 世纪 20 年代后期，而主持人这一概念的提出却是在 20 世纪 50 年代。

节目主持人源于西方，在英国用 Presenter 表示，意为展示者。在美国，对于它的英文表述包括 Moderator 和 Host。Moderator 原意为缓和、调节的人，仲裁人或协调人，最初是对在游戏、竞技节目中出现的主持人的称谓。后来，随着一些轻松的讨论节目和辩论节目的出现，Moderator 也随之应用到这类节目中。这些主持人在节目中主要起调节、客串和仲裁作用。Host 原意是主人，多用来指在综艺表演节目和明星访谈节目中的主持人，他们以主人的身份出现在节目中，调控着节目的节奏和气氛。

（二）“节目主持人”概念的提出

节目主持人这个词最早是由美国哥伦比亚广播公司的唐·休伊特（CBS 新闻部制片人，著名编导）于 1952 年提出的，他主张用英文 Anchor 来表述主持人。

Anchor 的本义是“锚，危险时可以依靠的人”。表示在关键时刻具有强劲支撑力的物或人。引申义：接力赛跑中跑最后一棒的运动员，也就是跑得最快、最具有冲刺力的人。

案例启发

概念提出背景

唐·休伊特（Don Hewitt）是美国电视新闻节目的先锋人物，也是 CBS 电视台资深主持人。

唐·休伊特

堪称美国电视历史上传奇节目的《60 分钟》（*60 Minutes*）就是由唐·休伊特创建的。唐·休伊特在 1952 年美国总统大选的报道中使用了 Anchor 一词，主要针对当时电视新闻对重要事件的报道通常表现出的板滞并零散的状况提出的。唐·休伊特认为，电视新闻应选择一个人，将不同地点、不同角度的新闻报道组织在一起，形成一个整体，目的是强调对新闻的组织和串联。唐·休伊特把电视新闻传播这种形式比作接力赛跑队，其中最强的队员跑最后一段赛程，这名队员就是“新闻节目主持人”。他认为，总统竞选活动报道的人应该具有 Anchor 那样的素质与能力，能够承上启下、衔接各方，有能力把各种渠道来源的新闻稿件组织串联成一个有机的整体，从而获得良好的新闻效应。由此可见，主持人从开始出现就成为了电子媒介节目传播中最关键的人物。

二、概念的纷争

（一）西方节目主持人称谓的提出

节目主持人的概念起源于西方。从其诞生之日起，主持人便依照所主持节目性质的不同而分门别类、各司其职，主持着不同类型的节目，承担着不同的传播任务。目前用于描述主持人概念的英文词汇有十几种，包括 Host，Anchor，Moderator，Compere，Presenter，Journalist，Analyst，Newscaster，Sportscaster，VJ 等。这些英文单词虽然都是指主持人，称谓却各不相同（见表 1.1）。

表 1.1　主持人称谓中英翻译一览表

英文词汇	主持人称谓
Broadcaster，Host	谈话节目主持人
Anchor	新闻节目主持人
Emcee	娱乐节目主持人
Commentator	解说员
Announcer	宣读员
Weatherman	气象节目主持人
Showman	演出主持人
Moderator	游戏竞赛类节目主持人

（二）我国节目主持人概念的纷争

“节目主持人”这一称呼在我国出现已有 30 多年历史了，但至今没有一个取得人们共识的确切的定义。这也显示了节目主持人职业自身的复杂性、多面性。目前，我国在广播电视栏目中已普遍设立主持人，他们主持方式多样化，主持个性、风格各异，生动活泼，深受群众欢迎。

对于节目主持人的概念究竟应该怎样进行中文阐述，说法众多，学术界也有所争议，以下列举比较有代表性的几种。

1.《广播电视辞典》（赵玉明、王福顺主编）中对于节目主持人的定义

广播节目主持人：广播中直接面对听众的节目主持者、播讲者。

电视节目主持人：在电视节目中出场为受众主持各种节目的人。主持人不是表演者，也有别于稿件的播报者。主持人是以他自己的身份、自己的语言，借助屏幕面向受众直接进行的传播活动。

2.《新闻学大辞典》（甘惜分主编）中对广播电视节目主持人的定义

广播节目主持人：广播电台（站）中以某一个人的身份在话筒前主持某个固定节目的播讲者，是一台节目中的相关人，处于节目的主导地位，是某个节目制作群体的中心人物。

电视节目主持人：电视台中以某一个人的身份站在摄像机前主持某个固定节目的播讲者，一般特征与“广播主持人”相同，但荧幕上的形象表现是其独特之处。

3.《中国应用电视学》（朱羽君、王纪言、钟大年主编）中对节目主持人的定义

主持人作为电视节目直接出面向受众进行传情达意的特定角色，总括一点就是节目的支撑人物。主持人在节目中所处支撑地位，决定主持人在节目中通过组织、串联、引导、沟通、交流、传达、吸引起主导作用。

4.《新闻工作手册》（新闻工作手册编委会编）中对节目主持人的定义

节目主持人：在广播电视中，出场为听众或受众主持各种节目的人，叫主持人。主持人不光是表演者，也有别于新闻通讯和文章的播报者。

节目主持人是以他自己的身份、自己的个性，直接面对听众或受众的人。主持人在节目中处于主导地位，他的主要职责是组织串联一个节目的各个部分，也可以直接向受众和听众传播信息，或解答问题，或介绍知识，或提供娱乐，总是以第一人称“我”的口气，与听众或受众交流。

5.《中国新闻实用大词典》（冯建主编）中节目主持人的定义

在广播电视新闻节目中，用自己的语言直接为听众服务的专业人员。他们在节目中以个人的身份向听众介绍新闻节目的内容，主导节目进展，给听众以节目主持人的同感。由于新闻节目主持人最主要的工作是播音，因此，中国目前节目主持人的专业职务归播音员序列。主持人以口语播音为主要传播形式。

6.《节目主持人通论》（俞虹主编）中节目主持人的定义

节目主持人是在广播电视中，以个体行为出现，代表着群体观念，用有声语言形态来操作和把握节目进程，直接进行大众传播活动的人。

7.《主持人节目学教程》（陆锡初主编）中节目主持人的定义

节目主持人是指以“我”的身份在广播电视中组织、驾驭、掌握节目过程，与受众平等交流的大众传播者。

以上有关节目主持人的定义都出现在具有一定社会影响和权威的辞典或书籍中，应该说具有较大的代表性。尽管各自的认知、理解和文字表达有差异，但对我们正确理解主持人的内涵，对主持人作出科学的界定，都有启发和帮助。归纳起来，有以下三个共同点：

（1）真实性。主持人是一个直接面向受众的真实的人，以“自己的身份”“我”的口吻说话，而非表演者。

（2）主导性。主持人在节目中处于“主导”地位，是主导、支撑、把握节目的“中心人物”“支撑人物”。

（3）交流、传播性。主持人必须与受众直接交流、交谈、沟通、传情达意，是广播电视媒体中进行直接传播活动的人。

三、概念的界定

在上面的讨论中，我们谈到了我国节目主持人概念的纷争，学者们从不同的角度阐述了主持人的含义。在这些概念中，最能被大多数人接受的是《广播电视辞典》里对主持人的解释：主持人是“在广播电视节目中，以个体行为出现，代表群体观念，以有声语言为主干或主线驾驭节目进程，直接面对受众，平等地进行传播的人”[1]。这个定义较为科学和全面，抓住了主持人的本质特征，即主持人与受众平等交流，用有声语言把握节目进程，和一个固定的节目联系在一起等。

节目主持人不同于播音员，但常有人把两者混为一谈甚至等同起来。殊不知，主持人和播音员之间虽有许多共同点，但他们却在职责、素养、语言表达样态、形象方面有明显区分。因此，在对节目主持人进行定义前，需要弄清楚节目主持人与播音员的区别。

节目主持人是以第一人称“我”的身份出现在节目中，播音员是广播电视台的代表，也是党和政府的代言人，他们是以第三人称的身份出现在节目中的，那么，主持人和播音员究竟有哪些不同之处呢？[2]

1. 工作职责不同

主持人的工作职责比较广泛，包括报道策划、节目构思、确定选题、现场采访、编写稿件、组织串联、主持播出、受众反馈调研等一系列工作。播音员则是“代读者”，其工作职责是在了解与熟悉稿件、充分理解作者主旨意图的基础上，用标准的普通话认真播好稿件。

2. 身份不同

节目主持人以个人身份、第一人称“我”面向受众，讲述新闻，阐述观点，谈论体会感受，具有鲜明的个性特征。播音员则以电台、电视台的名义播报新闻稿件，其工作职责是准确地表达新闻稿的主题思想。

3. 对象感不同

节目主持人的对象比较具体，他把对象设想成“一对一”或“一对几”，从而使受众产生“主持人在对我说话”的感觉。播音员的对象感一般是按照“一对众”的设想与受众交流的，作为转述者，他设想的对象比较广泛。

4. 与节目关系不同

节目主持人一般情况会固定主持某个节目，要参与整个节目制播的全过程，成为节目的支撑者、节目的“灵魂”。播音员一般不固定某个节目，他主要对播出稿件负责。

5. 播讲方式不同

节目主持人采用“交谈式”的播讲，他以谈话的方式、商量的口吻，与听众娓娓谈心，语气亲切自然。播音员则采用“宣读式”的播音，以有效的方式朗读他人撰写的稿件，

[1] 赵玉明，王福顺 . 广播电视辞典［M］. 北京：北京广播学院出版社，1999：212.
[2] 陆锡初 . 节目主持人概论［M］. 北京：中国广播电视出版社，1991：88-92.

准确地表达原稿的主旨和神韵气势。

鉴于以上区别和学者们不同的观点，笔者认为，这个定义可以理解为：节目主持人是节目进程的统领者、节目方针的体现者、内容上的组织者和主播者。这“四者”也阐述了一个利于学习者更为直观理解的主持人的定义——**节目主持人是以“我”的个体形象出现在镜头和话筒前，为受众群准备并驾驭一档固定节目的演播主人。**[1]这一概念包含以下七大要素。

（一）“我”的个体形象

主持人“我”的整体形象包括“小我”和“大我”。

“小我”即主持人的个体形象、个体行为。主持人以个体形象出现，以个人身份和言谈举止出现在受众面前，各自拥有不同的语言风格和形象气质。

“大我”指的是主持人的群体观念。主持人是节目群体的发言人、执行者。在我国，主持人是媒体的代言人，是党和人民的喉舌，是电台、电视台的“台标”，一言一行都受到群体、栏目、社会的制约。因此，主持人不可随心所欲、肆意发挥。

只有“小我”和“大我”相融合，才可以更直接、更平等地进行大众传播。

（二）出现在镜头和话筒前

主持人借助镜头和话筒进行形象塑造和语言传播。因此，镜头和话筒就是主持人的传播工具，主持人在镜头和话筒前呈现出的样态，是受众理解节目内容、把握节目主旨的窗口。

（三）为受众群

为受众群主要是指对象化传播，这是节目主持的一大显著特征。主持人总是以特定的受众群体作为传播对象在主持节目。面对不同的受众群，主持人的节目状态和语言运用也各有差异，不能一概而论。应做到换位思考，理解受众、尊重受众。如果用面对青年人的态度来与小朋友或者老年人进行沟通，将会影响节目主持的效果。

（四）准备

主持人在主持一档节目之前需要进行文化准备和节目准备。

文化准备指的是主持人需要具备和节目相关的文化、专业知识。

节目准备提倡主持人积极参与节目策划及制作的全过程。主持人在每次播出前还需要做话题准备、人物资料准备及节目大纲准备等。这些准备充足与否，直接关系到节目

[1] 吴洪林. 主持艺术[M]. 上海：生活·读书·新知三联书店，2007：12.

传播效果的优劣，影响着主持人个体形象塑造的效果。

（五）驾驭

驾驭能力是指主持人对节目的掌控能力，也就是主持人如何渲染主题、营造氛围、把握节奏、控制场面等。节目现场存在着一定的不确定性，特别是现场直播中，整个节目能否按照预期准备展开。依靠的就是主持人的驾驭能力。

主持人的驾驭能力，并不是与生俱来的，更不是在短短几期节目中就能够形成的，而是一个持续努力和经验积累的过程。持续的时间越长，往往越有利于主持人驾驭能力的提高。

（六）固定节目

只有节目固定、主持人固定、播出时间固定，才能产生真正意义的主持人，才能产生和形成相对稳定的受众群。主持人不是以节目多为荣，而是以做节目长久为荣。因为主持人只有长期主持一档节目，才能逐渐形成鲜明的个性形象和主持风格，深入人心的主持人，是受众在想起该节目时自然而然地想到的主持人。

（七）演播主人

“演播”，并不是指表演性的播讲，而是指主持人动态的、有变化的、有发挥的当众性播讲，也就是主持人的二度创作。

“主人”，是指主持人每一次做节目都应该以主人的身份和态度出现在节目中，把受众当作朋友和客人一样接待、招待。

尽管以上对节目主持人的定义做了诸多说明、解释，但疏漏和缺憾是必然的。笔者希望通过以上阐述，引导学习者了解主持人的职业特性，从而建立对主持人这一职业正确的职业认知。

知识链接

由《新闻联播》主持人引发的集体怀旧

不要小觑“陪伴”的力量，熟悉的开场曲，闭着眼睛也能瞬间听出属于谁的播音腔，这让《新闻联播》的主持人在时间长河的流淌中，成为大批观众的“老朋友”。

在有收看《新闻联播》习惯的观众群中，主持人的一举一动（包括播音完毕收拾稿子的动作、两位主持人的交流内容、小小的一次口误等）都会引起观众的好奇心和关注。所以，当李瑞英、张宏民两位主持人要离开《新闻联播》的消息于昨日传出后，不少观众表示“失落、伤感”是可以理解的。

在央视平台工作近30年，在全国最重要的节目中频频露面，两位主持人的形象与声音已经深入人心。

观众的失落与感伤，正是源自这熟悉的“陪伴”以后将不会再有，集体怀旧在这一刻又找到了一个爆发点。除了怀旧之外，李瑞英集端庄与清新于一体的气质，张宏民的成熟与稳重，也是观众对他俩抱有好感的原因。个人修养方面所体现出来的魅力，是可以与节目剥离开来单独看待的，在某一程度上，李瑞英和张宏民的身上也寄托了人们对媒体人的一份美好想象。

受央视严格的纪律约束，李瑞英和张宏民一直与商业、娱乐绝缘，除了在荧屏上播送新闻外，在其他公众场所难得一见。没有浮躁的商业气息和无聊的八卦消息围绕，他们的形象符号接近于完美。但作为知名的主播，相信他们和其他的媒体工作者一样，也有着自己的压力与苦恼，有着无法言说的沉重，在一个岗位上劳作近30年，适时离开未必不可视为一种“放下”。

李瑞英在发给媒体的短信中说：“我们认为年轻的主播们已经成长起来，我们退到幕后做一些培训和服务工作，用自己的专业知识和经验为行业发展贡献力量更有意义。”再辉煌的岗位也无法一直原地不动地待下去，当下的新闻制播环境也发生了巨大变化，年轻主播或更符合新观众群的要求，可以在幕后为年轻人提供经验或指导，也是这两位老新闻人的理想去处。

出现于《新闻联播》上的新面孔在增多，也能感受到年轻主播的语言活力。但不得不承认，能深刻印入脑海的主持人在减少，这和互联网时代的信息过剩有关，观众无暇数年如一日地坐在电视机前看一档节目。这也和年轻主持人的经历太少有关，像李瑞英、张宏民这样的主持人，用“身经百战”形容并不过分，他们的名字与声音，已经和诸多历史大事件联系在了一起。

当人们回忆往事，从海量的音像资料中再次看到他们时，或会想到，那些年他们曾陪伴我们一起走过。有了这么一点感慨，其实就已经是对一位主持人的最好褒奖。[1]

第二节　节目主持人的基本特征

节目主持人的基本特征是主持人本质更为丰富的展现。作为节目进程的统领者、节目方针的体现者、内容上的组织者和主播者，主持人在一档节目中显得尤为重要。何谓“特征”？《辞海》解释，“特征”是指“一事物区别于其他事物的特别显著的征象、

[1] http://www.bjnews.com.cn/opinion/2014/05/29/318613.html.[2014-07-15].新京报网.

标志”[1]。在本章中，我们将学习和了解节目主持人的以下几大特征。

一、社会性

作为社会的一分子，主持人应该首先做好人，再做主持人。主持人的社会性包含了其作为社会人的多重属性和对社会文化生态环境的依存，主持人的意识会打上他生存的时代、社会、民族、文化的烙印。社会存在决定社会意识，人们的社会意识会随着生存环境、生活条件、社会关系而变化。因此，主持人的一举一动、一言一行也反映出一定的社会性。

其次，主持人的社会性表现在主持人始终把追求社会效益放在首位。主持人带来的社会效应可以在一定程度上衡量广播电视节目的质量，还可以带动经济效益的产生。因此，不断追求社会效益是主持人的最高原则。[2]

二、可信性

节目主持人作为信息传播的载体，要为受众提供他们所需的政治、经济、娱乐、生活服务等信息。要使信息产生较好的传播效果，就需要主持人在受众心目中具有一定的可信性。另外，主持人还要力争在某个专业领域主动寻求突破，才能成为有一技之长的、值得受众信赖的主持人。

节目主持人的可信度，源自他高尚的道德情操、敬业精神、丰富的知识结构和扎实的业务功底。[3]主持人的人格魅力是使受众信任的重要保证，但这不是一朝一夕可以形成的，需要较长的时间积累，同时加强修养训练，主持人才能形成一定的知名度和受众认可度。这几者相辅相成，共同促进形成良好的传播效果。

要提高节目的传播效果，节目主持人除了要注重提高自己的可信度之外，还可以借助其他权威力量提升节目可信度。比如，在健康咨询类节目中经常邀请相关专家或医生做嘉宾主持，在经济金融类节目中请经济学家进行专业分析。专业学者在相关领域学有所长，具有极强的权威感，这无疑会使受众更加相信节目的传播内容，提高节目的传播质量。

三、审美性

作为大众传播的重要一员，向受众传播真善美、给受众带来良好的审美感受和体验，是主持人的重要职责。主持人的审美性主要体现在以下几个方面。

[1] 辞海［M］. 上海：上海辞书出版社，1982：1447.
[2] 俞虹. 节目主持人通论［M］. 杭州：杭州大学出版社，1996：9.
[3] 俞虹. 节目主持人通论［M］. 杭州：杭州大学出版社，1996：11.

（一）内涵美

首先，内涵美体现在节目主持人的内在美中，内涵美强调主持人的自我修养。主持人应该拥有积极向上的世界观、人生观、价值观，具有高尚的道德情操和强烈的敬业精神。其次，内涵美还体现在传播内容上的求真、向善、示美。[1]

（二）形态美

节目主持人的形态美，体现在主持人的语言、形象、服饰、气质的美上。从语言来看，主持人需做到字正腔圆、清晰流畅，音质甜美圆润、浑厚沉稳 ，同时富有节奏感；从形象来看，主持人一般需要五官端正、形体匀称、举止自然大方；从服饰来看，主持人的衣着需和谐、得体并有自己的个性；从气质来看，主持人的气质可分为儒雅型、严谨型、恬美型、幽默型等。但总体而言，主持人需具有端庄高雅的气质，为自己所主持的节目类型服务。形态美的这些特质，也应符合其所主持节目的风格需要。

四、个性化

节目主持人的个性化，无疑是一档广播电视节目区别于其他节目的保障。同样，优秀的主持人必须具备鲜明的个性特征，这是吸引受众、使节目保持生命力的重要保证。但主持人的个性必须与节目风格相辅相成、风格统一，只有在节目风格的基础上再将自己的个性融入所主持的节目中，才能使二者相得益彰。

节目主持人的个性形象，是他们政治与文化素养、生活与审美心理、语言与气质风度等多种因素的综合体现。

五、情感性

节目主持人的情感性是指主持人要善于将感情投入到节目中，以“情”为先导，真心实意地对待受众，与受众进行面对面、直接、平等的情感沟通与交流。只有让受众觉得可亲、可近、可信，才能真正拉近彼此间的距离，达到最佳传播效果。

在主持节目的过程中，主持人要始终保持饱满的工作热情，让受众感受到你是在用一颗真诚的心在对待他们。主持人应与受众进行“一对一”“面对面”的朋友式交谈。

六、主动性

节目主持人在整个节目进程中，必须发挥主观能动性，引领节目进程，对节目进行整体把控，这是主持人的任务，更是主持人的职责。主持人的主动性主要表现在以下几方面。

---

［1］俞虹．节目主持人通论［M］．杭州：杭州大学出版社，1996：12.

（一）主动在节目中发挥主导作用

主持人是一档节目的主人，是节目方针的体现者和节目内容的主播者，因此，主持人有责任把节目内容以最完美的方式呈现在受众面前。面对同一节目、同一稿件，每个主持人都会选择不同的方式来展现。主持人需要针对演播现场的情况，充分发挥能动作用，以积极的心态进行主持、面对受众；注意针对临场情况随时应变、机敏处理，努力使节目变得生动而有吸引力。

（二）主动参与到节目策划中

我们提倡主持人积极主动地参与到节目的前期准备中，融入节目的创作集体，熟悉节目创作的各个环节，善于思考、敢于发问，从而更好地理解和驾驭节目。

（三）主动提升自身综合素质

主持人综合素质的不断提升，有助于主持人充分发挥在节目中的主动性。要想提升自身的综合素质，主持人需要付出长期而艰辛的努力，需要在日常生活中积极进取、勤奋学习，塑造自己的完美形象，努力提升自身综合素质，为节目质量的不断提高作出自己的贡献。

七、对象性

我们生活在一个大众化→小众化→个性化的传播新时代。根据特定节目、特定对象进行传播的主持人，由于对象明确、针对性强，又有亲和力，所以在传播中有效地拉近了与受众的距离。主持人对象化传播的显著特征，是主持人受信任的重要原因，也是主持人的双向交流魅力所在。

案例启发

中央电视台《乡约》和《乡村大世界》是两个深受农民群众喜爱的对农节目，主持人肖东坡和毕铭鑫是荣获金话筒奖的农村节目主持人。他们的成名离不开对象化的传播、个性化特色化传播及其独特的符号、个性化成分。

肖东坡说：“《乡约》是央视唯一的以约会具有‘三农’背景的新闻人物为基本内容的大型访谈节目。《乡约》的语言风格重在体现轻松调侃细节，栏目通过对语言的推敲与打造，将窝棚瓜架下的乡村意境体现出来，生产出一档口味清新、富有人情味的‘农家小菜’。”[1]

---

[1] 肖东坡．定位立本，差异制胜——《乡约》的栏目定位和品质构建［M］// 白谦诚．2007 年全国主持人优秀论文选集．北京：中国广播电视出版社，2007.

毕铭鑫说："作为中国独一无二的一档乡村综艺节目，《乡村大世界》的主持人之路也是一个打造乡土特色，增强与受众的贴近性和亲和力，被受众接纳并喜爱的过程。"[1]

八、双向性

主持人节目的传播是一种双向传播。[2]这种传播方式有别于"我说你听"的单向传播方式，平等是双向互动传播的前提。传播者与受传者始终处于平等地位，不是"我播你听"，而是"我说你也说"，一起商量讨论、交换意见，彼此尊重、互相信任。这种传播容易产生"自己人"的效应。所以，主持人应该做到态度诚恳、语气亲切，多使用商量的口吻，传播效果会更好。

双向传播与单向传播的主要区别是打破了播音员主持人高高在上的"我说你听"的传播格局，变为主持人与受众共同分享信息，同娱同乐，互相沟通理解，取得共鸣、共识。在这个过程中，传播者应随时注意信息反馈，以便在互动中及时调整传播行为，寻找最佳的传播方式与传播效果。

知识链接

朱军：主持人要具个性 也要符合节目特点

为了发现选拔综艺节目主持人，中央电视台《挑战主持人》栏目举办的央视综艺主持人全国选拔活动正在如火如荼地进行。一名优秀的电视综艺节目主持人应具有哪些素质？央视资深节目主持人朱军接受专访时曾直言："主持人要具有充分的个性魅力，要有节目就是我做，换了我不行这种舍我其谁的霸气。"

朱军表示，由于内地的娱乐节目尚属后起之秀，专业主持人的培养教育尚未定型，而科班出身的主持人大多只具备新闻播音员的素质，还真不适合搞娱乐节目。而放眼全球，一些大牌的娱乐节目主持人都是不但具有播音主持的能力，更有娱乐人的黄金素质，再有对机会的把握，才最终炼成了魅力十足的娱乐节目主持人。

谈到一名优秀的节目主持人应有的素质，朱军认为，除了具备良好的语言能力，还要具有充分的个性魅力，良好的现场驾驭能力，以及对分寸感的把握。"优秀的节目主持人，应该在基本框架的基础上，尽量推陈出新，反应一定要灵敏，对一般

[1] 毕铭鑫.《乡村大世界》的实践——谈综艺节目的主持节目化［M］// 中国电视艺术家协会主持人专业委员会.2008 年全国主持人优秀论文选集.北京：中国广播电视出版社，2008.

[2] 戴元光，邵培仁，龚炜.传播学原理与应用［M］.兰州：兰州大学出版社，1988：6.

的事物最好能有出乎意料的见解，要有‘节目就是我做，换了我不行’这种舍我其谁的霸气。需要注意的是：发挥要迎合节目的特点，做到合二为一，有才艺特长的主持人就有优势。但切忌哗众取宠，以不吓到观众为准。”

不论是主持大型综艺晚会，还是主持《艺术人生》的访谈，朱军给人留下的是一个温文尔雅的形象。如今，《艺术人生》在央视综艺节目中收视率一直名列前茅，但他丝毫不敢懈怠：“央视绝对不是养人的地方，每个主持人都有危机感。”说到今后的愿望，朱军坦言：“我最大的愿望是，到了我两鬓斑白的时候，仍然在做这样一档节目。当然要想这样有两个前提：首先是自己不能出事，要走好自己的艺术人生；其次是要保持住节目的质量。如果能成真的话，这对我来说，可能是最幸福的事情了。”[1]

第三节　节目主持人的基本素质

主持人的基本素质是完成主持人工作的基本保障。《辞海》中对素质一词的注释包含了两层意义：其一，素质从狭义上讲指人的生理的、心理的先天条件；其二，素质从广义上讲，指人在一定的先天条件下，经过多方面、多层次分段学习、修炼所达到的各种能力的综合表现。[2]

我们所讲的主持人的素质从广义的角度来谈的。也就是说，主持人应在良好的天赋条件下，通过与实践的磨合，具备较好的综合素质。在新时期下，主持人若要迎接新的挑战，推动广播电视事业的发展，提高自身的素质和修养显得特别重要。

那么，作为一个节目主持人到底应该具备哪些素质？本节将从思想、职业、心理三个方面来论述主持人的基本素质。

一、政治思想素质

中共中央在 1983 年对广播电视工作的指示中明确规定：“广播电视是教育、鼓舞全党、全军和全国各族人民建设社会主义物质文明和精神文明的现代化工具，也是党和政府联系群众的最有效的工具之一。”我国的广播电视身负重任，是党和人民的喉舌，播音员、主持人则被人们认为是电台、电视台的“台标”，是节目的代表。所以，主持人政治素质的高低举足轻重。

政治思想素质对主持人主体价值判断起着决定性的作用。它集中体现于主持人在正

[1] http://www.china.com.cn/culture/txt/2006-08/07/content_7043722.htm. 大众日报 .［2014-04-30］.

[2] 俞虹 . 节目主持人通论［M］. 修订版 . 北京：中国广播电视出版社，2004：93.

确的世界观指导下，表现出的高尚的道德情操、高度的敬业精神和对真善美的追求。具备这方面良好素质的主持人才有可能将其所有才智、能力淋漓尽致地发挥出来，奉献给广大的广播电视受众。主持人的政治思想素质主要包括以下几点。

（一）政治素质

我国新闻媒体是党和政府的喉舌，播音员主持人作为新闻工作者，承担着宣传马克思列宁主义、毛泽东思想、邓小平理论、“三个代表”重要思想和科学发展观的重要使命。能否做好新闻宣传、正确引导社会舆论，关系到党和国家的工作全局。因此，播音员主持人应当坚持正确的政治方向，坚定立场，完成服务于党和人民的事业的工作使命。

（二）职业道德

主持人的职业道德是基于广播电视工作基本要求而形成的行为规范。主持人是我国新闻工作者的一部分，其职业道德的核心就是忠实于事实、忠实于真理，爱岗敬业，全心全意为人民服务。

主持人手握正义之剑、道德之枪，担负着国家和社会赋予的责任和使命，社会在关注他们褒奖什么、鞭挞什么、鼓励什么、批评什么。因此，主持人职业道德的具体要求首要的是以社会效益为最高准则，努力维护祖国的尊严和职业形象。

广播电视媒体要求主持人在实践和行动中完善自我。主持人只有把改造自己与改造社会，把完善自己与完善他人、完善社会结合起来，才能形成一股强大的合力，将社会风气推向前进，体现出主持人应具备的职业道德。

（三）人格修养

人格决定着人的外显行为和内隐行为。一个人，只有具备健全的人格，才能将社会道德、准则内化为自身的价值观念，才能真正自觉地把人格外化为具体的言行。

主持人的人格，代表着媒体的形象。他们的言行直接影响着广播电视台的声誉，主持人应该有比普通社会成员更高的道德境界和人格修养。

完善自我，追求至真、至善、至美，应成为节目主持人孜孜以求的理想和目标，主持人代表的应是社会和时代的一种先进的道德品质和人格规范。主持人的人格操守突出表现为具有向社会的假、丑、恶宣战的良知和勇气，表现为追求真、善、美的自觉和对普通人的生活、命运、境遇的关注，表现为对一切损人利己现象的抗议和批判。

主持人的工作很神圣，他应该是美的化身、美的使者、美的播种者。要做到这些，主持人就要从自身修养起步，努力陶冶情操、净化灵魂，铸造完美人格。只有这样，才能在寻常百姓间，在普通的素材中挖掘出真、善、美的传播内容，才能做出无愧于受众、无愧于时代的高质量的节目。

（四）社会责任感

主持人队伍中的新闻节目主持人要完成好新闻工作，需要强烈的社会责任感，因为新闻工作是影响整个社会舆论、社会情绪和社会行为的一种工作。新闻工作者引导社会舆论，他们必须对社会负责。这种责任的范围包括不危害社会，不损害民族的利益，不挑起民族和宗教的冲突，不利用新闻对他人进行诽谤，更不能利用自身的特殊条件谋取私利、收取不正当的报酬。

如何做一个党和人民欢迎的合格的主持人，关键是认清形势，牢记肩负的社会责任，坚持正确的舆论导向。[1] 主持人在公众中有着巨大影响，一旦失去行为水准，没有职业道德规范的约束，缺乏社会责任感，后果将不堪设想。

案例启发

极具社会责任感的《焦点访谈》节目

中央电视台《焦点访谈》自1994年4月1日开播以来，始终坚持“领导重视，群众关心，普遍存在”的选题宗旨，通过“实时追踪报道，新闻背景分析，社会热点透视，大众话题评说”，敢于为人民利益伸张正义、说真话，凸显了其高度的社会责任感，赢得了社会的认同和人民群众的好评。

（五）敬业精神

广播电视节目是为受众服务的，主持人要努力地做受众的朋友、知音，全心全意地为他们服务。要做到这些，必须全身心地投入到工作中去，具有高度的敬业精神、奉献精神，甚至是献身精神。美国著名电视节目主持人丹·拉瑟一年之中只有七八个周末能与家人团聚。靳羽西为了主持好《世界各地》节目，每天要工作14个小时。他们为主持事业倾尽心血，甚至还要放弃正常的家庭生活，倘若没有强烈的敬业精神，是难以长期坚持的。

[1] 江泽民同志视察人民日报社时的讲话［N］. 人民日报，［1996-10-21］.

案例启发

传媒人高度的敬业精神

高度的敬业精神，在我国的新闻工作者中司空见惯。如中央电视台《焦点时刻》《焦点访谈》节目组，就是有名的工作起来没钟点的节目组。为了节目加班、加点、开通宵是常事。中央电视台于1995年7月播出并引起强烈反响的《中华之剑》节目的摄制组，在拍摄过程所表现出的奉献精神，是非常感人的。

他们与缉毒干警一起，废寝忘食、夜以继日、历尽艰辛、出生入死，将名利等杂念抛到九霄云外，把可以在屏幕上冠冕堂皇地自我表现的机会压缩到最低限度。他们甚至对摄制组深入云南、广西、广东三省（区），在半年时间里行程13 000多公里、采访近400位人士、拍摄电视素材210小时等足以炫耀的数字只字不提；对被人架着采访、用塑料袋包着被雨水泡烂了的脚坚持走几小时山路后拍下来的画面不作任何说明；几个主创人员因艰辛而留下的病症至今未愈……我们所看到的，除了奉献还是奉献。高度的敬业精神是他们精神境界的核心支柱，是《中华之剑》成为高水准纪实性电视作品的保证。这种奉献精神，是每一个新闻工作者都应该也必须具备的，无论是记者、编辑，还是主持人，这是必须大力弘扬的可贵的精神。

（六）对真、善、美的追求

人类对于精神价值的追求，集中体现在对于真、善、美的追求。美是人类精神境界的最高追求。广播电视是传播真、善、美的重要媒介，在人类漫长的完善自身的过程中承担着重要角色。

随着社会的发展，人们越来越关注自身的“生存状态”“生命体验”和“生命价值”。主持人要将自己的生命体验、生存意识、生命价值观念传达给受众，受众得益的深浅与主持人在精神领域的追求成正比。高品位的素质，对自身、对他人、对节目质量都会产生积极、正面的影响。

案例启发

职场招聘节目《职来职往》的主持人李响在2012年5月25日一期的节目中，主持了身高130厘米的残障人士杨佳旻的求职面试过程。上台后的杨佳旻有些紧张，Boss（老板）面试团的出题，让她有点招架不了，致使她接连几个问题都回答得不是很好。接着，Boss团开始总结杨佳旻的问题所在，认为她因为身体原因不敢与外界交流。这时，主持人李响运用他本人、姚明以及求职者的视线差距对其进行疏导。接着，最为感人的一幕出现了。主持人李响拉着杨佳旻席地而坐，完成了对杨佳旻的采访。

在节目中，李响对残障人士的关爱之情溢于言表。一个主持人，如果不是怀着对真、善、美的执着追求，又怎会对节目嘉宾表露出这样可贵的人文关怀？主持人也是社会人，一双善于发现美的眼睛，一颗追求美的心灵，都是主持人难得的情怀。

二、业务素质

无论是广播还是电视，都是一门综合艺术。面对飞速变化的节目形态，主持人不仅要能说会道，还要参与节目策划。想要很好地驾驭所主持的节目，就需要过硬的业务素质。

（一）口语表达能力

我们在谈主持人的口语表达能力时，一方面是考察主持人语言上的准确性；另一方面是要考察主持人即兴口语表达的能力。那么，如何评判一个主持人的语言准确性呢？

首先，要求语音准确、吐字清晰，每个字都能让人听明白；其次，语调正确，能准确表达语言的逻辑重音、情感重音、节奏变化，抑扬顿挫，有起伏性；再次，能掌握科学的发声方法，使自然声质得到良好的发挥，圆润、饱满、集中，声音优美、悦耳、动听，富有感染力，形象感强；最后，词汇丰富，逻辑性强，内容充实，用词准确、生动，善于说并说得巧妙。

即兴口语表达能力是对新时期主持人提出的更高要求。主持人不仅要会讲标准的普通话，声音亲切、自然，而且还要口齿伶俐，善于表达。要有出口成章、即兴发表评论的口才，要有自然驾驭语言的能力和以情感打动人的本领，播讲时声音抑扬顿挫、富于变化。主持人应有流利的口才和熟练的表达技巧，善于掌握受众的心理，只有这样，节目的播讲和主持才会扣人心弦。

案例启发

当今世界上一些著名的主持人，都具有出众的口才，他们口齿伶俐，善于表达。如哥伦比亚广播公司晚间新闻节目主持人克朗凯特的接班人丹·拉瑟，就是当今美国一致公认的口才好、风度佳的主持人之一。他自20世纪50年代从事广播电视记者工作，以现场即兴报道著称。在长达30年的记者生涯中，他做过许多高水平的现场报道。他主持节目时神态自如，语言流畅，简明清晰，不拖泥带水。另外，享有盛名的广播新闻主持人爱德华·默罗，他出口成章，具有得天独厚的口才，早在中学时期就表现出卓越的表演才能。大学时，他主修讲演学，成绩名列全校榜首。他思维敏捷，具有很强的现场口头采访和即兴议论的能力，他的口语广播一度成为美国广播的参照模式。

（二）文化知识水平

知识对于每一个人来说，都是多多益善，它是力量的源泉，是无尽的财富。对于主持人来说，知识更是走上成功之路的基本保障。受众眼中的主持人，仿佛是无所不知的“百事通”，上知天文、下知地理。当然，尽管主持人不可能一通百通，但主持人还是应尽量拓展知识面、开阔眼界，在学有所长的基础上具备多维的知识结构，再借助自身丰富的人生阅历，这样才有可能在节目中游刃有余、准确表达，展现智慧，给人以启迪和享受。

同时，主持人也是文化的使者，是精神文明的传播者，更代表着一种文化理念。不论什么栏目（节目）的主持人，没有文化作为支撑，都是很难保持长久魅力的。所以，主持人要博览群书，对古今中外、各行各业的知识都要尽量有所了解，打下扎实的文化基础。

扎实而广博的知识有利于主持人形成敏锐的观察和思辨能力，这也是主持人认识问题、分析问题和解决问题的基础。对每位主持人来说，知识是永恒的魅力，是成功的硬件基础。主持人还要根据现代社会的需要和社会分工的需要，自觉更新知识结构，根据主持节目的需要，学习有关的专业知识，成为某方面的行家，以增强自身的说服力和影响力。

总之，主持人应先要求自己以成为“杂家”型主持人为基础，再根据频道定位和节目需求，通过学习成为某一领域的“专家”，从而成为“一专多能”的主持人。

（三）新闻采编功底

节目主持人和记者、编辑、播音员一样，都是党的新闻工作者。无论是哪一类型的主持人，都应具有良好的新闻素质，既要有新闻敏感度，能及时抓住新闻；还要有较强的采编功底，会采访提问，会编写稿件，会适时点评。很多出色的新闻类节目主持人往往都是从记者队伍中培养锻炼出来的，所以，记者做新闻主持人能发挥自身的优势和魅力。

案例启发

我们从克朗凯特和丹·拉瑟身上就能发现他们良好的新闻素质。20 世纪 50 年代苏联的卫星上天时，克朗凯特以其特有的新闻敏感意识到这将是一个崭新的报道领域，于是他开始阅读并钻研有关材料，成为了主持报道航天方面的专家。他在 20 世纪 70 年代编写的有关航天飞机的几大本材料，是迄今为止每个报道航天飞机的记者、主持人必读的参考书。

几十年的记者生涯，使克朗凯特养成了很强的新闻敏感。他深知新闻背景在报道中的重要性，因此，作为主持人在播报和主持新闻节目时，他总是善于灵活地插入新闻背景知识，以此来增加新闻的纵深度。由此不难看出他良好的记者素质和新闻素养。

克朗凯特的接班人丹·拉瑟主张新闻本身要有说服力才能打动人，主持人不能凌驾于新闻之上。他主持的新闻节目，由于新闻内容丰富，加之新闻价值大而赢得了受众好评。扎实的新闻采编功底在拉瑟所主持的节目中表现得淋漓尽致。

（四）良好的形象气质和身体素质

人的形象是一个综合的概念，是一个人外貌形体与内在素质的综合体现，包括五官端正、身材匀称、肤色健康等方面，但主持人的内涵应重于形象，受众更希望看到有丰富内涵和文化素养的主持人，这会使他在言谈举止中表现出独特的风度和迷人的气质。

同时，主持人还应具备健康的体魄才能胜任高强度、长时间的主持工作。

三、心理素质

节目主持人是节目制作过程中最终出场演播节目的人，主持人在节目中的地位、作用举足轻重。面对如此重要的角色，主持人心理素质直接影响主持人的行为和表现，影响着节目的质量。

直播节目最考验主持人的心理素质。在录播节目和直播节目中，主持人心理上的感受是不同的：录播面对的是已经写成的稿件，从时态上来说是“过去时”，很多因素已不会对主持人的心理构成多大的冲击；直播时的心态则不同，主持人身处“动作、行为或事件”的发生发展过程中，这种“现在时”“进行时”的时态，导致常有出乎意料的突发性事件出现，这无疑会给主持人带来心理冲击，导致主持人产生一些直播心理障碍，如心情紧张、信心不足等，偶尔出现的漏播、误播更会引起心理紧张。因此，对直播主持人来说，重要的是如何预防和消除直播心理障碍。

理想的方法：正确对待直播，事先做好必要的节目准备和心理准备；平时注意培养临场的最佳心理状态，直播前熟悉播出提纲和有关资料，对可能出现的种种情况提前做出思想准备和处理预案，努力创造良好的直播环境。

主持人只有拥有了稳定的心理素质和良好的心理承受力，才能在直播过程中始终充满自信，保持乐观、积极的精神状态；才能有良好的自我感觉和稳定的直播心态，才能激发起与受众对话交流的强烈欲望。

知识链接

大众传播到人际传播的回归

传播学创始人施拉姆认为，“两个人（或是两个以上的人）由于一些他们共同感兴趣的信息符号聚集在一起”就叫人际传播。人际传播就是面对面的传播、人对人的传播，是最为人情化的交流方式之一，真正使媒介成为“人体的延伸”[1]。

我们这里所说的人际传播，是广义上的人际传播，即人与人之间的信息交流。从大众传播到人际传播的回归，是当代大众传播发展的必由之路，它吸收了人际传播中的许多优点，如平等交谈、促膝谈心、倾听交流、洗耳恭听、互诉衷肠、倾听心语等。

大众传播的这种回归，实际上是深一层次的创新，它将人际传播中的诸多优势融入了大众传播之中。

[1] 陆锡初 . 节目主持人导论［M］. 北京：中国传媒大学出版社，2013：224.

第四节　节目主持人的工作职责

从事各项专业的人都有明确的工作职责范围，主持人也是如此。主持人在节目中有着特殊的地位，作为节目传播的最后一环，主持人应明确自身的任务，了解自己所处的位置。在不同类型的节目中，主持人承担的工作会有所差异。电台、电视台人员结构和管理机制的差异，也会造成主持人工作职责的不同。

目前，随着广播电视节目的发展，主持人的类型、主持人节目的形态又有了许多新的变化，主持人的工作职责自然也发生了新的变化。要真正驾驭好节目、充分发挥好主导作用，主持人需积极担负起相应的工作职责，具体包括如下几个方面。

一、内容创作

节目主持人是节目内容创作的重要主体。为了更好地胜任主持工作，主持人应积极地参与到节目的前期创作中去。只有明确节目思想，了解受众需求，才能更加出色地完成播出任务。

（一）策划创意

策划需要创意，创意离不开策划。对主持人来说，策划创意主要有两项任务：主持人节目设置中的定位策划和选题策划。

定位策划阶段重在受众市场调查，明确目标受众的职业、年龄、文化、兴趣和收听（视）习惯等，以此来确定节目的方针、宗旨、内容、形式和风格。策划方案要避免雷同、一般化，策划节目要做到定位准确、针对性强，有特点、有新意。

选题策划阶段，是节目孕育的过程。这一阶段，根据节目设置的要求，主持人发挥个体的思维能力和创作力，与节目制作团队共同协作，最终确定节目的基调、主旨、内容和基本框架，选题策划是在节目策划后具体运作的关键。不同类型的节目必然会有不同的选题，选题不能偏离节目的定位、方针。如新闻节目选题要注重指导性、现实意义，综艺节目选题则要注重娱乐性、趣味性，注重是否能激发受众收听（看）的兴趣。

（二）节目设计

节目设计指日常播出节目的设计构思，确定节目的基本框架和运作思路。如话题如何切入展开、采用何种表现形式，节目的总体布局设计和节目整体效果的把握等。在实际操作中，不同类型的节目，设计也各不相同。

案例启发

关于节目设计，崔永元说：“一个没有设计的节目肯定不是好节目；但是你的设计不科学、太人为化，那肯定会失败，那不正常。你的设计要符合谈话的逻辑、脉络。我们的节目特别之处就在于，把组织正常谈话的权力交给主持人。我们的谈话虽然有设计，但谈话时完全可以脱离它。它的设计是一、二、三，我们可以谈成一、三、二或三、二，没有一，节目把权力都交给主持人自己去调整。”[1]正如崔永元所说：“节目设计方案很精细，找什么样的人，这些人是什么背景？大概有什么样的观点？这些都很重要。”

一位从事广播夜间谈话节目的主持人在谈到节目设计的体会时这样说：“对于常规性节目，通常做一个提纲式的案头准备，把关键性的引导语、总结语、节目的主题、自己的论点及论述的层次等，以提纲形式写下来，包括引用资料的大概出处。这样一档节目的大致框架，便清晰可见了。有了这样的准备，节目主持起来就可以从容不迫，有条不紊。”[2]

（三）编写稿件

编写稿件也是主持人的工作职责之一。策划选题一经确定，主持人就要围绕选题进行方方面面的准备工作，如熟悉选题内容、人物、事件，搜集有关的素材、背景资料等，随后编写出具体的工作计划和采访提纲。另外，主持人需要根据记者、编辑或自己搜集的其他资料，依照节目要求编写稿件，或对录制的视、音频材料进行剪辑。

在这个阶段，主持人紧紧地围绕着“说什么”“怎么说”两个具体问题进行准备。优秀的主持人都很重视编写工作，这样能使主持人在节目中游刃有余。重视稿件编写，坚持长时间的编写稿件，对主持人的业务水平会是很好的锻炼和提高。

主持人亲自参与编写稿件还有利于建立个人的语言风格，将不同的节目内容与自己的语言表达相结合，可以给受众留下更加深刻的印象。

二、主持播出

主持播出是主持人最重要的日常基本工作，具体包括以下几项。

（一）信息传达

主持人承担着传递信息的职责，应当交代节目的主要内容。无论是新闻节目的信息

---

[1] 白谦诚，胡妙德 . 主持人：第 9 辑［M］. 北京：中国国际广播出版社，2001：19-20.
[2] 施陶 . 主持人的案头功夫［M］// 韩泽 . 节目主持学新论 . 南京：南京大学出版社，1996：146.

传播，还是谈话节目对嘉宾、话题、背景等的介绍，又或是生活服务节目中各种知识的传达，主持人都要向受众传递各种不同类型的信息。

在信息的传达过程中，主持人要贯彻节目的宗旨，将节目的目的和意图、自身的审美取向很好地传递给受众。

（二）组织串联

节目内容往往纷繁复杂，主持人是信息的组织者，是贯穿节目的主线，应当把杂乱的信息有序地组织起来。这要求主持人对已有的声像资料进行进一步整合，并对节目进行组织、串联、制作等，掌握好节目中的承转起合，从宏观上整体把握节目的每个流程，为现场主持做好充分准备。

（三）引导节目

节目进程是由主持人来引导和掌控的。在镜头和话筒前，主持人应有自信、有能力驾驭、控制整场节目，把握好节目流程、时间和节奏，营造节目气氛，灵活应对节目录制过程中的突发情况，巧妙地引导受众参与到节目中来。

如果说节目主持要着重解决“说什么”“怎么说”，那么，在确定选题之后，主持播出便要着重解决“怎么说”的问题。这就要求主持人在充分熟悉话题的基础上，紧紧围绕话题，组织引导受众参与讨论，把握好话题的进程，层层展开并深度挖掘，提升话题意义。

（四）控制现场

主持现场瞬息万变，面对意外突发情况，主持人要做到反应灵敏、机智应对，善于用幽默语言去化解矛盾、化解尴尬。主持人还要善于调控现场氛围，随时把握好受众的情绪和现场的动态，为节目运行创造良好的气氛。

（五）现场采访

无论是哪类主持人，都需要掌握采访和提问技巧。不同的是，有的主持人需要到新闻现场去采访，有的在直播间或演播室采访，有的需要组织力量请记者、摄像师到现场进行采访、拍摄。主持人的现场采访可以增强节目的真实感、亲切感和可信感，同时也是主持人基本素质和基本能力的体现。

需要指出的是，主持人的采访和报刊记者的采访，除了基本原则、方法、技巧等有许多共同点外，还有其自身的一些特点和要求：主持人的采访带有鲜明的节目特点，在选择采访对象、安排采访内容、确定采访时间与拍摄地点等方面都受到节目方针、宗旨的制约。采访中要自我意识鲜明，既要注重真实的“我”的感情流露，又要适时发表观点，表明个人的态度。主持人的现场采访不同于报刊记者的“问卷式”采访，而是“交谈式”的采访。主持人不但要善于提问，还要注意与采访对象沟通交流并善于倾听。相互交谈是一种融提问、交谈、评论和抒情于一体的采访艺术。

（六）互动与反馈

在受众参与意识极强的今天，主持节目的成功在很大程度上取决于受众参与的程度。主持人要始终以强烈的互动意识激活受众参与的热情，满足他们“我想说”“我想参与”的心理要求。因此，与受众进行广泛的沟通，是主持人的任务之一。与受众交流、沟通的方式也是多样的，包括户外大型直播活动、开通热线和短信平台、微博互动等形式。主持人通过受众的来信、电话、网络互动，获得众多信息反馈，媒体还可以召开各种形式的专题座谈会或受众座谈会面对面地听取意见。通过这些形式，媒体与主持人实现与受众直接、平等的联系并认真对待受众的反馈意见，积极改进并完善节目。

节目主持人要注重对节目的评价，包括自评、受众调查、专家评审、广告商反馈等。主持人和团队在节目播出后需注重自我反思和评价，注重受众对节目的观看感受和意见，与相关专家进行沟通交流和评议，不忽视任何一方的意见反馈。注重对节目的评价和反思，能够有效地促进节目质量的提高，提升节目的综合效益。

总之，交流、沟通、互动、反馈是主持人不可缺少的一项重要工作，主持人应该认真对待、信加重视。

三、编辑制作

了解、熟悉或参与节目的编辑、制作，也是主持人的基本职责。主持人应根据记者、编辑、摄像提供的各种文字材料和声像资料，按节目要求进行剪接、编辑、组合串联，使之成为一个有机的节目整体。

在编辑制作过程中，有的主持人还要根据节目需要，自己动手撰写串联词，配置音乐和有关背景资料。尤其是广播节目主持人，节目编辑、制作全过程都由自己独立完成；有的则由主持人和节目制作群体共同完成。

主持人直接参与节目的编辑过程，有利于深入了解、熟悉节目运作的过程，也是提高节目质量和主持水平的有效途径。

知识链接

电视节目主持人的品牌内涵

电视节目主持人品牌是受众对电视节目主持人所持有的一种情感，描述了主持人与电视受众建立传受关系的全部体验。每个节目主持人都拥有一个品牌并通过本人在节目中表现出来。

品牌关系的核心是情感因素。提起某个主持人，受众首先反应出的可能是他（她）的相貌、声音、性格，但更多可能是是否见过这位主持人，喜欢或者不喜欢。

主持人品牌是受众在不断观看电视节目的过程中，通过对主持人的认知形成情感，从而产生的一种期待。这种期待源于主持人能为受众提供多少他们看中的价值，可见品牌主持人对受众选择观看哪个频道的电视节目起着很大的引领作用。

第二章 了解节目主持人的发展轨迹

【学习目标】

1. 了解节目主持人产生的社会背景，认识传播学对主持人发展所产生的积极作用。

2. 熟练掌握传播学的相关理论知识。

3. 了解西方主持人的发展轨迹，认识西方节目主持人发展过程中各个阶段的优秀主持人代表。

4. 了解中国主持人的发展轨迹，认识中国节目主持人发展过程中各个阶段的优秀主持人代表。

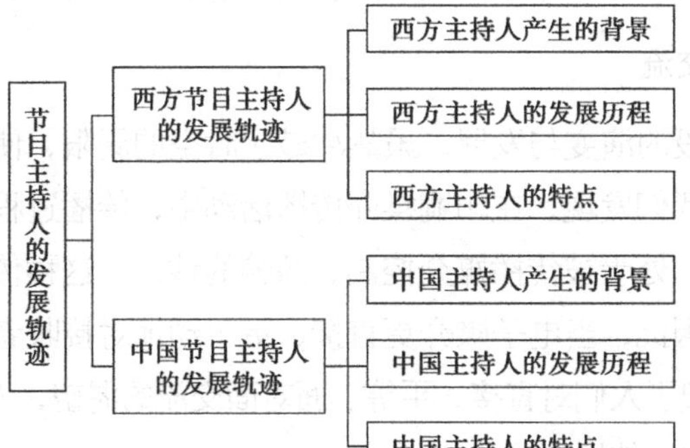

第一节　西方节目主持人的发展轨迹

一、西方主持人产生的背景

我们想知道一个东西的性质和未来，有一个很有效的办法就是了解它的过去。因此，要真正了解主持人的发展，就必须了解它产生的社会背景。社会背景的内涵是非常丰富的，它是酝酿一切新生事物的土壤。主持人的孕育、萌生开始于20世纪20年代的西方，发展兴盛于20世纪50年代。这一时期世界经历了两次世界大战，战争给西方各国人民的精神世界带来了重大创伤，战争破坏了科学事业的建设，这决定了战后文化建设的使命，广播电视节目主持人也就是在这样一个社会大背景下应运而生的。具体的产生背景包括以下几点。

（一）人类自身需要新的传播形式

交流与沟通是人类与生俱来的精神需要。翻开新闻传播史，我们会清晰地看到，它的历史源远流长。英国作家丽贝卡·韦斯特曾形象地比喻说，社会需要传播就像人类需要眼睛一样，社会在迈步之前需要看清脚下的路，做到“心中有数”。

1. 人类需要双向交流

千百年来传播手段的演变与发展，虽然冲破了时空的局限，使新闻传播能力有了一次次质的飞跃。但是我们发现，在印刷媒介传播活动中，传播过程单一化，人们更多地是一个被动的受传者，处于被传播媒介控制、灌输的地位。这种传播很难成为真正意义上的双向交流活动。因此，当电子媒介更直接、更生动地对接收者的视觉听觉产生强烈冲击力的时候，就唤起了人们对直接、平等、面对面交流的渴望，人们无法再忍受机械、单向、缺乏交流感的单一传播形式。

2. 人类需要人性化交流

主持人的传播形式，从表面上看好像是人类最原始、最直接的口语传播方式的回归，但是在本质上恰恰是人类自身对传播内在需要的体现。报纸的“我写你读”和最初广播电视的“我说你听”，形式单调、缺乏人情味，已不能满足人们接收信息的情感需要。主持人形式的节目却从一开始便以轻松的生活气息、浓郁的人情味出现在大众面前，从心理上满足了受众的情感要求。

此时，作为大众传播人际化的产物，主持人以轻松的生活气息、浓郁的人情味出现在人们的视野中，传播者亲切平和的朋友式传播，代替了以往居高临下的传播方式，使受众在接受信息时更容易产生认同感和交流感。

（二）信息加快繁殖对传统传播模式的冲击

人类社会飞速发展的一个突出标志就是进入了“信息时代”。进入 21 世纪后，科学技术突飞猛进，人类社会的信息量猛增，这些瞬息万变的信息对新闻媒介发出了挑战，也对已有的传播模式产生了极大的冲击。如何更快、更有效地采集、筛选、传播信息，成为传播者努力思考并竭力解决的问题。

在这样的背景下，节目形式不断发展，主持人也走进人们的视野。他们集采、编、播于一身，不仅丰富了节目形式，还大大加快了对信息的采集、筛选、传播速度。主持人对信息进行个性化整合，将看上去互不关联的信息，组合串联成一个整体，形成一定的信息块，并对信息进行加工、分析和评论，便于受众接受和记忆。这有效提高了受众接收信息的质量，并能有效应对海量的信息。

（三）竞争机制推动主持人产生

西方国家的传播媒介大多以商业性质为主导，媒体要生存，必须依靠广告收入。“在电台和电视台兴起之后的岁月中，传播界为争取广告收入和吸引读者、听众或受众而展开的竞争是激烈的。”[1]“电视节目频道属‘买方’市场，谁的节目好，受众就看谁的，这是铁的定律。所以，提高节目质量是在竞争中取胜的关键。”[2]可以看出，媒体要想有丰厚的广告收入，就必须有优秀的节目吸引受众。

正是由于这种激烈竞争的存在，各个电台和电视台都致力于提升自身节目质量，使节目形式更新颖、内容更丰富，节目和主持人要以其独特的魅力，增强媒体的竞争力。主持人以一种亲切随和且富于个性化的传播方式，实现了与受众之间面对面的平等交流。

总之，竞争力使传播活动更具活力，促使广播电视节目不断推陈出新。

（四）西方传播学的兴起为主持人的产生提供了理论依据

西方传播学对主持人的产生影响巨大。传播学诞生于 20 世纪 20 年代，兴盛于 20 世纪 40 年代。其间许多专家学者从政治学、社会学、心理学、教育学等学科多方位、多角度地对大众传播理论进行深入研究，为主持人的诞生与发展提供了理论依据。

这些学者从各自研究的领域对大众传播进行了研究。例如，1922 年著名记者、政治学家沃尔特·李普曼（Walter Lippmann）出版的《公众舆论》一书，就是从理论出发研究传播现象的著作，这被认为是美国传播学最早的研究著作之一。

---

[1] 埃德温·埃默里，迈克尔·埃默里 . 美国新闻史［M］. 董乐山，译 . 北京：新华出版社，1982：572.
[2] 杨伟光 . 中央电视台大事记［M］. 北京：人民出版社，1993.

哈罗德·拉斯威尔

保罗·拉扎斯菲尔特

康尔特·卢因

卡尔·霍夫兰

1. 传播学的四大先驱

被西方誉为“传播学开山鼻祖”和奠基人的四位学者来自不同的学科，他们围绕着传播学进行了各角度的分析和研究。这些研究在不同程度上影响到主持人的产生，并为主持人所借鉴和运用。

（1）政治学家哈罗德·拉斯威尔（Harold Lasswell，1902—1977）：通过内容分析方法，研究了战争的宣传问题。提出传播学中的5W模式：谁（Who）、说什么（Say What）、通过什么渠道（In Which Channel）、对谁说（To Whom）、产生什么效果（With What Effect）。

（2）社会学家保罗·拉扎斯菲尔特（Paul Lazarsfeld，1901—1976）：从受传者的角度出发，研究了传播媒介的影响力，提出著名的两级传播理论。

（3）社会心理学家康尔特·卢因（Kurt Lewin，1908—1947）：致力于人类行为的研究，提出团体动力等。

（4）实验心理学家卡尔·霍夫兰（Carl Hovland，1912—1961）：研究人们的心理对人的行为所产生的影响，提出态度问题。

2. 传播学中的“三论”对主持人产生的影响

“三论”（信息论、系统论和控制论）的理论和思想方法，推动了传播学的发展，“三论”在西方被认为是传播研究的三大支柱。

20世纪40年代，在“三论”思想方法的指导下，传播学者把信息、控制、反馈和系统等要素引入传播研究，从而深化了人们对创作过程、内容渠道控制以及受者效果方面的认识。在传播过程中，特别注重信息的双向传播，即通过信息交流活动，把自己的思想感受、消息和知识等传给对方；同时，又及时地把对方的感受反馈传回来，再随时根据反馈来调节、补充自己的东西，以此达到共同享受和利用信息互相影响的目的。

“三论”和传播学的有机结合、互相渗透，推动了大众传播理论的发展，给广播电视节目主持人以一定影响，为主持人的传播、交流、反馈增添了魅力，奠定了理论基础。

“三论”的具体内容包括：

（1）信息论。针对广播电视节目而言，主要指媒体在传播过程中的信息来源，应采取多种途径获取有效的信息。信息来源主要包括：各大通讯社、本台消息、通联报料人、网络媒体、纸质媒体等。

（2）控制论。针对主持人而言，主要指控制播出内容，控制现场，控制自己特殊的媒体角色和个人形象。

（3）系统论。针对广播电视节目而言，主要指节目应分类型，分时段播出，同时还应划分频道类型。

（五）传播手段的现代化使主持人的出现成为了现实

本书所说的主持人，是特指广播电视节目范畴的。从资本主义诞生以来，数百年间所经历的三次科学技术革命对西方传播学产生了重大影响，同时也为广播电视的发展开辟了广阔的前景。19 世纪末 20 世纪初，以电动机为主要标志的第二次科技革命，促成了 20 世纪 20 年代无线电网的建立。第二次世界大战后出现的以原子能（包括计算机）为主要标志的第三次科学技术革命，为大众传播提供了精密的仪器设备，又推动了电视的发展。广播电视节目主持人的出现，应该说与当时的科学技术革命，尤其是与电子音像技术革命有着一定的关系，不能截然分开。

现代科技的飞速发展，促使电子传播媒介不断更新与进步，一直带动着主持人节目的丰富、发展与完善。这也就是说，传播手段的现代化是主持人产生的先决条件，快捷、多维、日臻完善的现代化传媒手段，为大量主持人节目提供了物质条件，没有这个条件，主持人节目的生命力、生存力就无从谈起。 正如美国学者施拉姆所说：“电视是 20 世纪最伟大的发明，但人类能否享受它的好处，取决于我们运用它的智慧，能否与发明它的智慧并驾齐驱。”

传播手段现代化为新闻主持人节目的时效性、准确性、真实性、可信性，为娱乐主持人节目的丰富性、观赏性、参与性等，提供了传播手段上的保证。

二、西方主持人的发展历程

主持人出现在西方广播电视机构已有 80 多年的历史，它的出现和西方传播学的兴起、三次科学技术革命、“三论”（信息论、系统论、控制论）的理论指导以及各种新闻媒介之间的激烈竞争有着密切的内在联系。西方主持人产生和发展的历史大致可分为三个时期：萌发时期、兴起时期和兴盛时期。

（一）萌芽时期（20 世纪 20—40 年代）

1. 萌芽时期的特点

（1）出现了主持人的雏形。广播中的早期主持人从采访、编辑、节目编排直至播出，没有严格的分工，由一两人专门负责，相对固定。

（2）早期主持人大都是由记者现场解说广播发展起来的，主持形式自由。

（3）早期的主持人大都由电台新闻广播员担任，在进行新闻报道的同时，还伴随进行简洁明快的分析评论。

（4）广播节目主持人率先出台。

2. 萌芽时期的代表人物

艾迪·勒达兹

（1）艾迪·勒达兹（Eddy Starts）。就像广播先于电视的发展、兴盛一样，主持人首先在广播中产生。1928 年，荷兰对外广播开办了第一个主持人形式的节目《快乐的电台（*Happy Station Show*）》，这是世界上第一个在对外广播的主持人形式节目，主持人是艾迪·勒达兹。这个节目实际上是杂志型的节目，是短波广播中的第一个专题节目。它的内容包罗万象，重点是介绍荷兰各方面的情况，比如关于荷兰的旅游事业等。这个节目由若干专题组成，中间用音乐进行串联。节目从 1928 年开播一直进行到 1969 年艾迪·勒达兹退休，只在第二次世界大战期间停播五年。艾迪·勒达兹把自己的一生都融入了这个节目，被后人公认为“历史最悠久的、最富有个人独特风格的国际广播节目主持人”。[1]

汉斯·冯·卡尔登邦

（2）汉斯·冯·卡尔登邦（Hans von Kaltenborn ）。汉斯·冯·卡尔登邦于 1921 年开始播音生涯，1930 年成为哥伦比亚广播公司的评论员。在历时 20 天的慕尼黑危机期间，他一直待在第九演播室为哥伦比亚广播公司（CBS）的欧洲记者作支撑，分析新闻报道，主持和评论节目。他把希特勒激烈的讲话翻译给美国听众听，并且预测政府会采取什么措施。三个星期中，共评论 85 次，困了就在帆布床上打个盹，非常具有敬业精神。汉斯·冯·卡尔登邦的播讲简洁明快、抑扬 顿挫。他作为首席评论员主持并评论新闻 20 年。

（3）爱德华·默罗（Edward R.Murrow）。爱德华·默罗是美国哥伦比亚广播公司最负盛名的主持人。1938 年 3 月 12 日，他组织记者分别从维也纳、伦敦、柏林、巴黎、罗马将获得的战争信息向美国听众报道，这是历史上的第一次“新闻联播”。

---

[1] 谷月. 国际广播节目形式的演变 [J]. 新闻广播研究，1986（3）.

1940 年 8 月 18 日，爱德华·默罗在第二次世界大战关键时刻，用他的智慧和勇气，和另一名记者合作，创新性地进行了《这里是伦敦》的现场报道，向世界人民描述了第二次世界大战期间欧洲战场的战况，开创了现场报道的又一奇迹。这些现场报道使爱德华·默罗成为美国人心目中的传奇式英雄人物。

他独创了美国战地现场报道、系列广播报道等口语广播形式，不仅在形式上发挥了广播的优势，更使广播成为公认的合法、严肃的新闻媒介，而非仅是消遣娱乐的工具。[1] 20 世纪 40 年代，默罗主持了《现在请听》节目，这个节目对美国人产生了很大的影响。

（二）兴起时期（20 世纪 50—60 年代）

1. 兴起时期的特点

（1）电视节目主持人逐渐兴起，并获得较大成功，影响力超过广播。

（2）电视节目主持人替代广播节目主持人，节目形式由枯燥单调变为生动活泼。

（3）明星节目主持人开始出现。

2. 兴起时期的代表人物

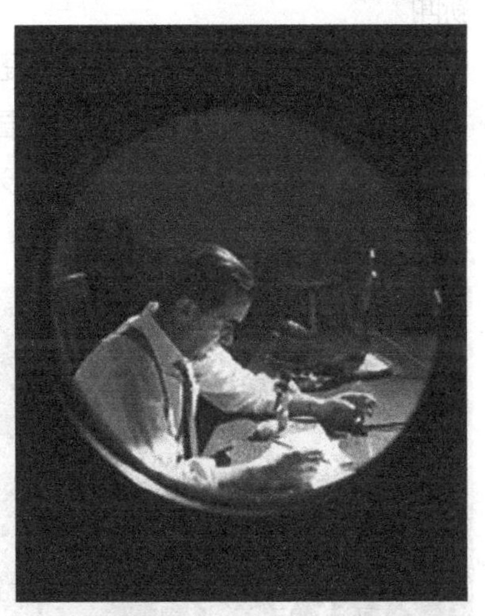
爱德华·默罗在 CBS 播音（1957 年）

（1）爱德华·默罗[2]（Edward R.Murrow）。1948 年底，爱德华·默罗从广播转向电视，把广播主持方式移植到电视中来。1951 年，默罗开始主持《现在请看》，他亲自带着人马深入现场，采拍重大事件，不断扩大节目的报道范围，受到受众赞赏。《现在请看》报道内容丰富、含义深刻，形式生动活泼。

在做新闻节目的同时，1953 年，默罗开始了他著名的访谈节目《面对面》，这个节目使默罗能够坐在演播室里，同美国的各类人物探讨生活中较为轻松的各种事情。

1959 年 6 月 26 日，《面对面》节目停办。七年间，该节目一共邀请了 500 多位嘉宾，成为当时美国收视率最高的十大节目之一。

克朗凯特报道肯尼迪遇刺的新闻（1963 年）

（2）沃尔特·克朗凯特（Walter Cronkite）。20 世纪 50 年代，美国三大广播公司的新闻竞争激烈，

[1] 赵淑萍．论爱德华·默罗的新闻记者素质［M］// 明星主持与名牌节目．北京：北京广播学院出版社，2004：236.

[2] 爱德华·默罗的新闻实践活动主要分为两个时期：1936—1948 年，从事广播节目（上文在“萌芽时期”对其作了介绍）；1948—1961 年，投身电视节目，此处将作介绍。

哥伦比亚广播公司急需一位“在复杂的新闻节目中处于中心位置的权威人物”。编导唐·休伊特强调组织、串联总统竞选活动报道的人应该像Anchor一样，具有最快的速度和最强的冲刺能力，不但能承上启下，而且在关键时刻能亲自上阵完成使命。休伊特选中了经验丰富、思维敏捷的老记者沃尔特·克朗凯特主持对共和党和民主党全国代表大会的电视新闻报道。克朗凯特组织串联来自各方面的信息，进行综合报道，分析评述，他出色而有特点的报道使他在电视新闻界崭露头角。

从1952年起，克朗凯特一直是历届两党代表大会的新闻报道主持人，曾经报道过总统选举、越南战争、种族冲突、暗杀事件、水门事件，主持过几十次直播，并创下了在CBS连续工作30个小时的纪录。

1962年，克朗凯特被聘为哥伦比亚广播公司《晚间新闻》主持人。1963年11月23日下午1点40分，克朗凯特在《世界在转移》节目中，以颤抖的声音播报肯尼迪遇刺的新闻。

沃尔特·克朗凯特以庄重稳健、沉着冷静而著称，他的现场评论精辟而又浅显易懂，主持风格亲切、可信，被誉为美国最受尊敬的人。他多次获得包括美国总统自由勋章在内的各种大奖，曾五次被公众选为“美国十大最有影响的决策人物”之一，被称为“国家的守护神”。

亨特利和布林克利报道（1963年）

（3）亨特利（Chet Huntley）和布林克利（David Brinkley）。在电视新闻节目中设置搭档主持人是在1956年。这一年，美国全国广播公司推出亨特利和布林克利二人担任《晚间新闻》节目主持人，这对搭档有很高的业务素质，各有所长。亨特利从小擅长演讲，声音优美洪亮，语言表现力极强，才华出众；布林克利则拥有丰富的记者经历，冷静、准确而有吸引力。他们俩配合默契，主持的新闻节目敢于突破固有模式，在节目中随时巧妙地插入现场报道、人物专访、突发事件的材料等，使电视新闻节目形式多变，让受众有耳目一新的感觉。

在他们搭档的12年中，全国广播公司的《晚间新闻》吸引了全国51%的电视受众，收视率一直雄踞三大广播公司新闻节目之首。《美国电视明星》一书中称：“在整个60年代的前半期，他们始终把他们晚间新闻方面的对手抛在后面。”[1]亨特利和布林克利以风格上的成功开创了伙伴型主持人节目的先河，并成为合作型主持人的楷模，被称为黄金搭档的主持人。

[1] 芭芭拉·马图索.美国电视明星[M].北京：中国广播电视出版社，1987.

（三）兴盛时期（20 世纪 70 年代至今）

20 世纪 70 年代至 80 年代，美国电视节目主持人进入了兴盛时期。这种兴盛主要体现在出现了一批家喻户晓、深入人心的明星主持人和与他们相互依存的知名栏目。

这一时期节目主持人呈上升、发展的趋势，好似群星灿烂，有人称为"大好时光"。20 世纪 80 年代初，电视以其独有的优势，居于新闻媒介之首，成为人们获取新闻的主要渠道。1985 年，美国全国独立调查公司"罗珀调查组织"的调查结果表明：在美国，以电视作为新闻来源的人数占 64%。这说明，作为电视新闻象征的主持人的主导作用和社会影响空前扩大，社会地位显著提高。

1. 兴盛时期的特点

（1）电视新闻节目主持人，尤其是晚间新闻节目主持人的权利和收入迅速上升，地位空前提高，影响迅速增大。

（2）谈话节目主持人出现。奥普拉·温弗瑞（Oprah Winfrey）、艾伦·狄金斯（Ellen DeGeneres）等节目主持人为电视节目注入了新的活力。她们善于与嘉宾和受众互动，使受众在观看节目过程中获得视觉的快乐与心灵的满足，并展示出自己作为节目主持人的独特魅力。

奥普拉·温弗瑞

艾伦·狄金斯

（3）对主持人的素质要求提高。在美国，主持人的入选条件相当严格。美国三大电视网经过 20 多年的探索和实践，一致认为一般播音员是无法胜任主持人这项工作的，必须由名记者来担任，尤其是新闻节目主持人的人选必须在名记者中产生。这是因为，主持人常常要在播音室或到现场进行各种采访活动，既要掌握采访技巧，善于提问，善于把握时间，反应灵敏，并且要有独立分析和解决问题的能力。主持人还要有较强的编写稿件、编排和组织串联节目的能力。

（4）在竞争中，出现了又一批新闻节目主持人。他们的出现，使得新闻节目的收视率明显增长，电视新闻的影响力也逐渐扩大。

（5）三大广播公司的《晚间新闻》节目，形成了三足鼎立的局势，主持人竞争激烈、影响力巨大。

丹·拉瑟

2. 兴盛时期的代表人物

（1）丹·拉瑟（Dan Rather）。丹·拉瑟是电视时代成长起来并且成名的记者，也是明星制主持人的典型代表。

1951 年，他开始投身新闻报道工作，当时他是美联社驻得克萨斯州记者。拉瑟一开始工作就显示出了令人不可思议的采访天赋，总能挖出新闻内幕。

1959 年，拉瑟出任哥伦比亚广播公司休斯敦分社的新闻主管，从此，他的新闻报道事业开始蒸蒸日上。

1962 年加入哥伦比亚广播公司的新闻社后，拉瑟表现出良好的职业素质，各种荣誉接踵而至，公司指派他报道一些美国历史上的重大新闻事件。在对肯尼迪遇刺、1968 年民主党全国大会以及越南战争等重大事件进行报道时，拉瑟沉着冷静，直面挑战，表现优异。

1981 年，拉瑟成为《晚间新闻》克朗凯特的接班人。担任《晚间新闻》主持人后，拉瑟提出新闻报道中的“瞬间”原则（当受众看到新闻，不仅能感觉到它，仿佛还能嗅到它）和新闻内容选择上的“后院篱笆原则”（人们总会关注最贴近生活的事情），充分显示出美国电视新闻价值的庸俗化取向。

1990 年和 2003 年，丹·拉瑟两次独家采访萨达姆。这是两次媒体巨子与一个阿拉伯强人的较量。

2005 年 3 月 9 日晚上，拉瑟最后一次主持《晚间新闻》节目。拉瑟本来计划在他 74 岁、成为主播 25 年之后退休，但是，2004 年美国总统竞选期间，在他主持的 CBS 王牌新闻节目《60 分钟》中，拉瑟未经严格核实，轻率地抛出一份批评布什在国民警卫队服兵役期间享受特权的文件，“误导”受众对布什从军经历的怀疑。后来，这份文件被证明是伪造的，CBS 和拉瑟本人不得不向公众道歉。这一事件极大地损害了 CBS 和拉瑟的名声，拉瑟决定提前退休。

汤姆·布罗考

（2）汤姆·布罗考（Tom Brokaw）。汤姆·布罗考是美国家喻户晓的新闻节目主持人。他的新闻生涯始于 1962 年，1973 年，布罗考被美国全国广播公司（NBC）相中，成为驻白宫记者。1976 年，他开始主持 NBC 的新闻节目《今天》。他视角独特、见解深刻、干净利索，语言朴实而优美，并擅长即席发挥，深受受众的喜爱。

他报道了美国“水门事件”和其他一些重大事件，

是美国电视新闻界的“后起之秀”。他既做新闻主持人，又做 NBC 的首席记者、节目编辑部主任，对整个电视网的新闻采集、编排、报道、播音拥有很大的权利。在 2003 年的一份民意调查中，布罗考被评为美国人心目中“最值得信赖的新闻主播”[1]。

彼得·詹宁斯

（3）彼得·詹宁斯（Peter Jennings）。彼得·詹宁斯是与丹·拉瑟和汤姆·布罗考并称为美国 20 世纪 80 年代“三大新闻明星”的另一位男主播，这“三大金牌男主播”构成了电视业兴盛时期三足鼎立的局面。

詹宁斯出生于加拿大，他 10 岁时就创办了自己的广播节目——《彼得的节目》。詹宁斯于 20 世纪 60 年代初进入加拿大广播公司主持《让我们正视》等节目。1963 年 11 月 22 日美国总统肯尼迪遇刺，詹宁斯是第一位奔赴现场的加拿大记者。20 世纪 60 至 70 年代，詹宁斯担任多档节目的主播，如《晚间 15 分钟》《今晚世界新闻》等。1983 年，詹宁斯登上了美国广播公司（ABC）《晚间新闻》主播的宝座。

迈克·华莱士

多年来，詹宁斯已经成为报道国际事务特别是中东问题的专家，他被《华盛顿新闻月刊》推选为 1986 年美国新闻节目“十佳”主持人，与丹·拉瑟一并成为最佳电视节目主持人。

（4）迈克·华莱士（Mike Wallace）。迈克·华莱士是继克朗凯特之后最权威的主持人。1963 年加盟 CBS 之前曾在多家报社和电台、电视台担任记者和主持人。1957 年起他在 ABC 主持《迈克·华莱士访谈节目》达四年之久，使这种侦探风格逐渐风靡整个美国。

奥普拉·温弗瑞

1968 年，在华莱士 50 岁的这一年，王牌新闻节目《60 分钟》开播，他是创始人之一，也是首席主持人。直至 2006 年，他任《60 分钟》主持人 38 年。有评价认为，他把新闻采访提高到了一种艺术境界，开创了美国电视硬派新闻的采访风格。

（5）奥普拉·温弗瑞（Oprah Winfrey）。奥普拉·温弗瑞是美国著名的电视脱口秀节目主持人。《奥普拉·温弗瑞秀》曾经长期占据着美国脱口秀节目的头把交椅，并连

［1］徐德仁. 世界明星主持人［M］. 上海：复旦大学出版社，2005：63.

续 18 年排在美国同类节目的首位，在海外 110 多个国家播出，是目前为止电视史上收视率最高的脱口秀节目。[1]

三、西方主持人的特点

从西方节目主持人的发展脉络来看，主持人主要表现出如下特点。

（一）扎实的专业素质

任何一个职业都有其自身的专业素养要求，只是其中的知识与技术含量的多少、高低有所不同。主持人作为大众传播活动中的从业者，除需要一般媒介人的基本专业修养外，还必须具备特别强的传播能力、优秀的综合素质。不同类别的节目又要求主持人各有特点。

西方主持人特别是以美国节目主持人为代表的主持人群体，在整体上体现了扎实的专业素质。我们可以从以下几个方面去认识。

1. 优秀的新闻记者功底

西方的新闻节目主持人大多来自于资深的记者队伍，他们具有良好的新闻素质、敏锐的观察力、深刻的洞察力、清晰的表达力和丰富的实践经验。这使得他们来到主持人岗位后，能够驾轻就熟地应付各类新闻事件，并表现出自己独到的见解，令接收者信服乃至崇拜。

西方新闻节目主持人的选拔非常看重阅历中的记者经历。如果没有较长的新闻一线经历，你根本没有从事新闻节目主持人职业的资格。

案例启发

克朗凯特的记者生涯

克朗凯特

克朗凯特的记者生涯要追溯到他 21 岁进入合众通讯社开始。第二次世界大战期间他是合众社的随军记者。他之所以能在 1952 年主持对共和党和民主党全国代表大会的电视新闻报道，能够在任何时候将各种消息综合起来，以他的出色报道在电视新闻界崭露头角，不仅得益于他做了充分准备，查阅了大量卷宗，掌握了背景材料，更得益于他多年的记者生涯和非凡的新闻素质。

[1] 李瑛．奥普拉·温弗瑞的传奇人生与主持风格［J］．新闻爱好者，2005（10A）：13.

2. 出色的语言表现力

主持人以语言为工具进行表达，因此，良好的语言表达能力对于主持人至关重要。无论是哪一类主持人，都要通过有声语言和无声语言与接收者进行交流。语言水平的高低在很大程度上决定了他传播能力的强弱。所以，西方新闻节目主持人最初的来源除了记者外还有一部分出身于播音员。像汉斯·冯·卡尔登邦、切特·亨特利，都曾是优秀的播音员。

案例启发

拥有出色语言表现力的主持人们

切特·亨特利，从小就擅长演讲。1934 年开始在西雅图电台做播音工作。1939 年又为哥伦比亚公司所属的洛杉矶 KNL 广播电台雇用，做广播评论员。以后进入全国广播公司，1956 年开始与戴维·布林克利形成黄金搭档。人们一致认为亨特利的伟大力量在于他的语言表现才能。他以优美洪亮的嗓音、潇洒调侃的风度，吸引着无数受众。

即使不是播音员出身的主持人，也同样要具备良好的语言素质，这是走向成功的重要条件。爱德华·默罗在上大学时，就以擅长辩论和演说而闻名。大学期间他主修演讲学，演讲成绩全校第一，并且担任过美国全国学联主席，是个出色的活动家。

切特·亨特利

爱德华·默罗

3. 良好的主持状态

状态从某种角度看几乎可以说是节目主持的灵魂。它是主持人综合素质、专业能力的集中体现，是评判主持人的第一要素。轻松、自然、积极的“无镜头”状态是许多西方节目主持人的共性。这使这些主持人都极具亲和力，有良好的受众缘。

良好的主持状态，还包括善于渲染氛围、营造气氛，这也是西方的一些谈话、竞技、游戏、综艺类主持人的长项。在节目中，我们可以看到主持人竭尽所能地投入节目、进入节目、拉动节目。

案例启发

拥有良好主持状态的代表——奥普拉·温弗瑞

奥普拉·温弗瑞可以说是主持人中拥有良好主持状态的优秀代表。“温弗瑞的亲和力给受众一种可触摸的真实美感。‘虽然她不是高挑完美的金发美女，但是她给了人们真实。’一位受众这样说。她的热情与率真使她能够谈论任何话题，而且无论谈论什么样的话题，她都能让受众动容。”[1]我们看到她在每一个节目中都始终精神饱满，既积极热情又从容淡定，充满亲和友善，与现场受众气氛融洽，节目进展张弛有度，深受受众的喜爱。

（二）新闻、谈话节目主持人唱主角

在西方主持人中，最具知名度、最具影响力的多是新闻节目主持人，在美国更是如此。如克朗凯特等新闻节目主持人在美国人民心目中的威望可能比总统还要高。

许多新闻访谈、综合谈话节目都是直接以主持人的名字命名的。如 CNN 的《拉里 ·金直播》、NBC 的《杰·雷诺谈话节目》、CBS 的《莱特曼夜间秀》等。

拉里·金直播

杰·雷诺直播

莱特曼夜间秀

据美国盖洛普民意测验调查表明，克朗凯特在美国人民心目中的威望比总统还要高。形成这种状况的重要原因，不仅仅在于这些新闻节目主持人自身的杰出才华，还在于社会背景，所谓“时势造英雄”。第二次世界大战时期的广播现场报道，本身就对无数关注着这场战争的人们形成极大的吸引力。因此，正是“电视受众渴望客观真实新闻的愿望和商业电视网追求最大利润的欲望相互推波助澜，将电视新闻节目主持人推到一种神

[1] 汪文斌，胡正荣 . 世界电视前沿［M］. 北京：华艺出版社，2001：212.

通广大、法力无边的地位之上”[1]。

（三）主持人拥有较大的权力

西方的国情、新闻体制，决定了西方的主持人从一开始便拥有了比较大的权力范围，并且很快就走上了主持人中心制的轨道，使主持人在很大程度上真正成为了节目的主导者——主人。

我国著名的节目主持人赵忠祥在出访美国之后，曾经谈道：“在美国，主持人已是权力很大的职务，三大广播公司的新闻节目主持人，不仅在编采、报道上有极大的发言权，就是在周围一班人的组织安排上，也有极大的发号施令的权力。主持人实际上是‘头儿’，他可以主宰一个部门。”

从爱德华·默罗、沃尔特·克朗凯特，到丹·拉瑟都有自己的工作班子。主持人拥有较大的权力也就意味着对所主持节目拥有更大的控制空间，这对主持人主体观念的表达、能动地驾驭节目、把握节目节奏与进程、加强节目质量、提高工作效率、减少运作障碍无疑是有益的。但同时也对主持人提出了更高素质的要求，不单是业务水平，还必须在敬业精神、道德规范、协调管理多个方面表现得出类拔萃。从某种角度说，作为全方位的新闻节目主持人需要具备一定的领袖素质。

案例启发

媒体最看重的是品牌

美国前公共广播网主席格罗斯曼曾说过：“我接待过不少来自中国的电视工作者，他们每次都不厌其烦地问一个问题：怎样进行广告创收。为什么他们老问这个问题？广告创收非常简单，你把节目的品牌经营好了，广告就上去了。”

2002 年 7 月 30 日，美国维亚康姆公司董事长兼首席执行官萨默·雷石东（Summer Redstone）在北京的一个研讨会上介绍了他创建国际传媒企业的经验。

雷石东指出，创建国际传媒企业的三部曲就是并购、品牌和版权。所谓并购就是购买和开发最好的内容；品牌，是指对内容进行品牌建设，并在经济可行的前提下将这些内容在尽可能多的平台和市场上进行杠杆经营；而版权即为自己创建品牌的内容进行严格的版权保护。他说：“内容就是国王，这是我的观点。具备了高质量的内容和材料，节目就将拥有无穷的价值潜力。”

这代表了美国广播电视界的主流看法。美国的广播电视经营者认为，频道、栏目都是商标，都可以像其他产品一样创名牌。把名牌创造出来，让收视报告来说话，这是电视工作者的唯一职责，也是进行广告创收的最好办法。因此，他们不惜血本培养、挖掘主持人，投入大量资金创造名牌栏目。

[1] 当代世界广播电视［M］. 上海：复旦大学出版社，1991.

第二节　中国节目主持人的发展轨迹

自1928年荷兰出现第一个主持人后，西方许多国家的主持人接踵出现。而我国，广播电视发展从1928年开始，整整走了52年，才开始有了第一个主持人节目和第一位主持人。通过本节的学习，我们将了解中国主持人的发展之路，了解我国主持人从零的突破到今天几万人庞大队伍走过的30多年的路程。

一、中国主持人产生的背景

（一）传播观念的转变

我国早期的广播电视与政治密切相关。1940年，在毛泽东、周恩来等老一辈无产阶级革命家的亲切关怀下，中央人民广播电台的前身——延安新华广播电台开始播音；1958年5月1日，我国第一座电视台——北京电视台（今中央电视台前身）开始试播，9月2日正式播出。在相当长的一段时间里，我国广播电视新闻以重大的党事国务为主要内容，强调广播电视的政治宣传和鼓动功能。

20世纪80年代党的第十一届三中全会之后，我国广播电视事业迎来了它的春天。全面走向市场经济的中国社会、宽松开放的政治氛围，使得人们逐渐认识到：广播电视不仅具有政治属性，还具有经济和文化属性；不仅具有喉舌功能，还具有信息传播、教育、文化娱乐、社会公共服务等多种功能。这一时期，广播和电视媒介努力做到内容上“贴近现实、贴近生活、贴近群众”，同时注重在传播中满足受众的各种需求，更加注重满足主持人作为“人的传播者”[1]形象。

1983年3月，第十一次全国广播电视工作会议召开。在报告中，时任广播电视部长的吴冷西充分肯定了主持人节目的方式，指出了广播电视宣传适合用谈心和对话的形式，采用节目主持人方式比念稿子的做法好。这种形式让受众有亲切的直观感受，从而增强其临场感和参与感，增进节目的吸引力和受众对节目的信任感。

（二）受众心理需求的改变

广播电视节目作为一种特殊的商品，其节目形态必须要满足受众心理的需求。中国的电视节目主持人之所以出现，除了改革开放为其提供了较为宽松的成长环境外，另一个不可忽视的原因就是受众的个性需求给主持人的发展提供了广阔的空间。

“文化大革命”和历次的政治运动给中国人民留下了难以抚平的心灵创伤。人的个

［1］黄旦.80年代以来我国大众传媒的基本走向［J］.杭州大学学报，1995，25（3）：122.

性、需求和价值曾被否认和扭曲，整个舆论界也走向了更大的偏激。但是，当这个时代结束后，人们开始崇尚事实，崇尚独立思考，崇尚严密的论证分析，这直接瓦解了“一言堂”[1]的神圣性，使主持人的个性化发展成为可能。

（三）经济基础和物质条件的具备

经济基础决定上层建筑。一个国家经济实力的强弱，很大程度上决定了文化事业的发展状况，同时也影响着主持人事业的发展。改革开放以来，我国的经济日益繁荣，广播电视事业得到了极大发展。2010 年，广播在国内的覆盖率超过 95%，广播听众约 6.5 亿人。国家广播电影电视总局数据显示，截至 2010 年 7 月，国内现有广播电台 234 家，广播频率 2 704 套，电视节目 1 327 套。[2]

广播电视事业的迅速发展，为中国主持人的发展带来了前所未有的有利时机。电子高新技术在广播电视节目制作中得到应用，主持人凭借卫星传输、数字技术等高科技手段使受众直接、同步地参与到节目中来，现场直播、热线电话、短信互动、网络留言等形式让受众与主持人能够进行双向或多向交流。这些都为主持人的发展和兴盛提供了物质和技术的保证。

（四）开放的文化背景提供了适宜的土壤

我国改革开放后，因为打开了国门，使封闭已久的西方现当代文化气息扑面而来。在广播电视界，随着国际交流明显增加，中央电视台记者小组频繁地随同国家领导人出访，同时积极参加国际有关组织活动，广泛建立联系、交流节目、联合拍片、人员培训等；加上先进的卫星接收设备，更使得广播电视人可以耳闻天下事、眼观海外景了。

总之，宽松、开放的文化氛围，是我国主持人迅速发展的重要条件。同时，西方主持人节目和主持人成功道路是我们点评、借鉴的榜样。所以，主持事业迅速在我国全国范围内发展起来，主持人队伍也随之壮大起来。

二、中国主持人的发展历程

（一）萌芽阶段（1980—1986）

此阶段主持人的基本形态已具雏形，广播电视主持人发展齐头并进。

---

[1] “一言堂”，指一个人说了算的不民主现象。

[2] 李岚，张苗苗. 我国广播影视强国建设的现实差距和总体思路 [EB/OL]. 人民网传媒频道，[2011-10-19].

徐曼

左一为李一萍

1. 广播方面

（1）主持人及其节目应运而生，广播主持人很快形成“北徐南李”的格局。

1981 年元旦，我国第一个主持人形式的广播节目《空中之友》诞生，由徐曼主持。中央人民广播电台从对台湾宣传的实际情况出发，开办了《空中之友》节目。节目宗旨是为台胞解疑、解惑、解虑、解难。从此，在中国广播史上，徐曼成了第一个正式的以主持人名义出现的节目主持人，《空中之友》成为第一个主持人形式的节目。徐曼用平实的语调、谈话的方式为台湾同胞服务，其中一个 “寻亲访友”小板块帮助很多台湾同胞找到了亲人。

1981 年 4 月，广东人民广播电台由李一萍、李东主持的《大众信箱》节目开播，这是我国第二个广播主持人节目。“二李”用口语播讲，用“一对一”的方式和听众谈心，受到朋友们的欢迎，节目收听率明显提高。节目播出不到 20 天，就收到 1 800 多封来信。截止 1983 年《大众信箱》节目停办时，收到的听众来信已达到 13 470 封，平均每月收到两三千封。

1981 年 12 月 5 号，四川人民广播电台将《农村信箱》改为主持人节目，由播音员李民主持。

1982 年 5 月 1 日，海峡之声电台播出由王薇、小潺主持的《青年之友》节目。同年 12 月，主持人形式的节目在海峡之声电台全面推行。

随之，江苏台、浙江台、黑龙江台、上海台、北京台、吉林台以及太原台也相继开办了主持人节目。主持人的迅速崛起，吸引了广大受众。

（2）“徐李模式”影响全国，成为这一阶段最为主要的标志和显著特点。

我国节目主持人的崛起阶段，可称之为“徐李阶段”。其原因有两条：

一是徐曼、李一萍、李东成为我国节目主持人的开拓者，他们率先主持节目，其主持手段、播讲方式以及节目的选题、编排技巧等影响了全国广播界。

二是在上述几年全国优秀广播节目评选中，主持人节目的夺魁者总是徐、李。“徐李模式”影响到全国广播界。

2. 电视方面

代表性节目及主持人有以下一些。

（1）《观察与思考》（庞啸）。

我国正式打出“主持人”字幕的电视节目，是中央电视台在1980年7月12日开播的《观察与思考》。播音员出身的庞啸率先出镜，第一个节目《北京居民为什么吃菜难》播出后引起了强烈反响，节目组收到了许多受众的来信，一些受众甚至寄出了钱，希望能够帮助解决问题。

（2）《北京中学生智力竞赛》（赵忠祥）。

1981年7月至11月，中央电视台推出了由赵忠祥主持的《北京中学生智力竞赛》节目，每周1场，共13场。赵忠祥在节目中使用“节目主持人”这一称谓，知识竞赛的问题和答案由主持人来宣布和评判。同时，主持人还要对现场的节奏、气氛进行控制、调节，让节目既严肃又充满趣味。从此，智力竞赛节目掀起高潮。

（3）《为您服务》（沈力）。

1983年元旦，中央电视台改版后的《为您服务》推出了我国第一位真正意义上的主持人沈力。沈力充满亲和力、真诚而平和的主持风格让人耳目一新。这时的《为您服务》节目调整了内容，扩大了服务范围，固定了播出的时间，并设立了专职节目主持人。从此，沈力成为中央电视台第一位固定节目主持人，《为您服务》节目也迅速成长为国内的品牌节目。1983年，在全国优秀栏目评选中，沈力被评为“优秀主持人”。

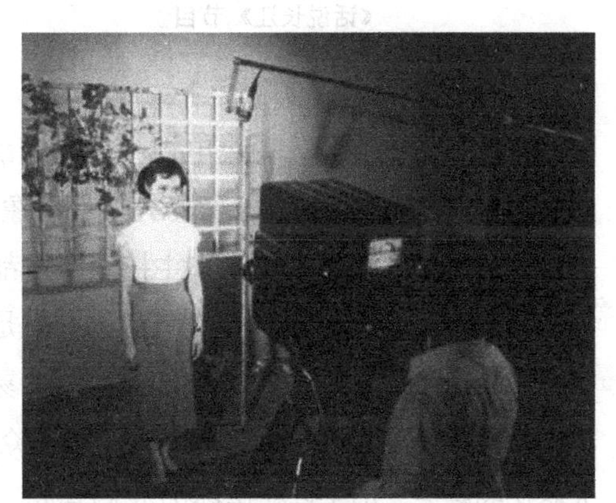

《为您服务》节目

（4）《话说长江》和《话说运河》（陈铎、虹云）。

如果说《为您服务》等节目是主持一个专栏的成功，那么《话说长江》和《话说运河》则是系列专栏的突破，是主持人在电视专题中的一次创新。1983年8月7日至12月26日，中央电视台播出了25回、长达500分钟的大型专题片《话说长江》，其中设置了两位在演播室与受众交流的主持人陈铎、虹云。他们在演播室里直接与受众交流，探索了专题片主持的新形式。

《话说长江》系统地介绍了万里长江的山水风光、名胜古迹、历史文化、风土人情和巨大变化，大胆地舍弃了长期沿用的只有讲解员画外音的做法，首次让主持人从画外音中走向电视屏幕。

如果说《话说长江》仅是采用主持人方式初次尝试成功，那么时隔两年半之后，

1986 年播出的长达 35 回的《话说运河》，无论从主持方式、手段，还是主持的整体水平，都有明显的突破。主持人陈铎、虹云从演播室走向运河，在主持整个节目过程中，主持人与受众亲切交谈、回答问题，增强了受众的参与感。总之，两位节目主持人在《话说运河》中的出色串联和演播，使电视节目的艺术形式和思想内容珠联璧合，得到了广大电视受众的认可。

《话说长江》节目

《话说运河》节目

（5）《七巧板》（鞠萍）。

1985 年 6 月 1 日，中央电视台少儿节目《七巧板》改版播出，“鞠萍姐姐”的形象走进千家万户，成为了千千万万儿童的偶像。

这一时期，节目主持人和主持人节目都刚刚起步，主持人的素质和主持人节目还处于初级水准。在当时，主持人节目讲究的是播音方式、语气的改变，要求从“高调门、强语气”的传统播音风格向亲切自然、平易柔和的风格过渡；节目主持人开始提倡个人风格，以交流感、对象感强的方式服务受众。[1] 主持人以个人身份与受众对话，提高了人格化的程度，但个性化传播仍不太明显。

（二）发展阶段（1986—1992）

此阶段主持人开始向多种多样的风格发展。

1. 广播方面

（1）“节目主持热”。

1986 年元旦，徐州广播电台一下子办起了两个主持节目，导致收音机脱销。

1986 年 12 月 15 日，广东珠江经济广播电台开播。1987 年收到听众来信超过 100 万封，接到听众电话 7 万多个，其中有 3 000 个是直接与主持人交流的，均在《热线电话》中播出。广东珠江经济广播电台的开播，收到了非常好的经济效益和社会效益。

[1] 原默 . 节目主持人的新层面［M］// 主持人：第 9 辑 . 北京：中国国际广播出版社，2001：577.

1987 年元旦，中央人民广播电台同时办了四个主持节目——《午间半小时》《今晚八点半》《对农村广播》《青年之友》。这几档节目的热播受到受众的广泛喜爱，也引发了较大反响。

（2）“板块节目热”。

板块结构节目也叫大时段综合式节目，是 1985 年 7 月由广东台首先提出并付诸实践的。该台开办了两个专题节目——《星期天早晨》《农村天地》。这是对专题节目形式进一步改革所作的新尝试。

1986 年 12 月 15 日，我国第一家经济广播电台——珠江经济广播电台成立，率先在全国广播界实行大规模改革。“珠江模式”的核心正是主持人中心制，它的诞生标志着我国广播工作者开始走自己的路，并按照广播自身的特点和规律办广播。珠江经济广播电台首创“大板块”节目构架，将全天节目划分成为七大板块，每个板块的内容由新闻、专题、文艺、天气预报等组成，并从早到晚，大时段、大板块直播。这些板块全部采用主持人形式，主持人集“听众热线电话参与”等互动方式，使这次改革大获成功。“节目主持人”作为一个新的独立工种，逐渐为广播电视界乃至全社会所承认。

（3）新人新节目迭起，竞争激烈。

1992 年 10 月 28 日，上海东方广播电台开播，成功地把大规模的听众参与热（包括热线点播、热线专访、热线谈话、热线咨询）推向了高潮。渐渐地，从中央电台到地方电台都纷纷出现了各种类型的主持人节目，并涌现出一大批听众喜爱的主持人。这个时期，午夜热线、交通服务等电台主持人节目在社会上反响很大，是电台的收听热点。

2. 电视方面

（1）《燕子信箱》（“燕子姐姐”陈燕华）。

上海电视台推出了少儿节目主持人陈燕华，人们亲切地称她为“燕子姐姐”。几年中，她先后主持过《娃娃乐》《燕子信箱》《快乐一刻》等少儿节目，深受孩子们的欢迎。

（2）《新闻透视》（李培红）。

1987 年 6 月，上海电视台推出了全国第一档社会多视角的杂志型电视新闻专栏节目——《新闻透视》，电视新闻节目主持人李培红亮相。节目按照新闻性、知识性和服务性的要求，及时捕捉、剖析受众关注的重大新闻和社会问题，反映受众的意见和呼声，成为受众心目中的“社会瞭望台”。李培红突破了单纯的播音工作，直接参与选题、现场采访、拍摄和节目制作，个人向采、编、播结合的方向发展。

《新闻透视》节目

（3）《综艺大观》（倪萍、赵忠祥）、《正大综艺》（杨澜、姜昆、王刚）。

进入20世纪90年代，中央电视台相继推出了不同风格的《综艺大观》《正大综艺》等栏目。一批优秀的电视节目主持人倪萍、杨澜、赵忠祥、姜昆、王刚等脱颖而出，并随节目而家喻户晓。倪萍真诚、质朴、热情的主持风格与王刚成熟、老道、松弛的主持风格都深得受众喜爱；具有大家风范的赵忠祥与聪慧灵动的杨澜珠联璧合的主持，把《正大综艺》推上了巅峰。

《今夜星辰》

（4）《今夜星辰》（叶慧贤）。

在中央电视台推出两档综艺节目的同时，上海电视台叶慧贤主持的《今夜星辰》开播，实行“主持人中心制”，叶慧贤集制片人、编导、主持人于一身。他以幽默风趣的语言、机制灵活的应变、恰到好处的即兴发挥，使节目相得益彰。

（5）《望长城》（黄宗英、焦建成、李培红）。

1991年，大型电视纪录片《望长城》开播，创下了纪录片的最高收视率，这对主持人的设置具有开创性意义。《望长城》中设置了三名主持人，即黄宗英、焦建成、李培红。他们贴近百姓的本色主持，引领了主持艺术的新飞跃。

总体来看，这一时期，主持人亲切自然、平易柔和的风格逐步确立。主持人开始摆脱“播音腔”，体现个性化特点。这一时期，电视节目主持人主要呈现以下特点：

一是出现设立主持人的新闻节目和新闻节目主持人，这是一种新的尝试、新的突破。1987年以前，我国电视中设有主持人的节目主要是娱乐性节目、竞技性节目、服务性节目和知识性节目。1987年以后，随着改革的大潮，广大群众希望电视新闻发挥更大的传播优势，设主持人的新闻节目和新闻节目主持人也应运而生了。

二是面向社会招聘主持人，为明星主持人成长创造条件。如北京、上海、天津、广东、江苏等省市均面向社会招聘和挑选主持人，都取得了很好的效果。

三是开辟了主持人大赛的先河，开始使用比赛选拔的机制挑选节目主持人。

1988年，中央电视台举办第一届“如意杯”主持人大赛，这标志着国内电视节目主持人的选拔、培养开始走上规范化的轨道。大赛的评选活动包括北京地区业余主持人选拔赛和全国专业主持人评选两项，最后评选出10名“受众最喜爱的主持人”。鞠萍、程前、高丽萍、任志宏、张泽群、晨光等主持人，以其较高的专业素养，赢得了受众的认可。

大赛结束后，国内有50位著名的电视节目主持人和学者举行了研讨会。他们从不同角度对近年来我国电视节目主持人的状况，发展趋势，电视节目主持人的素质、个性与多样化以及电视节目主持人是否需要“表演”，主持人与一般的播音员的异同等方面的问题，进行了广泛的探讨。会后，《话说电视节目主持人》一书出版。这是我国第一部有关电视节目主持人实践与理论探讨的书籍。

（三）飞跃阶段（1993—2003）

这个阶段的主持人的主体意识和个性得以凸显。

随着科学技术的迅速更新以及外来文化的冲击，这一时期中国的电视业得到了空前的发展，多家电视台制作并播出了一系列新颖、具有品牌性的电视节目，一批优秀的主持人随节目走进受众的视野。

但和电视节目相比，广播节目的发展道路略显艰难。由于广播节目播出受到信号源及地域性的制约，受众队伍很难发展壮大，影响力有限。加之传播手段单一，节目形式创新不易，很难满足日益提高的受众需求。鉴于这一时期的特殊情况，我们在本阶段主要了解代表性电视节目及主持人。另外，飞跃阶段还兴起了主持人选拔大赛，通过这种选拔形式，涌现出一大批优秀主持人。

（1）《东方时空》（敬一丹、水均益、白岩松）。

1993 年 5 月 1 日，中央电视台新闻杂志类节目《东方时空》开播，标志着我国新闻栏目化时代的开始。《东方时空》以方静、敬一丹、水均益、白岩松、柏杨等主持人为节目串联者和主导者，将节目涉及的各种事实、观点、材料、背景等灵活自由地串联起来。正式启用记者型主持人。

（2）《一丹话题》（敬一丹）。

1993 年 5 月 1 日《一丹话题》开播，这是我国首个以主持人个人命名的电视栏目。

（3）《焦点访谈》（白岩松、水均益、敬一丹等）。

1994 年 4 月 1 日，中央电视台评论节目《焦点访谈》诞生。在不到一年的时间里，这个栏目就跃升为受众最喜爱的栏目之一，收视率与《新闻联播》相当，成为中国“第一品牌”节目。

《焦点访谈》的成功肯定了深度参与型主持人的作用，白岩松、水均益、敬一丹等共同塑造了客观、权威、深邃的中国电视新闻评论类节目主持人群像。此后，各电视台开始实施“以栏目培养主持人，以主持人提高栏目知名度”的战略，从单纯的业务素质培养开始转向按主持栏目“量身定制”式的培养。

（4）《新闻调查》（董倩、敬一丹、王志、孙宝印）。

1996 年 5 月 17 日，中国首个“调查性纪录片”栏目《新闻调查》在中央电视台开播，这是中央电视台仅有的一档深度调查类节目，时长 45 分钟，每周一期。

节目开播以来，它以记者的调查行为为表现手段、以探寻事实真相为基本内容、以做真正的调查性报道为追求目标，具有崇尚理性、平衡和深入的精神气质。栏目主持人董倩、敬一丹、王志、孙宝印等都是典型的记者型主持人。

（5）“荣事达杯”第三届主持人大赛。

2000 年，中央电视台举办了“荣事达杯”第三届主持人大赛，明确提出主持人要向个性化发展。所谓个性，就是主持人要有自己个人的个性风格。如董卿的端庄优雅，王雪纯的知性平和等。主持人的主体意识和个性得以凸显，主动权不断增强，优秀的主持人成为节目的标志。

（6）“夏新杯”第四届主持人大赛。

2004 年，中央电视台举办了“夏新杯”第四届主持人大赛。大赛以“超越自我，展示自我”为宗旨，其中最突出也是最重要的一点就是主持人的“人”化，这一时期，对主持人的要求已从个人素质提升到人格魅力的层面。对受众而言，“人”化就是角色的转变，由被动的接受者变成参与者，这是对受众的一种平视的态度、平等的尊重和心灵的亲近感。

主持人发展进入飞跃阶段后，主持人队伍不断发展壮大，迫切需要建立主持人评价体系，制定标准。因此，在 1993 年，中国广播电视学会节目主持人研究委员会在第一届理事会议上，正式设立“金话筒奖”。这一阶段举办了“金话筒”开拓奖和六届“金话筒奖”的评选活动，共评选出 140 位广播电视“金话筒”主持人。该奖项的设立，极大地调动了广播电视节目主持人爱岗敬业、努力创优的积极性。

（四）繁荣阶段（2004 年至今）

这一阶段，主持人素质不断提升并呈现多元发展之势。除新闻类和谈话类节目外，一些综艺娱乐节目主持人也风起云涌。各种不同类型的节目都涌现出众多的明星节目主持人，他们有着极强的社会影响力。

如新闻类节目中，有安徽卫视《超级新闻场》主持人王小川、孙鹏飞；湖南卫视《晚间》主持人张丹丹、李锐；凤凰卫视《凤凰观天下—时事亮亮点》主持人何亮亮等。

社教类节目中，有河北卫视《家政女皇》主持人方琼、成诚；湖南卫视《百科全说》主持人文清等。

综艺娱乐类节目中，有湖南卫视《快乐大本营》的“快乐家族”等。

访谈类节目中，有凤凰卫视《鲁豫有约》主持人陈鲁豫；安徽卫视《非常静距离》主持人李静；北京卫视《杨澜访谈录》主持人杨澜等。

另外，这一时期除了明星节目主持人形象深入人心外，主持人领域不断有新生力量注入。央视传统的品牌节目“CCTV 电视节目主持人大赛”，正是为我国电视事业发展提供人才力量而举办的。2011 年 5 月至 10 月，历时半年的“艾诗缇杯”第六届中央电视台电视节目主持人大赛成功举办。比赛中更多文化素质好、专业能力强、实践经验丰富、人物个性鲜明的优秀电视节目主持人脱颖而出，为我国电视事业发展提供人才力量。[1]

[1]“CCTV 电视节目主持人大赛”百度百科，http://baike.baidu.com/view/6171970.htm.［2014-07-01］.

案例启发

优秀的综艺节目主持人代表——董卿

董卿

央视综艺节目极有影响力的女主持人之一董卿，无论是演出还是专题片，或是颁奖典礼、大型晚会，她总是认真严谨、一丝不苟，用端庄大气、知性随和的主持风格，紧紧抓住受众的心。在2007年《欢乐中国行》元旦特别节目中，当接近零点时，现场时间突然出现了两分半钟的空当，导演马上安排董卿救场发挥。当董卿开始大方自如地自由发挥时，耳麦里突然传来导播的误判："不是两分半钟，只有一分半钟了。"董卿连忙调整语序，准备结束语，而此时耳麦里再度传来更正："不是一分半，还是两分半！"董卿临危不乱，走到舞台两头给受众深深鞠了两躬，用"欢乐的笑""感动的泪""奔波的苦"等诸多排比句即兴制造了一个又一个赏心悦目的"感谢"。肢体停顿让她在紧急中控制住了节奏，加上流畅的语言表达，铸就了这个"金色三分钟"，也成为主持学上一个堪称完美的案例。[1]

三、我国主持人的特点

（一）来源的多层次性

20世纪80年代后，我国的各级电台、电视台如雨后春笋般地冒出来，主持人几乎与它们同步而出，巨大的主持人需求量怎样能得到满足呢？这也决定了主持人的来源必然要广开渠道、多方纳才。

1. 播音员

播音员是主持人发展初期的主要来源。他们的长处是，一般都经过专门的语音训练，能够做到字正腔圆、音质优美、语言表现力好。但从做主持人的状况看，良莠不一。有的人综合素质非常好，在节目中能游刃有余，充分发挥自身的潜在能力，从而创出名牌节目，并产生明星效应；也有的从播音员转过来的主持人，由于文化底根不够厚实，采、编能力较弱，对节目的驾驭力差强人意。

---

[1] 董卿在《欢乐中国行》的金色三分钟，http：//club.ent.sina.com.cn/thread-621034-1-1.html？ retcode=0.[2014-06-30].

2. 记者、编辑

这部分人具有较强的采编能力，能够参与节目的策划、撰稿、现场采访、评论并显露其才华，如傅成励、水均益；又如《焦点采访》与《焦点时刻》的节目组，就拥有这样一批充满朝气、才气的记者，他们当中产生了一批优秀的电视新闻主持人。

3. 演员

演员富有语言表现力和镜头感觉，在节目现场表现轻松、活跃，尤其是在综艺节目中很能渲染气氛，如倪萍、谢娜等。

4. 从高等院校毕业的各专业学生、其他行业的从业者

他们往往通过考试应聘或主持人大赛走进广播电视主持人队伍。这类人员综合素质一般较好，具备较好的文化修养和外语能力，如杨澜、袁鸣、陈鲁豫、撒贝宁等。现在，已有不少具有硕士甚至博士学位的专业人才加入到主持人队伍，对提高电视节目的质量、品位起着积极作用。

（二）起步偏差、观念渐进

我国主持人起步于 1980 年，由于与国际传媒间的交流较少，因此，在主持人的选择上多以语音准确、音质良好、形象英俊秀丽为主要条件。加之行业发展初期对主持人的需求大，导致人员素质参差不齐，主持人队伍就以年轻、漂亮为特征了。虽然目前这种情况有所改观，但是从某种程度上已经培养了受众的一种收视心理与习惯，引导大众产生了审美的两难：一方面对花瓶式的肤浅的主持人不屑一顾；另一方面，又不能接受中年以上和形象一般的主持人。好在从目前的发展趋势看，已经开始走出初创时期的误区，人们越来越在乎主持人的内涵了。

目前对于主持人的选拔、培养都已经有了较高的起点，很多电台电视台都对主持人的学历、职业资格提出了严格的标准。相信随着时代进步，主持人队伍将更加健康、有序地发展。

（三）广播电视事业蓬勃发展，优秀主持人不断涌现

进入 20 世纪 90 年代以后，与广播电视相关的各种技术在我国发展很快，形成了国内广播电视节目互相竞争的态势。

据不完全统计，目前在我国主持人队伍已经有 10 万人左右。广播电视节目的竞争，最终在本质意义上将是人才的竞争，主要是主持人的竞争。在竞争中，主持人互相交流学习，形成自己的风格，优秀主持人层出不穷。

（四）主持群成为发展新趋势

目前，主持群的发展成为新的趋势。主持群是目前较为前沿的提法，学界没有统一的定义，一般描述成由三个及三个以上特点鲜明的主持人按照特定规律组合在一起的一种形式。从“2008 中国电视榜”开始，主持群就备受关注。

主持群是一种适应新媒体环境下不同受众需求的产物。针对不同受众的喜好和传播接受效果，囊括了各种个性风格的主持人群体能最大限度地吸引不同爱好的受众。在主持过程中主持人需要做到合理分工，巧妙搭配。尽管业界对主持群存在不少的争议，但是主持群作为新媒体时代的一个发展趋势，将会在不断的尝试中慢慢走向成熟。

（五）新媒体为主持人节目提供丰富的呈现方式

随着现代科技的发展，媒介传播方式也呈现越加多元化的趋势。有着“第五媒体”之称的新媒体由于具有个性化、交互性、分众性等特征，越来越被大众青睐。而新媒体的出现也使主持人节目形式产生新的变革。很多新媒体传播工具，例如“短信平台”“微信”“微博”“手机客户端”等被广泛应用于广播电视节目的创作和制播过程中，使节目交互性更强，更利于传播，也使传统媒体焕发出新的光彩。

另一方面，新媒体的发展也给主持人节目提供了多种多样的呈现方式，除了广播电视等媒体制播主持人节目以外，很多网站也纷纷推出了自己制作的节目，例如优酷网的《优酷全娱乐》、爱奇艺的《时尚爆米花》等。这类节目无论在节目构思还是主持人的选择上都更加多样化；而微博、微信等自媒体的发展更是促进了主持人节目的嬗变，使更多有特点、有能力的人也能成为“主持人”。罗振宇的《罗辑思维》、大鹏的《大鹏嘚吧嘚》等都是典型的“自媒体新秀”。而“荔枝 FM”等应用软件 的出现，使各行各业的人都有机会来“秀”上一段。这样不仅降低了节目的制播门槛，也极大地丰富了主持人节目的多样性，促进了主持人节目的发展。

【实训1】主持人讲解能力训练

教师指定中、西方节目主持人，由学生搜集其资料完成PPT，进行课堂讲解。（要求：2人一组，每组7～8分钟，包括简介、职业经历、主持节目介绍、主持风格介绍、经典节目、社会影响力）

【实训2】广播节目人物讲述训练

学生按照指定主持人进行抽签，每人针对了解的主持人，选取主持人的从业故事为节目素材，完成一档电台人物讲述节目，节目时长3分钟。（要求：话筒前的状态调整、播讲欲望、对象感、音量及话筒位置的调整，叙述语言样态训练）

知识链接

《观察与思考》——中国节目主持人史上的里程碑

我国经正式批准的，首次将主持人作为工作身份冠名的节目应当是1980年7月12日播出的《观察与思考》。它是中央电视台第一个言论节目，初步建立起了中国电视节目的评论格局。从1980年到1994年3月底最后一次节目的推出，《观察与思考》经过十几年之艰难探寻，终于为中国电视评论节目奠定了一个展示功力的平台。

《观察与思考》也是中央电视台第一个正式推出主持人的电视节目。1980年7月12日，首次在屏幕上打出了“主持人”这一称谓。它证明中国电视节目主持人在20世纪80年代已经出现。从现在资料来看，《观察与思考》设置的节目主持人是新闻主持人，它说明在中国电视节目里，新闻主持人是早于其他节目主持人的。《观察与思考》的节目主持人从一出现就是记者式的主持人，主持人衣着朴素、态度平易，节目开始有问候、节目结束道感谢，努力与普通受众接近，尽力保持与受众平等，这些不都是20年后我们对主持人节目的基本要求吗？[1]

1980年7月12日这一天，对广播电视来说无疑是具有特殊意义的日子，将正式载入中国节目主持的史册，它堪称中国主持史上的里程碑。

[1] 袁沫．节目主持人探源——关于《观察与思考》的调查报告［M］// 白谦诚，胡妙德．主持人：第9辑．北京：中国国际广播出版社，2001.

第三章 节目主持人的分类

【学习目标】

1. 明确节目主持人分类的意义。
2. 掌握我国现有的节目主持人分类方式及常见的节目类型。
3. 鼓励大家对节目主持人分类这一现象进行新的思考。

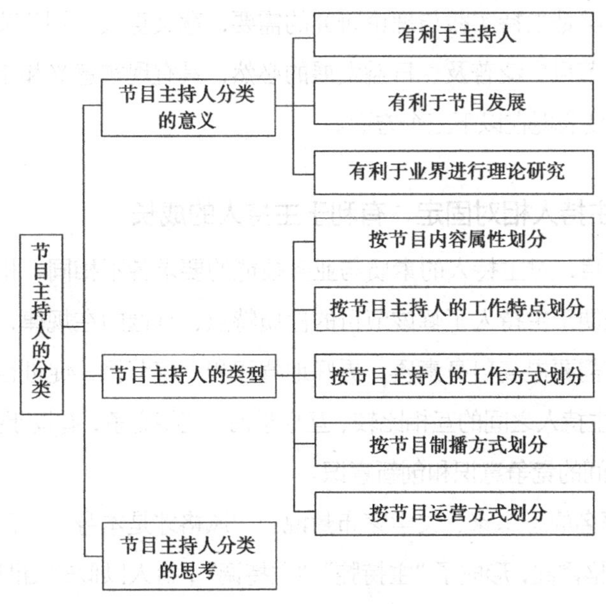

所谓分类，就是根据事物的性质、特征，按照一定的标准对其分门别类。分类既是认识事物的方法和途径，也是认识事物的一种思维方式。

对主持人节目进行正确、科学的分类，就是为了掌握不同节目的特点、规律，以达到对主持人节目全方位、系统化的认识。本章的学习，对探讨主持人节目不同节目类型的本质，寻求他们内部构成的基本规律，把握各类节目的创作特征，都有着重要的价值和意义。

第一节　节目主持人分类的意义

关于主持人节目分类的意义，简单来说它至少满足了五种需要：满足了节目生产和管理的需要；满足了节目编排播出的需要；满足了节目交易和评比的需要；满足了节目理论研究的需要；满足了节目主持规律探索的需要。

节目主持人分类是主持实践与理论研究的需要，意义重大。划分节目主持人类型，是广播电视主持人节目广泛普及、日益发展的必然，具有现实意义和指导意义。划分主持人类型的意义主要表现在以下三个方面。

一、有利于节目主持人相对固定，有利于主持人的成长

不同类型的节目，对主持人的素质与业务技能的要求各不相同。相对固定地主持某一类型的节目，既便于主持人了解该节目的性质特点、掌握内在规律，同时又利于主持人根据节目的特殊需要提高自身素质，更好地驾驭和主宰节目，促进自身的成长。与此同时，同类节目和主持人之间的互相比较、互相学习、互相竞争，有助于提高台与台之间、主持人与主持人之间的竞争意识和创新意识。

18 世纪法国著名的思想家、文学家布封说：“风格才是本身。”目前我国广播电视不少节目主持人风格雷同，形成了“主持腔”“主持调”，给人以似曾相识之感，缺乏个性，缺少自身特点。导致这种现象的原因之一是主持人节目类型混乱，由于节目宗旨不明、定位不准，主持人难以形成鲜明的主持风格。目前，国内有些主持人急功近利，频繁跳槽，换台换节目。这种具有随意性的做法既不利于主持人提高业务素质，也不利于主持人形成个人风格。

纵观国内外的明星主持，绝非是“全能型”的，而多主持某一类型节目。一位明星主持，不可能既是新闻节目主持明星，同时又是综艺节目主持明星。因此，划分节目类型、找准节目定位，对于形成节目与主持人相吻合的个性风格是极为重要的。

主持人较长时间地主持某一类型的节目，既可以逐步引导稳定的受众群，还可以逐渐形成与节目相适应、相吻合的主持风格，增强主持人的个性魅力，扩大节目的社会影响力，为培养明星主持人创造有利条件。

二、有利于节目的发展与评价，有利于办出特色节目、精品节目

名牌节目的标志：有鲜明的个性特点，构思新颖，拥有固定的受众群，社会影响力大。进行节目分类有助于明确各类节目的宗旨、服务对象和特点，便于主持人遵循某一种节目的内在规律和特征，发挥主动性、创造性，体现节目特色。

此外，目前各级广播电视机构频频举办主持人节目和主持人的各种评奖活动。按“类型”与分类原则评奖具有可比性，可促进创优和出精品。

案例启发

美国电视节目《60分钟》自1968年创办伊始，节目总编导唐·休伊特就苦心构思，精心策划设计，确定节目类型为杂志型新闻节目，这在当时还属首创。然后又根据这类节目的特点，确定以深度报道为主，编排上充分发挥“新闻杂志”的长处，变以往一次节目只有一个主题为三个主题，挑选素质好、有个性的记者当主持人，使这个节目40多年来始终是特色鲜明、全美收视率较高的节目之一。

我国中央电视台1993年5月1日创办的《东方时空》，节目刚开始就定为新闻杂志型节目，设《东方之子》《生活空间》《焦点时刻》《东方时空金曲榜》栏目。实践一段后，又进行改版，去掉《东方时空金曲榜》栏目，成为名副其实的新闻类杂志型节目。同时，将《焦点时刻》更名为《时空报道》，并由四位主持人出任总主持人，以便更好地按“新闻杂志型”的结构规律与传播特点办好节目，创造精品。

三、有利于理论研究的分化、细化与深化

世界上任何一门学科发展到一定阶段，都需要进行学科分类，以便对其进行系统、科学的研究。主持人节目在我国出现已有30多个年头，如今节目不仅数量多、品种多，而且形式多样，令人目不暇接。

各类节目属性不同、内在规律不同，自然对主持人的素质要求不同，节目创作的思路、规律及方式也不同。例如，新闻节目、社教节目、综艺节目、访谈节目就属于不同范畴，几者之间差异极大，只有分门别类地进行深入研究，才能做到有的放矢、准确有效。

总之，对主持人进行分化、细化与深化的研究，既是学科的需要，同时又能为主持人理论研究开创新的局面。

第二节　节目主持人的类型

按“属性相同、相等的事物归为一类”的原则和“以相同性、相等性条件”的分类原则，主持人节目类型的具体划分方法有以下几种。

一、按节目内容属性划分

（一）新闻类节目主持人

这类主持人包括消息类节目、专题类节目、评论类节目、杂志型节目等节目主持人。

新闻节目是广播电视媒体的主体与骨干，在“以新闻立台”的过程中，新闻节目主持人社会影响巨大。新闻主持人的素质要求高，始终肩负着以正确的舆论引导人的时代重任。

（二）教育类节目主持人

这类主持人包括各种知识性节目（如科学、法律、健康节目）、理论性节目的主持人。

教育类节目主持人担负着传播文化科学知识的任务，节目宗旨是教会受众做某事，了解与生活有关的知识。教育类主持人对受众具有极强的教育和引导意义。

（三）对象性节目主持人

对象性节目是面对不同的特定受众对象而专门设立的。面对不同年龄段人群设置的节目有少儿节目、青年节目、老年节目等；面对不同职业、性别、种族等人群设置的节目有军事节目、女性节目、农业节目、体育节目、民族节目等。对象性节目主持人的任务是根据不同人群的需求提供有关的信息与服务，体现贴近性、针对性、服务性，要求主持人热爱、关心传播对象。只有了解、熟悉传播对象，才能成为传播对象喜爱的贴心人。

（四）服务性节目主持人

服务性节目主持人主要包括各类生活服务节目和经济信息服务节目的主持人，例如气象节目主持人、交通节目主持人、股市信息节目主持人等。

服务性节目主持人的任务是为受众提供各种生活信息。近几年来，服务性节目的范围、功能不断拓展，其特点是突出“服务性”，讲究“实用性”。

（五）综艺类节目主持人

综艺类主持人包括各类文艺、娱乐节目主持人，综艺类节目是受众休闲娱乐时的主要选择。

广播文艺类节目主要有音乐歌曲类节目、明星访谈类节目、广播剧、广播小品等，电视综艺节目主要有综艺晚会类节目、娱乐资讯类节目、游戏类节目、明星专访等。综艺节目主持人担负着向广大受众提供各种文化娱乐的任务，通过节目起到陶冶情操、净化心灵、传播快乐的效果，从而满足人们的精神娱乐需求。

（六）谈话类节目主持人

广播电视谈话节目在国外尤其是在美国已有相当长的历史。美国谈话节目内容大致可分为以下类别：婚恋家庭、社会热点问题、个人生活观、医疗保健、心理健康、奇闻轶事、生活指南、司法治安、儿童教育等，可谓题材广泛、娱乐性强。

按照谈话方式的特点，我国谈话节目主持人可分为以下四种。

（1）以讲故事为主的叙事型谈话主持人。

（2）以探讨社会问题为主的讨论型主持人。

（3）以双方观点不同而具有对抗性的辩论型主持人。

（4）以家庭情感诉求为主的热线谈心型主持人。

谈话节目主持人贵在掌握“谈”“说”“聊”和与人交流沟通的艺术；贵在明确自身的定位：要做谈话的轴心，不做观点的轴心；贵在要有全新的思维方式和表达方式，讲究说理艺术，语言亲切、自然。

（七）特别节目主持人

以上六种提到的都是长期固定栏目（节目）的主持人，而特别节目主持人是临时安排的一次性特别节目，或短期内因某个重大事件、特别报道需要而设置的特别节目的主持人。这类节目主持人大都由特邀嘉宾或受众熟悉的明星主持人担任。

二、按节目制播过程中主持人的工作特点、所处地位及发挥的作用划分

（一）独立型主持人

这类主持人独立承担整个节目的采、编、播各个环节的工作。独立型主持人要对整个节目负责，一般是指对团队起领导作用的主持人，多出现于主持人中心制的节目中。这里需要说明的是，对广播来说，从策划、采访、编制到播出，主持人可以一个人独立完成，所以目前在许多地方电台，独立型主持人为数不少。但对于电视来说，采访、拍摄、制作、播出等工作程序复杂，主持人不可能一人独立完成一个电视节目的全部工作。

（二）单一型主持人

这类主持人主要从事话筒前的创作或播音工作，在整个节目中发挥的作用比较单一。

这类主持人的节目稿是由编辑使用第一人称，也就是以主持人的口吻撰写的。这类主持人承担的任务看似同播音员无多大区别，其实有着本质的不同，如在表达方式、心理状态、语言样态、思维方式和与节目的关系上，都不同于播音员。

（三）参与型主持人

这类主持人参与采、编、播各个环节的工作，如参加节目的前期策划构思、选题采访和编辑制播。主持人根据自身实际情况不同程度地参与采编工作。总之，主持人一定要参与制作节目。在这类节目中，主持人与编辑是一种平等合作和相互尊重的关系，节目制播过程中渗透着主持人的辛勤劳动和对节目的个人见解。

（四）主导型主持人

这类主持人是整个节目的策划组织者、体现者、主播者，即主持人是节目的“主编”兼“主持”，并负责对信息把关，对节目传播方向定位。大量的具体工作由一个采编班子来完成，这要求主持人具有一定的领导、组织和活动能力。

三、按主持人参与节目的程度和工作方式划分

（一）采、编、播合一式

主持人集采、编、播职能于一身，既是记者、编辑，又作为播讲者负责主持节目。主持人是节目的核心人物和代表，参加节目制作的各个工作环节，熟悉制作播出的全过程。主持人对节目有掌控权、决定权，在节目中始终起着主导作用。从确定选题、采集稿件到编排制作节目，直到最后播出主持，主持人的意图和思想表现得比较明显，个性风格较鲜明。采、编、播合一不等于由主持人一人完全包办代替。为确保节目质量，还需要一个团队协助主持人的工作，诸如根据主持人的策划进行具体的执行工作。

（二）采、编、播合作式

记者、编辑、主持人分工合作，作为播讲的主持人参与部分采编工作，熟悉节目的各个环节，可以在主持过程中较好地发挥主观能动性。这种主持形式的核心人物不是主持人，而是编辑。编辑是节目的思想核心，节目思路与结构，在很大程度上取决于编辑。主持人是幕前人物，在遵循节目意图的前提下，可以对稿件修改润色，使稿件更适合自己的语言习惯。

采、编、播合作的主持形式可以发挥记者、编辑、主持人的各自优势，取其所长、避其所短，从一定程度上改变了长期存在的采、编、播分离的状态。缺点是，如果采、编、

播各个环节配合不好，就会导致节目出现断裂痕迹，风格不统一。

（三）报幕式或客串式

报幕式主持形式一般适用于文艺性专题节目或文艺晚会，主持人在主持过程中播报串联词，发挥承上启下、活跃现场气氛的作用。

客串式主持，是根据某个特定节目的需要，聘请社会上有关人士主持某一时间段的节目。

无论是报幕式主持人还是客串式主持人，一般事先不参与节目的策划设计和组织运作工作，因而对节目生产的全过程不甚了解。这类主持人需要反应灵敏、现场应变能力强，具有一定的专业修养与语言功力。

四、以节目制作、播出方式为标准来分类

根据节目制作、播出方式为标准来分类，可以把主持人节目分为录播节目、直播节目、准直播节目三类。所谓“准直播节目”，就是以直播形式录制下来，但不立即播放，如凤凰卫视窦文涛主持的《锵锵三人行》就是这样的准直播节目。

五、以目前常见运营的节目类型分类

（1）新闻类节目主持人。

（2）社教类节目主持人。

（3）综艺娱乐类节目主持人。

（4）访谈类节目主持人。

第三节　节目主持人分类的思考

节目主持人的分类，一直以来是一个具有争议的学术问题。分类对于主持人的实践操作和学术界的理论研究，具有一定的积极作用。同时，分类也犹如一把双刃剑，存在着不确定性。

广播电视毕竟是一门“经验学科”，我国电视发展的速度快且种类繁多，近年来，出现了许多新的节目形态。中国的部分电视节目正在自觉或不自觉地挣脱传统的分类法的束缚，通过调配电视艺术要素、制作手段等因素构成新的节目类型。

如东方卫视的《东方夜谭》节目，在内容和形式上颠覆了传统并糅合了许多节目形态特征：包装上的奇思妙想和娱乐元素的渗透；虚拟的受众和副主持小蔡的设置；节目内容涉及面极广，既有社会热点新闻又有诙谐的笑话。

又如，央视经济频道《绝对挑战》。有人说它是服务类的求职节目，而栏目编创者却定位为“益智类娱乐节目”，还有人把其定位成“大型演播室真人秀节目”。

再如，由湖南卫视和上海天娱传媒有限公司(下称“天娱传媒”）共同制作的平民选秀节目《超级女声》，在节目设置上与 Fremantle Media 拥有版权的 Idol 电视节目模板非常相似。因而，英国电视节目制作公司 Fremantle Media 亚洲版权总监伊迪斯认为：“他们没有购买我们的电视节目模板的版权，抄袭 Idol 节目形式，侵犯了原创者的知识产权。必要时我们将对其提起法律诉讼。”[1]而天娱传媒原总裁王鹏则完全否认了“盗版”一说。事实上，《超级女声》节目形态也作了一定的本土化的改造。

因此，上面我们介绍的传统分类法已不适应飞速发展的节目形态的变化了。由于我国节目形态分类学还没有真正形成，因而主持人节目的分类也同样处于认识阶段，我们只能从一般的认识、解释来分类。当然，再怎么变化，主持人节目都是以“内容”和“形式的外延”式增长为主要手段的。

由于目前主持人节目的内容和形式变化太快，我们现在比较注重从“形态”上来给节目分类，这样比较客观。

“众多节目都是拼凑的复杂形式的结果”[2]，尤其是电视，它是一种碎片文化，它可以兼容各种政治的、社会的、艺术的、经济的内容，也可以包容各种表现形式；电视也是一种复制文化，它可以拷贝任何对象的创意。电视文化这种后现代的特性，使得电视节目的编排、制作表现出“形式杂糅”“种类拼合”“内容组装”的特征。从以上的阐述我们可以看出三个问题。

一、形态很重要

随着时间的推移、节目的发展，节目内容可以变化万千，节目形式也可以多种多样，但是节目形态却在我们的记忆里沉淀了下来。

二、形态本土化

西方的节目形态到了中国，就发生了变化，这种变化大到有时候连形态的名称都要

[1] 一财．美国偶像称《超级女声》涉嫌盗版 [N]．扬子晚报，2005-07-31.
[2] 罗伯特・C. 艾伦．重组话语频道 [M]．北京：中国社会科学出版社，2000：345.

改变。

三、形态不等于具体样式

形态可以在各种各样的节目里流动着，它不仅规范了一大批节目，还装进了一大堆内容。电视节目的形态不是一成不变的，它是处在不断发展变化之中的。而不断变化、不断产生的新的节目形态，又会形成新的电视节目类型。[1]

现在，我们大多采用节目内容和节目形态相结合的方法给主持人节目分类。例如，中国广播电视学会主持人节目研究委员会从1994年至2003年先后举办了六届广播电视主持人"金话筒"的评比活动，主持类型分类就采用把参赛的电视节目主持人作品分为新闻类、谈话类、文娱类、社教类、体育类五类；把广播节目主持人作品分为新闻类、谈话类、文娱类、社教类、服务类五类。

综上所述，主持人的分类对主持人的实践和发展作用巨大。但随着节目形态的飞速发展，分类不应该是绝对的、一成不变的，我们应该用包容和进步的眼光看待那些节目元素多元化的综合类节目。

知识链接

"如意杯"电视主持人评选活动

1988年，中央电视台举办首届全国性的"如意杯"电视主持人评选活动。当时由于没有对主持人进行分类评比，尽管制定有明确的评分标准，但在实际操作中很难掌握。试想，将新闻主持人与娱乐主持人二者相提并论，实在缺乏可比性，谁高谁低无法比较与说清。以致最后评选结果出现了同是"十佳"，专业节目主持的得分差距悬殊惊人。在满分为百分的标准下，第一名和第十名的分数相差38分，实属罕见。由此可见，主持人分类评比不仅有助于评选活动中正确把握评选方法，而且对节目主持实践有推动、借鉴作用，具有实践与理论的意义。

【实训1】节目分析及阐述训练

收听、收看广播电视节目，选取三档最喜爱的节目，阐述喜爱的理由。

【实训2】主持人分析及阐述训练

选取最喜爱的一位主持人，分析并阐述他（她）在节目中的职业特性及主持人定位。

[1] 转引自李幸．电视节目形态之我见［J］．现代传播，2001（5）．

三、形态不等于具体样式

第二部分

为成为节目主持人做好准备

第四章
良好的主持状态

【学习目标】

1. 了解节目主持人的工作状态，通过实训使学习者初步进入主持人工作状态。

2. 拥有自信的主持状态，为主持人节目创作打好基础。

3. 面对镜头表现自如，并且具备在主持人工作空间中的感受能力。

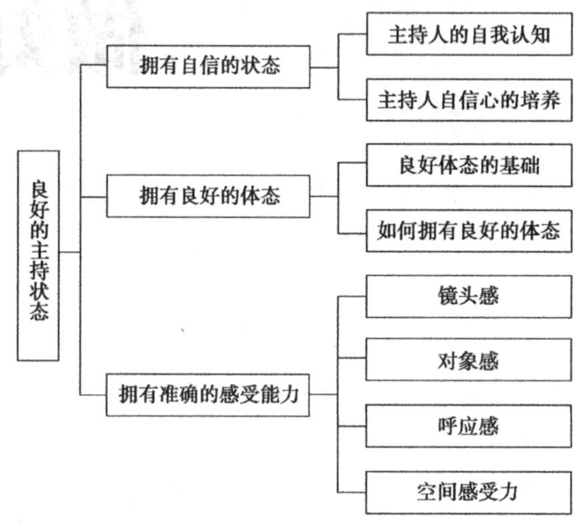

在开始主持一档节目前，需要具备节目主持人的基本状态和能力，良好的主持状态就是其中之一。专业人士判断主持人是否优秀，往往看重其专业功底及节目的驾驭能力。而受众评判一个主持人是否优秀，标准有很多，但第一印象至关重要。因为作为需要用画面和声音来进行传播的节目，主持人给予受众的第一印象是他的整体形象和状态，这也是受众决定是否继续观看一档节目的重要因素之一。如何才能拥有良好的主持状态，并把这种状态运用到未来的主持工作中呢？在本章，我们一起寻找答案。

状态，是指人或事物表现出的形态[1]。而节目主持人的状态，是指节目主持人在主持节目的过程中呈现出的精神与行为的形态，也就是作为主持人在节目中的播讲表达、与受众互动的欲望，同时也包括在节目主持中通过精、气、神所营造的一种积极主动的主持状态。这其中主要包含主持人要拥有自信心、良好的体态以及准确的感受力。

第一节　拥有自信的状态

对于一名节目主持人来说，只有准确地认识自己，才能扬长避短，做到“人无我有，人有我独”，才能赢得受众的关注，获得自信感。在一档节目中，主持人要想有出色的表现，就要认真地审视自己，知道自己拥有什么、欠缺什么，还有哪些潜能有待发掘，自己的哪些优势和特点是可以服务于节目的。只有认识自己和明确受众的期待，才能让自己拥有更好的自信状态。

一、主持人的自我认知

正确的自我认识，即自我意识的正确树立，是主持人具备良好自信心的前提。主要分为主持人的形象自我认知、心理自我认知、社会认知。

（一）主持人形象自我认知

它主要是指主持人对自己的性别、身高、年龄、健康、外形容貌等方面的认知。虽然主持人需要较好的外形条件和甜美的嗓音，但是并不代表外形和嗓音是判定主持人是否优秀的首要条件。主持人应该客观看待自己的外在条件，根据每个人的不同情况，打造自身特有的主持人形象。不要因为形象的不完美而失去自信表达的勇气。

---

[1] 俞虹 . 节目主持人通论［M］. 杭州：杭州大学出版社，1996.

（二）主持人心理自我认知

它主要指主持人对自身性格、特点、兴趣、爱好等方面的认知。主持人要准确认识自己的个性特点和兴趣爱好，才能对自己能否胜任主持人这一工作作出准确的评估。当然，个人的性格特点和节目风格统一固然好，但如果个性特点中欠缺节目风格所需要的特质，还需要进行个人状态调整和形象包装，以达到节目的要求。

（三）主持人的社会认知

它主要是指主持人对于社会角色、语言环境的认知。这一部分将在本书第五章第三节“主持人做适应性的表达”中详谈，这里就不再赘述。

二、主持人自信心的培养

美国学者卡耐基说过，自信是最大的财富。自信心一旦缺失，就会产生自卑、自我否定、挫败感等负面的心理状态，久而久之，给人们的学习、生活带来消极的影响。因此，拥有自信心对于每个人都至关重要。对于主持人而言，积极的自信心是心理素质建设的重要环节，是成功主持节目的重要前提。拥有自信，可以使主持人在镜头前保持与受众交流的强烈愿望，使主持人在节目中始终处于主动活跃的状态；反之，如果缺乏自信，就会丧失对节目的主导和把控，从而使节目失色，自己失去光芒。

在激烈、残酷的传媒行业，主持人一定要有良好的心理素质与强大的自信心作为内心支撑。那些经常对自己持怀疑态度的人是无法从事主持工作的，因为自信心不足会表现在主持人的工作状态上，声音、表情、动作都可能暴露自信心不足。不自信的主持人会出现声音颤抖、面部僵硬、动作机械等情况，这些表现都会影响传播效果和质量。优秀的主持人之所以成功，自信心起到了非常大的推动作用。作为一名主持人要拥有自信，才可能全身心地投入到节目中去，把自己的魅力和感染力显现出来。

作为主持人，应努力塑造自己自信的人格魅力，自信心的建立可以渗透到日常生活中。首先可以根据自己目前工作的情况，有计划、分重点、分阶段地去学习。例如，民生新闻类节目主持人，平时就要多关注民生、民意的新闻消息；经济类的主持人，要时刻关注当下经济形势与发展变化；生活服务类的主持人，要热爱生活，多关注日常生活中的小难题，并学会解决此类问题。这样有目的地进行日常积累，可以避免主持人在节目中对有关问题出现“不明白”“不清楚”“说不出”的尴尬。主持人会因为自己“知情者”的身份收获自信。另外，还应在工作过程中注重专业技能的训练，更多地关注其他优秀的同行，观摩优秀的广播电视作品，学会思考、学会领悟，不断学习、不断积累，逐步形成自己的主持风格和特色。所以，自信心不是凭空而来，它是建立在客观认知并正确评价自己实力的基础上的。有实力，自然会更自信，更有魅力。

值得注意的是，有时候缺乏自信其实就是准备不足的表现。因此，主持人要拥有良好的自信状态，应做到“有备而来”。首先，充分的案头准备工作必不可少。要充分了解节目的流程和主要内容等，做到心中有数，无论节目进行到哪个环节，主持人都可以收放自如。其次，提前熟悉工作场景布置、工作人员职责等，以确保节目的顺利播出。最后，如有现场嘉宾、选手、观众等，主持人要对他们的背景资料有所准备，做到知己知彼、有的放矢。总之，准备得越认真、越充分，主持人在工作中就会越自信从容、游刃有余。

案例启发

四年一度的“CCTV主持人大赛”为中国主持界选拔了不少精英，如鞠萍、张泽群、撒贝宁等众多名嘴都出自这项大赛。2011年，第六届CCTV电视节目主持人大赛开始，这届比赛共有6068名选手报名角逐。在总决赛阶段，青年主持人王宁历经层层考验，在众多优秀选手中脱颖而出，最终站上了该项大赛的最高领奖台。

其实，这届的优秀选手们的表现都可圈可点，尤其是来自中国农业电影电视中心的顾国宁和来自央视《文化正午》的王宁。一开始，多数评委都很看好颇具主播范儿的顾国宁，但王宁的现场表现更加完美。含蓄内敛的气质赋予了她收放自如的大气和沉稳，以及一份集淡定、自信于一体的美丽。在决赛中，她落落大方，不见丝毫急躁，将节目内容娓娓道来。自信让她的心理节奏没有受到比赛氛围的影响，她的《读书》节目让评委、嘉宾眼圈泛红。最终，王宁这个没有惊艳外貌、事先并不被众人看好的河北“80后”勇夺桂冠，靠着一份淡定与自信，站在了CCTV主持人大赛的巅峰。所以，在主持过程中，良好的传播心理可以使你自信地表达，拥有好的状态。

沈力、李瑞英为王宁颁奖

【实训1】自我认同感训练

1. 同学当众进行自我表扬训练。

2. 两位同学进行自我表扬竞赛，交替提出自我认同点。两人根据认同点，结合自身情况进行自我表扬。（不允许相互攻击，只能进行自我正面表扬）

【实训 2】讲述训练

以“我最……”为话题，进行即兴讲述，要求时间长度不少于 90 秒。

第二节　拥有良好的体态

一、良好体态的基础

良好的精神面貌和体态是一张最好的个人名片。每一位受众都有自己的审美标准，但是他们对主持人体态的要求却基本一致：挺拔、端庄、自然、大方。你也许会问，本章讨论的是良好的主持状态，那么体态和状态又有什么关系呢？

状态，是指人或事物表现出的形态；体态，是指人体的姿态。应该说，体态属于状态的一部分。

（一）心理状态与良好体态的关系

在人际交往中，我们往往会从一个人的体态判断出他的心理状态：紧握拳头，表示他正在生气或试图控制自己生气的念头；不停地搓动双手，表示他十分紧张；说话时总是不敢看你，表示他不够自信或是正在说谎等。每个人的心理状态也会直接反映在体态上，高兴时手舞足蹈，伤心时默默无语。其实这些只是生活中一小部分的展现。也就是说，一个人的心理状态会直接反映在他的体态上。作为主持人，良好的心理状态对于体态起到积极作用，因为当你拥有乐观、积极的心理状态时，一般呈现出松弛、舒展、自信的体态，这种体态符合大众传播的受众需求。

（二）演播状态与良好体态的关系

演播是指电视节目主持人富有动态过程、有变化、有发挥的当众性地播讲。[1] 演播状态是主持人在创作空间里的当众工作状态。主持人在直面受众时，能否被受众认同、留下良好的第一印象，与主持人良好的演播状态息息相关，而体态语就是演播状态中不可或缺的一个元素。

我们所说的演播是动态、有变化的，这种状态不仅仅指语言表达，同时也需要主持人体态语的配合。主持人创作过程中合理地运用体态语，可以使表达更加生动、自然，也会给受众留下更加深刻的印象。哪怕是一个普通人，在生活中，也会运用手势和面部表情来辅助自己的有声语言，因此，没有人愿意看到主持人犹如木偶一般机械地出现在

---

［1］俞虹．节目主持人通论［M］．杭州：杭州大学出版社，1996.

自己面前。一个主持人即使有再好听的声音、再出众的容貌，如果不会合理地运用体态语，都会给人一种僵硬、呆板之感。如何在演播中用准确的体态语来辅助节目内容的传递，是主持人应该掌握的一项技能。

二、如何拥有良好的体态

站、坐、行是主持人体态语的重要组成部分，我们可以通过以下训练，使自己看上去更自信、更挺拔、更有独特的个人气质。

（一）站姿

站姿是主持人在节目中经常会使用的一种体态，它运用于除了谈话类节目之外的一切节目类型中。早期的新闻节目一般采用坐姿，但现在随着技术的改革和节目多元化发展以及受众的需求，有越来越多的新闻节目主持人采用站姿主持节目。

一般来说，主持人站立时，应体会脚掌牢牢贴地的感觉。膝盖并拢，寻找小腿到大腿的拉伸感，大腿肌肉提升有紧张感。收腹提臀，在确保自然呼吸的情况下，放松双肩和手臂，找到脖子向上拉伸感、后脑勺有贴墙感，下巴自然放松（不要过分含下巴），双眼平视前方。

无论男女都需要挺胸收腹，眼睛平视镜头，双肩自然放平，双腿直立拉伸。但是在腿部动作上，男女略有差别。男生一般选择自然合拢双腿站立或微微分开双腿，但双腿分开的宽度应比肩宽略窄；女生则多为合拢双腿自然站立。但由于个人腿形制约，如两腿无法贴紧，可采取小“丁字步”，即一只脚的脚后跟靠在另一只脚的中部，形成小角度的“丁”字，但切忌过于生硬。总的来说，主持人的站姿应做到自信而不骄傲，挺拔但不紧绷。

【实训】主持人站姿训练

根据前文中主持人站姿的相关讲解，进行具体训练。

杨澜

（二）坐姿

坐姿是主持人在电视节目中使用频率较高的体态，它使主持人在主持节目的过程中看上去更加轻松自如，同时也可以拉近与受众的距离。

一般来说，我们会选择坐在座椅靠前的位置，挺胸收腹，背部保持直立状态，保持气息通畅，身体直立却不紧绷。与站姿相同，在腿的摆放上，男女略有差别。男生相对简单，一般来说双脚着地，比肩略窄，自然放松。女生则有两种情况：第一种是膝盖、双脚靠拢，小腿部分整体向左或向右倾斜，这样可以使腿看起来修长；第二种是“跷二郎腿”，但也需要将整个小腿部分整体向左或向右倾斜一定角度。

当然，由于座椅不同，坐姿也会有一些小变化。比如某些谈话类节目，为了让被访者和受众更加轻松，现场设置的座位为沙发，主持人的坐姿会更加自如和放松。但是总的来说，主持人的坐姿要求似松实紧，端庄大方。

当然，坐姿和我们所传播的节目类型息息相关，在之后的节目类型训练中会对各类节目中的主持人坐姿进行详细说明，在此就不再赘述。

【实训】主持人坐姿训练

根据前文中主持人坐姿的相关讲解，配以开场词进行实际训练。

例：

您好，观众朋友，欢迎收看正在直播的《新闻 1+1》。前些日子一段三个少年殴打另一个少年的暴力视频在网上一下引起了轰动，迅速激起了民愤。这三个少年岁数不大，但是他们打的这个少年才 14 岁，等于是更小，还在上初中呢，那种暴力的劲儿简直让人没法看。这件事情引起公愤之后，公安部和北京市公安局可以说是高度重视，把它交给了刑侦大队全权负责，30 个小时就破案了。但是在破案之后，还是引发了大家的思考，仅仅是野蛮生长，或者说是一个暴力事件如此简单的事情吗？孩子们肯定是有错的，但是我们是否也要去揪一些错呢。不过在说这一切之前，我们还是要回述一下那段视频。但是要强调的是，那段视频引起大家公愤是八分多钟，现在我们看到的是绝对绝对绝对的简洁版。因为实在不忍心让大家看太多，我们先看一段这 30 多秒的视频。

（三）走姿

在节目中，主持人往往需要进行一定的走动设计，通过位置调度来达到传播画面有变化的目的，于是我们就会运用到主持人“走”的技巧。总体上来说，主持人会有两种走姿：一种是上下场走动（只走不说），另一种是边走边说。在上下场情况下，要求主持人步幅适中、频率快，在走路过程中伴随着与稿件相关的心理活动，双臂自然摆动，走到规定位置后迅速调整状态，然后开始主持；第二种是边走边说，主持人在走动的过程中应以镜头和受众为中心，挺胸收腹，步伐自然有规律，顺应稿件节奏，同时伴随着与稿件相关的心理活动进行语言表达。

【实训】主持人走姿训练

1. 根据前文中主持人走姿的相关讲解，进行主持人上下台训练。

2. 根据前文中主持人走姿的相关讲解，配合音乐进行走位训练。（由教师为学生指定不同节目类型的音乐）

良好的体态可以说是让受众接受主持人的第一步，没有受众愿意看到一个在荧幕上动作紧绷、局促紧张的主持人。良好的体态还会直接影响到主持人的心理状态和演播状态，所以，我们在平时的学习中，甚至是生活中都应该随时注意调整自己的体态。

当然，主持人的体态语还包括肢体语言、面部表情这两个重要的部分。由于在不同的节目类型和节目内容中，会出现不同的表现，在分类型节目训练中我们再分别进行训练。

第三节　拥有准确的感受能力

广播电视是运用声音与图像进行传播的媒介，要求主持人在话筒前、镜头前具备准确的感受能力。节目主持人的感受能力在传播过程中十分重要。对于主持人而言，在何处说、对何人说、外部环境等因素会直接作用于主持人的表达状态和传播内容。拥有准确的感受力可以帮助主持人面对镜头找到对象感，同时对环境有一个客观深刻的认识，比如多大的景别使用何种肢体动作、如何走动才能不出画面、如何表达更加契合传播诉求等。准确的内心感受可以加强主持人对节目的把控能力，提升主持人的感受能力，增强主持的镜头感。感受力虽然重要，但由于它是想象力层面和心理感受层面的事物，所以需要节目主持人不断地在实践中去寻找、建立。准确的感受力主要包括节目主持人的镜头感受能力和空间感受能力。

一、镜头感

何为镜头感？镜头感是电视节目主持人在演播中对摄像机镜头运动时的一种状态。[1]这就是说，电视节目主持人在演播空间中要有一种感受镜头的能力，镜头对主持人来说有着制约感。由于摄像机把主持人的演播空间限制在某个景别中，就会给主持人造成一种心理上的制约。

因此，主持人掌握镜头感，就是要打破镜头对于演播心理的限制，使主持人在镜头前从容自信地进行节目主持。

二、对象感

“对象感”是电视节目的重要特征之一，是属于电视节目主持人最富有特色的镜头感觉。在带有受众的节目录制现场，主持人既要与现场嘉宾、受众进行交流，又要与电

[1] 李晓红 . 浅谈节目主持人的镜头感［J］. 青年文学家，2011（21）.

视机前的受众进行交流；在没有嘉宾、受众的节目录制现场中，主持人更要从头至尾地想象接收的对象并与之交流。那么，什么是电视节目主持人的对象感呢？

主持人把节目定位的受众对象设想为具体的形象，与其在镜头前进行一对一的交流，而获得一种犹如真实存在并贯穿始终的感觉就是对象感。[1]简单来说，就是把镜头想象成你的诉求对象来进行传播，并且在节目播出中把这种想象力贯穿始终。比如少儿节目，就应该把镜头当作你所要传播诉求的年龄段的孩子；老年节目，就应该把镜头当作慈祥可爱的老人等。只有这样，才会拥有镜头感，给受众自然、亲切的感觉。

在广播电视节目中，对象化传播是重要的手段，很多节目把对象划分得越来越细致。所以，电视节目主持人的"对象感"在节目进行中应该是持续、统一的。那电视节目主持人在演播空间中应如何建立正确的对象感呢？

（一）了解对象

广播电视节目中，除了新闻节目的受众群体相对广泛，大部分电视节目的受众群都已"对象化"。按照"对象化"的要求，主持人必须了解受众群的职业、年龄、性别等外部形象的"设想"，具体到对传播对象的心理、性格、喜好等都必须有所了解。只有这样，才有可能与他们进行有针对性的、自然且贴合的交流。

如少儿节目应细分为各个年龄阶段，只有真正了解各个年龄段孩子的心理，才可能真正地贴近孩子。

案例启发

《我和春天有个约会》开场词

电视机前的小朋友们，大家好！欢迎收看《我和春天有个约会》节目。 在我们小朋友们的眼里，春天是什么样的？有什么样的色彩？大家都有什么样的心情呢？快来看看吧，小朋友们用自己的观察把春天描绘得千姿百态，多姿多彩！瞧，花儿开了，草儿绿了，小蝌蚪在找妈妈，蜻蜓、蝴蝶在飞舞，鸟儿们在鸣唱；而小朋友们呢，正沐浴在春光中健康快乐地成长……有的在追逐玩耍，有的在放风筝，风筝飞上了蔚蓝的天空中。有的像黄莺，有的像小鱼，还有的像风铃……它们跟孩子一样快乐，无忧无虑地在天空飞舞。在地面上，孩子们的笑声在回荡……

春天真美啊。我想每一位小朋友的眼中都有着属于自己的春天。好，让我们来欢迎今天几位来到我们节目现场的嘉宾：活泼可爱的小鸭先生，勤劳努力的小蜜蜂妹妹，还有善良温顺的山羊公公，让我们来听一听他们眼中的春天是什么样子的呢？

---

[1] 吴洪林. 节目主持艺术［M］. 上海：上海三联书店，2007.

所以，为了获得对象感，主持人必须找到“具体的对象”并了解这个对象。这样一来，主持人就容易在主持节目的过程中通过想象找到“具体的形象”。张颂教授曾经指出，具体对象应该是我们最了解、极熟悉的人，想象出他们的形象，具体的举止神态都时时可感、历历在目。

（二）“一对一”的交流

对象感的建立，关键就是要“一对一”。

在人际交往的过程中，“一对一”是非常重要的，只有“一对一”才能让你的倾听者感觉到是在与他说话，主持节目也同样如此。主持人把节目定位的传播对象设想为一个“具体的人”，要像对待真实生活中你值得关注的对象那样，去了解他、关注他。所以，主持人在节目中一定要用眼睛与受众真诚交流，通过眼神的表达，把节目所传递的信息、主旨思想传达给受众。

只有进行“一对一”的传播，才能使受众觉得主持人是在与自己说话，有一种被尊重、被关怀之感，从而真正投入到节目当中，与主持人形成双向交流的互动感。

（三）眼神的交流

在人际交往中，对人说话时一定要注视对方，以此显示真诚，这个道理也同样适用于节目主持。有人说，受众不一定永远是对的，但无视受众却永远是错的。

但是在主持过程中，我们面对的可能是一群不碰面的受众，这种情况下，我们要怎样才能找到眼神交流的感觉呢？有这样一个文字公式：

视线的可视点 + 心像的想象点 = 眼睛的神态[1]

视线的可视点是指主持人眼睛的神态点在镜头上的位置，这个位置是客观存在的，是主持人实际看到的，是属于物理性的；心像的想象点，是指主持人眼睛的神态在心里的想象中点击的位置，这个位置就是“设想成的具体形象”映现在头脑中的，是主持人实际看不到的，是属于心理性的。

也就是说，主持人眼睛视线的可视点与内心想象的点结合起来，两点交织的共同点面对镜头产生了一双无形的受众的眼睛，主持人与这双眼睛交流即可。

那么，如何让这两个交流点互为交织，共同点击在所面对的镜头上呢？我们可以这样做。

（1）镜头位置应和主持人视点持平。这也就是说，主持人站或坐，眼神要与摄像机的镜头形成相等高度的视平线。需要注意的是，眼睛应平视镜头，同时保证眼睛“不出画”（指眼睛不离开镜头所在的区域）。

---

[1] 吴洪林. 节目主持艺术［M］. 上海：上海三联书店，2007.

（2）主持人的眼睛切忌呆板用力地看镜头，做到看面不看点，看虚不看实。这是主持人看镜头的技巧。需要说明的是，主持人只看镜头说话是不会产生交流感的。主持人要善于抓住用眼睛神态看的内涵，知道看的对象是谁，达到什么效果，让受众感到是老朋友在和自己说话，一下子引起关注，一眼抓住受众的心。那么，这就需要第二个层面的“心像的想象点”。

（3）主持人需要运用“心像的想象点”。“心像的想象点”的关键是想象，用想象来调动情绪，来调动生活积累。想象有着很强的目的性和分寸感，心理想象夸张则过了头，心理想象微弱则欠火候，内心视像想象点容易误导眼睛视线的可视点。想要想象到位，主持人的内心视像必须从节目内容出发与“设想成的具体对象”进行交流，这样主持人就能把受众当作你需要重视的人，通过想象来调动情感、流露情感，让对方实实在在地感觉到这种情感的持续性。

因此，只有当视线的可视点与心像的想象点交织在一起、相辅相成，才能产生眼睛的神态，主持人与受众才会有真正意义上的眼神交流，才会有真正的“对象感”。

【实训】眼神专注力训练

1. 学生两两相对，自选话题进行一分钟讲述，要求眼睛必须平视对方，讲述过程中眼神不离开对方。

2. 根据老师指定对象即兴组织语言，面对镜头，想象受众，进行30秒节目开场词训练。

3. 锻炼眼周肌肉，此练习需长期坚持。

（1）在一面墙上用激光笔或电筒投射出不同的光点，在头部不动、不眨眼的情况下，用眼珠转动追随光点。

（2）头保持不动，眼睛睁开进行360度的转动，保证视点所及为最上、最右、最下、最左，重复10遍。

（3）在不眨眼的情况下，眼珠转动数树叶，逐渐增加练习时长。

4. 每人准备2～3分钟的节目。在节目录制过程中，制造各种镜头外的干扰情况，如人员走动、导播喊话等，造成干扰。要求不能受到场外因素干扰，保持持续专注的主持状态。

（四）持续的状态

对象感的建立，还需要有持续的状态，也就是“贯穿始终的感觉”。

所谓持续，就是指这种对象感始终贯穿在整个节目操作过程中。只有把产生的“对象感”始终贯穿在节目操作中，才算是“对象感”整体的获得、完整的建立。对“对象感”的运用往往存在着一个误区，总以为对着镜头说话才需要“对象感”，而在对话中、在竞猜中、在游戏中，有时眼睛没有直接面对镜头就不需要对象感，这是不对的。这也就是在“对象感”的定义中强调“贯穿始终”的感觉的重要性，也就是持续的重要性。

主持人做任何一档节目都是为服务受众。主持人在演播中，时时处处都需要感觉到电视机前受众的存在，感觉到他们在看、在听、在想，才能激发主持人的播讲愿望。

这就是“对象感”的整体阐述和运用方法。所以，我们也可以简单地说，对象感就是主持人把节目所定位的固定受众对象设想为具体的形象人物，例如某一类人、某一个人，再面对镜头与之进行交流的一种感觉。

三、呼应感

人际交流少不了呼应，没有相互的呼应，难以形成沟通、交流。呼应感是良好语境感的具体表现。主持人在演播过程中，要努力营造出有所呼应的传播氛围。这种呼应体现在以下方面。

（一）眼神的呼应感

电视节目主持人除了用有声语言来传播信息外，还需要用他们的体态语与受众交流情感，而眼神是沟通的直接通道。如果目光呆滞或者犹豫闪躲，都难以令人信服。但是，没有经过系统的训练，很难达到在镜头前目光灵活、轻松自如的交流境界。

在对象感中我们说过要如何锻炼我们的眼睛，也说过良好的眼神交流是能否找到对象感的重要指标。同样，要得到镜头前的呼应，也需要与镜头有良好的眼神沟通。而要做到这一点，我们还需要做到如何运用眼神“送点”，即重音或重点表达时利用眼睛与头部点动的配合，达到与受众交流的目的。

（二）场上人员的沟通感

主持状态的呼应感还体现在主持人之间的呼应、主持人与嘉宾及现场参与者的呼应。

两人以上的主持人共同主持节目，尤其要注意主持人之间的呼应关系。所谓和谐的搭档，就是主持人在主持节目过程中达到默契沟通之后，所形成的最佳呼应关系。有无呼应、呼应的好坏，是衡量主持人是否真正进入主持状态、是否具有良好的镜头感觉的重要衡量标准。

【实训】呼应感训练

双人搭档完成一档生活服务类节目（如教观众如何巧开罐头）。在主持过程中完成与搭档、受众的呼应训练。（包括眼神、情绪、思路的呼应和配合）

四、空间感受力

主持人通常在一个既定空间里去完成创作，想要有良好的状态与镜头感，成为优秀的节目主持人，就必须有良好的空间感受能力。在不同的景别里，活动范围大小、肢体动作如何运用都有所区别。主持人应该学会运用准确的空间感受力，来做到更有效的表达。

主持人在面对摄像机的演播空间中，这种镜头的表现能力主要表现在三个方面：景别感、间距感和走动感。这种空间感觉，会使演播空间在镜头前获得有机的运动感。

（一）景别感

要弄清楚景别感，我们必须首先明白，什么叫景别。景别是指被拍摄的主体在画面中所呈现的范围。那么，景别感就是指主持人作为镜头的拍摄主体，在节目录制中，能够感觉到自己在画面中所呈现的范围，这就是景别感。景别一般划分为五种。

1. 远景

远景是表现广阔场面的电视画面。远景提供的视野宽广，能包括广大的空间，人物在其中变得极小。电视节目的演播现场所运用的“大摇臂”镜头都为远景。

远景

2. 全景

全景是表现主持人的全身或场景全貌的电视画面。全景往往是演播空间一个场面的总角度，可以使受众看清人物的形体动作以及人物和环境的关系。全景机位通常是“大景”机位，通常用摇臂，或者设置于舞台对面的最远距离的固定机位。

全景

3. 中景

中景是主持人膝盖以上或者局部的电视画面，可以使受众看清人物半身的形体动作和情绪交流，有利于交代人与人、人与物之间的关系。在中景中，人物的手势和动作往往会较为突出，构成画面中的主要部分。

中景

4. 近景

近景是表现主持人胸部以上或物体局部的电视画面。运用近景时，可以使受众看清主持人展示心理活动的面部表情和细微动作，使受众们仿佛置身于事件之中，容易产生个性交流，便于受众清楚地加以了解事情，对主持人镜头前的状态是一个考验。例如在单人坐姿播讲节目中，在“一对一”采访提问中常出现近景镜头。

近景

5. 特写

特写是表现人体局部以上的头像或某些被摄对象细部的电视画面。特写可把人或物从周围环境中强调出来，常用来细腻地刻画人物性格，表现其情绪；有时也用来突出某一物体细部特征，揭示特定含义。特写有一种强调感，对于被摄的主持人而言一般不用，往往是主持人要强调演播现场中的一个物体，例如一张照片、一件工艺品，而运用特写镜头。

特写

五种景别简言之：带“人”全为远景（或称大全景），全身为全景，膝盖以上为中景，胸部以上为近景，肩部以上为特写。

弄清楚了什么是景别，接下来我们说一说景别的运用及其表现。

（1）如何运用“平角度”镜头。

“平角度”镜头是指摄像机处于与主持人站着或坐着的眼睛相等高度的视平线，高于或低于这一视平线的变化不可过大，不然将出现俯拍或仰拍。由于主持人在画面中以中近景以及中景、近景为多，不管是静态演播还是动态演播，主持人在节目录制中，一般使用平角度镜头。平角度镜头的水平运动轨迹包括主持人的正面、侧面、斜面和反面，这是节目摄录中运用最多的一种角度。

正面可以看到主持人完整的面部神情，这种角度有利于主持人与现场的观众及通过镜头与电视机前的受众进行面对面的交流沟通，从而增加亲切感；侧面、斜面可以使主持人与采访对象在提问对话时，左右兼顾地进行语言交流而增加平等感；反面以便主持人观看背景或大屏幕而带动受众的眼睛，增加注意力。平角度镜头因接近人眼的平视而产生画面平稳的效果，便于增加主持人的亲和力。

（2）如何掌握“空镜头入画”的技巧。

“空镜头入画”中的“空镜头”是指画面中只有景物而没有人物的镜头，也称为“景物镜头”；“画”是指静态画面，是指画面基本上处于静止状态的构图。“空镜头入画”就是主持人走进静态画面的景物镜头。

由于主持人节目中较多地运用中近景、中景，要求主持人“空入画”要站准点、站稳步，事先应将“站点”选择好，甚至事先标注好，否则不是入不了画，就是入过了画。所以，主持人要找准入画时的位置与感觉，以利于一步到位。

（3）与单机、多机拍摄关系的运用。

单机拍摄指使用一台摄像机进行拍摄，在外景中拍摄的主持人节目一般都采用单机拍摄。单机拍摄可根据环境选择最佳角度，对拍摄的机位、视角变化比较有利。

多机拍摄指使用数台摄像机同时进行的拍摄，几位摄像师按各个机位的角度、特点拍摄画面，由导演通过切换台选择所提供的画面，经编辑后合成为一个完整的节目。多机位中每台摄像机各有分工，有全景机位、中景机位或近景机位。以大全景摄取画面的全貌，以小全景来增加画面的纵深感。

景别感的建立，可以使主持人自如面对在演播空间创作中的诸多镜头调度，而景别感的养成需要建立多方面的关系对于电视节目主持人来说，掌握景别感与镜头调度的关系，对镜头的表现能力将更为丰富。

【实训】景别感训练

1. 景别感受训练。

根据前文中对于景别的讲解，利用摄像机监视器，返还学生出镜画面，让学生感受具体景别感。

2. 空镜头入画训练。

指定学生入画位置，用上下场的方式训练学生的走动感和对空镜头的感受能力。

（二）间距感

在主持的过程中，往往会遇到两人或以上共同主持的情况，这个时候我们必须要强调一个非常重要的空间感受，叫间距感。主持人要掌握好间距感，首先就要明确“间距”的所指。

1. 间距的概念

间距是指两者之间的距离、事物间隔的距离、跨度或数量尺寸。[1]是指在节目主持中，搭档主持的两个主持人的站姿或坐姿相互之间的距离。一般来说分为两种情况。

（1）主持人之间距离较近（两人之间最多空出一个主持人的身位）。

距离较近的情况，不利于镜头分切，往往两位主持人更多地在同个中近景画面中出现。在这样的演播空间中，主持人应以讲述为主、对话为辅。交流上应以正看镜头为多，以侧面对视为少，手势动作上应放弃“多和大”而用“少和小”。

（2）主持人之间距离较远。

距离较远的情况，有利于镜头的分切，两个主持人更多的是分别独自在一个中近景画面中出现，两人要是同时出现在画面中，那景别通常必须运用“全景”。

在这样的演播空间中，主持人应以对话为主，而对话与讲述可穿插进行，侧面对视与正看镜头可交替切换。

实际上，这两种情况没有好坏之分，关键是主持人对两种间距的区别、特点、作用要有具体的感受，从而在搭档主持的演播空间中，建立起相互交流的关系。

2. 间距感的概念

间距感是指在搭档主持中，主持人之间的距离与景别建立起关系，然后在镜头前进行对口接词与目光转换的一种相互交流的表现能力。[2]这种间距感，更多的是面对搭档主持的静态演播节目。要清楚两个基本要领：第一，两个主持人为同一话题服务；第二是保持与沟通对象的眼神交流。

（1）为同一主题服务。在双人搭档主持中，要明确两人是一个主体，不管两人距离远近，都处在共说一段词的交流状态，保持表情一致。即使没有说话，也应表现“认同感”，仔细地倾听，并不时与镜头，也就是与虚拟的受众进行表情、眼神、肢体等交流。

（2）保持与沟通对象的眼神交流。尽管在距离较近的搭档主持中，以正看镜头的讲述为主，但在演播中少不了“四目对视”的对话交流；更何况在距离较远的搭档主持中，是以侧面对视与正看镜头在交替交流。也就是说，搭档主持在演播中都有着或多或少的正看镜头和侧面对视的交流。主持人在搭档主持中必须要掌握“对谁看”的规律，那就是“向谁说就对谁看”。内容指向受众就对着镜头看，内容指向搭档就对着搭档的主持人看，保持与沟通对象的眼神交流。领悟了这一基本要领，主持人之间才能配合默契。

[1] 现代汉语词典［M］.6 版 . 北京：商务印书馆，2013.
[2] 吴洪林 . 节目主持艺术［M］. 上海：上海三联书店，2007：3.

（三）走动感

1. 主持人的“走动感”

走动感是指主持人在镜头前纵横运动中有边走边说表现能力的一种交流感觉。如果说，主持人在“间距感”中表现出的交流感觉为静态的，那么主持人在“走动感”中表现出的交流感觉便属于动态的。

2.“走动感”的表现形式

主持人的“走动感”可表现为平面的和纵深的两种形式。

（1）平面走动感。平面走动感是主持人在镜头前的横向活动，也称为左右移动，就是指主持人由左向右或由右向左的横向移动中边走边说。平面走动感显现二维空间。

（2）纵深走动感。纵深走动感是主持人在镜头前的纵向活动，也称为前后移动，也就是指主持人在纵深处由后面走向前面的正向运动或由前面走向后面纵深处的背向运动的边走边说。这种背向运动既包括主持人面对镜头的退步走动，也包括主持人背对镜头的正向走动，同样也包括主持人由前向后、边走边转身的转向运动。纵深走动感造成三维空间的感觉。

（3）如何运用主持人的“走动感”？

①“边说边走”“走好了说”“说好了走”这三种表现手法相互关联运用，使得“走动感”能在主持人的静动态演播中，表现出多姿多彩的“走着说”的手法运用。

②“横向活动”与“纵向活动”的两种表现样式的相互关联的运用，使得“走动感”能在主持人的演播空间处理中，表现出多种多样的“走动姿态”。

我们知道，主持人荧屏形象的出现，是在现场的摄像机处于一定的空间角度关系下产生的；主持人的景别感、对象感与间距感、走动感是面对摄像机的镜头运动而获得的。总之，主持人切不可愧对摄像机镜头，演播空间期待着主持人去占据。

案例启发

《凤凰气象站》作为凤凰卫视的王牌气象节目，节目本身的新颖、时尚、轻松，主持人的亲和力、讲述感，都使得它与其他气象节目不一样。而还有一点不同在于，在《凤凰气象站》中，节目主持人不再是单一的一个机位、站在镜头前一个景别了，而是加入了主持人的走动，运用了不同的景别。一般情况下，主持人都会在走动中边说

崔莉《凤凰气象站》

边出场，大全景拍摄主持人，然后再切入中景，主持人显得轻松自然。在进入到天气环节时，主持人再次走动起来，来到演播厅的另一端，镜头在此拉开，一直到主持人站定，再切回中近景。这样的景别调度使得节目本身有了更多的可看性，不再死板。而主持人在主持过程中的走动使我们极好地认识到了演播室空间，并且调动了整个演播空间，使整个主持环节显得更加富有层次。

【实训】走动感训练

以镜头为中心，根据老师指定的一个场景中的三个点位进行走动训练。

知识链接

多变的镜头

节目主持人在演播空间中运动着，摄像机镜头也在演播空间里运动着。主持人在演播空间中首先要感觉到镜头的运动。镜头运动包括推、拉、摇、移、跟和升、降等运动方式：

推镜头——画面由全到近。

拉镜头——画面由近到全。

摇镜头——摄像机以一点做轴心弧形运动。

移镜头——摄像机围绕被摄体做直线和曲线移动。

升、降镜头——摄像机做上下移动，与推、拉、摇、移和变焦的镜头结合使用能产生变化多端的视觉效果。

跟镜头——摄像机跟随运动的被摄体拍摄，有推、拉、摇、移、升降、旋转等跟拍形式。

第五章 做能说会道的主持人

【学习目标】

1. 了解主持人的有声语言特点；通过实训，做到流畅地表达。
2. 了解各种节目类型与节目内容需要不同的表达基调；通过实训做到准确地表达。
3. 掌握与语境相关的理论知识；通过实训，做到在不同语境中的适应性表达。
4. 具备主持人的议论和点评的能力，逐步成为能说会道的主持人。

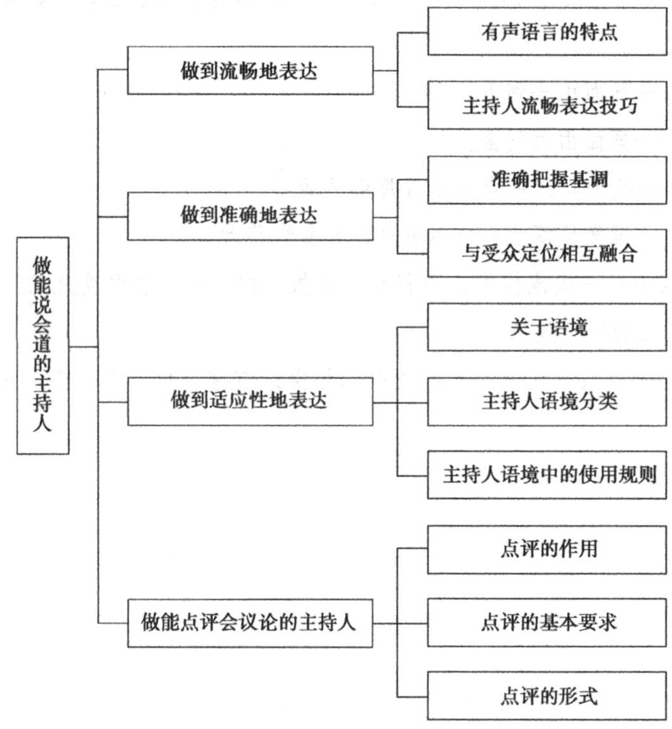

我们经常会听到人们感叹："主持人真能说，嘴皮子好溜！"其实这就是因为主持人具有"能说会道"的能力。"能说"是指主持人有声语言表达的技巧，"会道"是指主持人议论点评的能力。优秀的节目主持人一般都具有较强的能说会道的能力，它可以帮助主持人在节目中作出更及时的反应、更精彩的表达。

第一节　做到流畅地表达

主持人"能说"并不是没有标准的乱说话，不是"侃大山"，而是要符合一定的语言特点。其目的是使传播交流更加准确、生动、高效，并具有一定的艺术性。

有声语言是主持人的看家本领，但主持人的语言能力不单单是滔滔不绝、口若悬河，而是指能用标准的普通话，准确、得体地进行语言表达。

一、有声语言的特点

有声语言，是主持人与受众之间最重要的沟通交流工具。随着大量广播电视节目的出现，主持人的语言也变得丰富起来，口语化成为节目主持人有声语言的显著表现。节目主持人应该苦练基本功，做到字音准确、吐字清晰、语言规范地表达。除此之外，还要做到声音圆润、悦耳动听、言简意赅、具体形象，能带给受众心理上的愉悦之感。换句话说，就是主持人除了把普通话说标准，还要做到"听上去易懂""听上去好听"。主持人语言的口语化是对人们日常口头语言经过筛选、加工、提炼后的再制品，也是日常口语与书面语的结合体。

（一）简练、形象

简练，即简约凝练，用少量的语言尽可能表现丰富的意思。借用莎士比亚的一句话："简洁的语言是智慧的美，冗长的语言是藻饰。"当下有些主持人，一开口就喋喋不休，说了很久别人也不明白他说的内容。殊不知，节目主持人的语言越是简洁精练，思想的表达才能越明确，才能更好地达到传播的效果。

如果说主持人用标准、简洁精练的语言可以让受众"听上去易懂"，那么悦耳动听、生动形象的语言，则可以拥有"听上去好听"的美感。因此，节目主持人在说话的时候，不仅要做到传情达意，还要做到语言清晰响亮、生动活泼。下面我们就来看看《交换空间》里主持人王小骞是如何将两个家庭对装修风格的抽象、模糊的表达，经过自己整理之后将其变得具体、形象、清晰可见的。

案例启发

《交换空间》 2013年9月 主持人：王小骞

王小骞在《交换空间》节目现场

王小骞："今天我们两组选手的要求非常有趣，做个比喻吧，一边想化个妆，一边想整个形。化妆的那边是觉得房子原来的颜色太杂乱了，希望化个淡妆，能够整合一下，能够协调一下。另外一边呢则是觉得，这房子显得太老气，50多岁，想整个形，看看能不能变成年轻的20岁左右的样子。这两道难题就交给两位设计师了，认识一下今天是哪两位设计师来挑战！"

（二）通俗易懂

主持人在节目中一般都是以第一人称"我"的口吻出现，这样的称呼使受众觉得就像和朋友在交谈一样，让受众感到放松与亲切。除了人称上的变化以外，主持人对原本的书面稿件，在主旨不变的情况下，改动成更通俗易懂、亲切自然的口语化的语言。一般来说，受众喜欢语言表达热情亲切的主持人，而不接受语气生硬、冷淡的主持人。但是，这里所说的口语化绝非是口水话，应该是亲切而不媚俗，自然而不随意的语言。

主持人的语言是如何做到从书面语到口头语的转变呢？首先，把生涩难懂较为拗口的书面语，转换成生动活泼、通俗易懂、口语化的表达；然后，经过筛选、加工、组织、提炼，创作出易于理解又具有一定艺术感染力的语言，缩短与受众的距离感。我们将用16届广州亚运会开幕式结束词的两个版本进行比较，一起来分析一下口语化表达的良好效果。

案例启发

第16届亚运会开幕式结束语

书面语：女士们，先生们，第十六届亚洲运动会开幕式结束，祝大家晚安！烟花灿烂，让我们今晚共同铭记今晚欢腾的中国！礼花漫天，让我们共同铭记今晚喜悦的广州！此刻，属于中国的亚运会时间才刚刚开启！此刻，属于广州的亚运征程才刚刚起航！未来的16天里，45个国家和地区的亚运健儿将在这里享受运动带来的满足与快乐！未来的16天里，中国将用真诚与热情为亚运健儿每一次拼搏喝彩加油！祝愿运动健儿们在赛场上勇攀高峰！祝福中国健儿在祖国辽阔的土地上再铸辉煌！中央电视台，中央电视台，第16界亚洲运动会开幕式的盛况为您转播到这里。朋友们，再见。

口语化：焰火再一次绽放起来，之前有很多的新闻说，这一次广州亚运会的焰火将超过16万发、超过北京奥运会等等。其实没有，据现场负责焰火的导演向我们介绍，总量只有4万发，并不超过北京奥运会。在圣火当中，在焰火当中，可能许多中国人的思绪会回到20年前的北京亚运会，在想这20年国家发生了怎样的变化，而我们每个人又发生了怎么的变化。其实回忆过去，不如更好地开始好奇的未来。从现在开始好奇，20年后广州会怎样、中国会怎样，而我们每一个人又会怎样？好运广州，好运中国，好运每一个人。这是中央电视台新闻频道为您带来的第16届亚运会开幕式的解说。

（三）真诚交流

张颂教授曾说过："主持人说话要坚持的是'真实的身份、真诚的态度、真挚的感情、真切的语气'，杜绝一切虚假与造作。"也就是说，主持人在表达的时候，一定是真诚的，富有人情味、情感味地，与受众进行面对面、直接、平等的心理沟通与交流。

主持人的语言外在是声音，内在是情感，这就要求主持人传播的信息要做到语言准确与情感真实的统一。如《幸运52》的主持人李咏，在节目一开场就把受众带入了热情高涨的氛围中去。他高喊着："想夺冠吗？想！大声说出来！你有信心吗？有！也大声说出来。"尽管隔着荧屏，但是他说的每句话都是真实的，传递的情绪也是激动人心的。节目主持人对感情的真实表达，可以增强传播效果。它要求主持人始终要用一颗坦诚的心对待每一位受众，把自己真诚而质朴的情感化作亲切而温馨的语言，拉近受众的心理距离，从而温暖人心。

（四）独特的表达视角

前文中说了主持人情感表达的重要性，但是，有些主持人一味地注重情感表达而"得意妄言"，语言表达缺乏逻辑规则，连最基本的语言层次都模糊不清。因此要求主持人语言的逻辑清晰，层层深入地分析问题；在进行表达的过程中可以准确领会、随机应变、及时反馈；在思考问题的时候从多角度出发，深入提炼观点，达到精辟的语言表达。尤其是逆向思维，可以表达出独具个性的观点，让人耳目一新。

在第六届《CCTV主持人大赛》复赛第二场的即兴说话环节中，徐卓阳的逆向思维表达，让他在众多选手中拔得头筹。

案例启发

《第六届 CCTV 主持人大赛》复赛第二场　徐卓阳

"今天的热点话题可能跟在座的每个人都有关，大家都是生活在城市里，健康问题都是大家所关注的。有这么一批人，可能在座的很多都是，别人开车，他走路，现在这批人已经有 3 700 万了，一个不小的数字，他们有一个共同的名字叫'暴走族'。所谓暴走族这个名字是从美国来的，就是一直走不开车，一个非常健康的生活方式。走路肯定对大家都很有好处，但是我更感兴趣的是城市的相关建设有没有达标呢？一个健康的生活方式必须要有一个跟它匹配的城市公共管理措施。比如说早上的洒水车有没有及时地开过来，比如说城市的绿化带有没有建好，我们不能一头灰头土脸地出来，暴走变成了暴跳如雷，这样适得其反。"

简短分析："暴走"一般给人一种健康的生活方式的印象，但是徐卓阳却从逆向思维逻辑出发，抛出了"如果相关的城市设施跟不上，我们的暴走就变成了暴跳如雷，反倒适得其反了"的观点。如此思维创新的表达，当然可以使他从众多的选手中脱颖而出。

徐卓阳在《第六届 CCTV 主持人比赛》现场

（五）对象感强

在第四章中主持状态部分提到清晰敏锐的对象感是良好主持状态的一个组成部分，其实，在语言表达中也同样如此。节目主持人在与受众说话的时候，要使受众产生一种"对我说"的强烈感觉。这就要求主持人要有对象感。

主持人在主持节目时使用"我们""咱们""朋友们"等这样的称呼，可以不断地拉近主持人与受众的距离。主持人在工作中必须具备强烈的对象感，感同身受地从受众的心理需求出发，进行真诚交流。面对话筒与镜头时，可以将镜头想象成具体的人物形象，并与之形成平等、亲密的关系。

（六）独具个性

当今，虽然主持人的队伍越来越庞大，但仅仅有一小部分主持人能够被受众所熟悉，这些主持人往往都具有自己独特的语言风格。不同的主持人，由于栏目要求不同，自身的修养、阅历、语言习惯不同，就形成了各自的语言风格。但是这样的个性化不是孤立存在的，它应和节目相辅相成、相映生辉。

例如，汪涵的机智幽默是在《天天向上》的娱乐脱口秀中表现出来的；益智类节目《一站到底》的紧张氛围，被主持人李好风趣的调侃而变得轻松起来；白岩松严肃、犀利、客观的表达是他在《新闻 1+1》中的一贯作风；欧阳夏丹清新、利落的语言风格是她在《第一时间》栏目里逐渐形成的；而谢娜的直爽开朗、不拘小节的主持风格则是《快乐大本营》带给大家的快乐记忆。不一样的个性表达，一样的精彩呈现。

因此，独具风格的主持人个性化的语言，是主持人节目中一道亮丽的风景线。但是，主持人的个性语言表达不是脱离节目内容的随性发挥、盲目模仿，而是在平时不断地尝试与积累中逐步形成的。

张颂教授认为："所谓语言功力，就是语言的功底和能力。理解力、观察力、感受力、反应力、表现力、感染力，这些都是语言造诣和语言功力的体现，不可等闲视之。"[1] 因此，作为一个节目主持人，必须意识到语言的魅力并且掌握它、运用它。

二、主持人流畅表达的技巧

主持人的语言技巧是通过实践不断累积而逐步提升，主持人想要运用好有声语言，应做到流畅、准确，适应性地表达，其中，流畅地表达是有声语言的基础。主持人给观众留下的印象总是滔滔不绝地表达内心想法，如何具备这种能力呢？我们应从以下四个方面入手，明确主持人语言运用的基本原则和方法。

（一）词汇

1. 区分口语与书面语

口语化的语言具有生活气息，让人感觉自然、舒服，而书面语相对更加规范、正式。因此，主持人在使用词语的时候，要根据节目要求、具体语境来进行适当的选择。例如，大多数节目多选择通俗易懂的口语表达：在美食类节目中，主持人介绍"圣女果""奇异果"这些水果时，把这些学名化的书面语改成口语化、生活化的"小番茄""猕猴桃"，这样会更易让人接受和理解。在询问农村老大娘"今年高寿呀？有没有配偶？"时，老大娘一脸茫然，不知道怎么回答。如果我们把"高寿""配偶"换成"年纪"和"老伴"这样更通俗的词语之后，就变成了"请问您今年多大年纪呀？有没有老伴呀？"老大娘会更容易理解。

在这里值得注意的是，在正式、庄重的场合就不宜使用过于生活化的口语。

---

[1] 张颂．播音语言通论［M］．北京：北京广播学院出版社，1994：137.

2. 慎用同音异义词

汉语言中同音不同义的词有许多，这也是汉语言博大精深的体现。但是这样的同音不同义的词语会在说话的过程造成不必要的误解与麻烦。主持人的有声语言通过听觉直接呈现，并没有文字书写辨析，因此，主持人在说话的时候尽量避免使用同音异义词，以免产生歧义。例如，“致癌”与“治癌”听上去音是一样的，但是意思却是大相径庭。除此之外，还有“报复—抱负”“异议—意义”“功夫—工夫”“南方—男方”等。如果遇到类似的词语，主持人可以先拆分，然后再进行表达，例如“长期吃绿色食物在一定程度上可以有效地预防癌症的”这样受众就会明白其含义了。

3. 少华丽、多质朴

节目主持人与受众的交流应该是发自内心的真诚表达，不要用过于华丽的辞藻进行修饰与雕琢，用得越多，越会增加与受众的距离感。唯有质朴、真挚的语言才能让主持人成为受众的朋友。这就要求主持人在说话的时候，根据对象与语境，寻找受众乐于接受、易于理解的语言进行交流。

（二）句式

1. 简短、简练

主持人的语言应在日常口语的基础上更简洁、准确，严谨。主持人在使用句子的时候也应少用复句或结构复杂、杂糅的单句，这样很难说清楚，也不利于理解。因此，主持人在与受众交流的时候应多用简短的单句，做到言简意赅。

2. 设置问答

主持人在节目中，为了与受众更好地互动或启发嘉宾思路，经常会提出问题或自问自答。这样的句子看似平常，却可以自然流畅地引出下文，同时也让受众充满好奇、引发思考并急切地想关注和了解下文，无形中与受众进行了交流。

3. 运用语气词和感叹词

语气词和感叹词可以使语言更加富有情感，也有利于主持人进行口语化的传播。因此，主持人应在语言上追求多变，适当用语气词、感叹词，例如“哇”“呢”“吧”等，这样就形成了书面语中所不具备的特殊语感，听起来自然、亲切。但语气词和感叹词的运用一定要有感而发，使用的频率应该适度。

（三）讲述感的运用

主持人除了具备以上语言表达的基本技巧之外，还应注意影响、制约语言内容与表述形式，主持人与受众的关系、主持人“说”的态度和方式。讲述一词的意思简单地说就是叙说，像讲故事一样对一个人说话的过程。主持人在说话的时候，也要有这样讲述的感觉，贴近生活，具有亲和力。讲述感的重点在于生活状态下的“说”，而非工作状态下的“播”。因此，主持人在说话的同时，一定注意表述的三个重点：表述的信息、态度与方式。

1. 注重语言的含金量（信息）

“信息”包括有用信息和无用信息，“有用”或“无用”针对不同的人及其不同需求而有所区别。在日常生活中，有一些人虽然可以做到滔滔不绝地讲话，但是内容冗长、杂乱无章，没说出什么重要的、有意义的信息。因此，主持人在说话的时候，就要避免这样的情况。作为主持人，在开口说话之前，要考虑多数受众的信息需求，应当有“信息”选择意识，也就是说主持人的话语一定要有“含金量”，要有信息量，不要说一些大话、套话、废话。

2. 讲述的态度与方式

由于主持人立足于为受众服务的出发点，因此更强调与受众的关系应该是“平等的、朋友般的”。主持人在讲述的时候应带有一定的“贴近性”“真诚感”。甚至可以加入主持人亲身经历的小事例，讲述自身的真实感受，更能增加真切感，也会有特别的说服力。例如，凤凰卫视主持人胡一虎在一期关于“关爱艾滋病”为主题的节目中，就这样说道：“记得七年前，我在采访一位艾滋病患时，他主动给我握手，说话时还口沫横飞，我当时心里却是七上八下的，生怕这样的接触可能会传染我。在今天看来这是误解，更是无知。希望今天的节目能让大家正确地认识艾滋病。”

【实训】讲述训练

以“我最喜欢的 ××”为题，进行即兴讲述练习，要求语言流畅、通俗易懂。每人不少于 2 分钟。

3. 运用通俗具象的描述方式

白岩松说：“主持人说话应是平实的，采用叙述的方式，有节奏感地说给受众听。”其实，就是要求主持人说话要尽可能地从受众熟悉的事物或者直观的形象着手，把深奥复杂的问题通俗化、具体化、形象化。

例如，赞美父母对孩子的爱有着各自不同的表达方式：“母爱，是温柔细腻的；父爱则是简单严厉的。”这段话用在文稿中固然确切，但是用在主持人语言中，就显得抽象了。可以根据平时父母表达情感的具体事例进行描述。可改为：“当我们生病发烧时，不时地摸头给我们量体温的是妈妈，一直在房子里焦急地乱走动的是爸爸；当我们遇到挫折哭泣的时候，轻声安慰我们的是妈妈，而大声吼道‘没出息的，不许哭’的那个永远是爸爸！”

【实训】描述训练

1. 描述你眼中的校园。请选择校园中某一处地点，进行描述训练。要求不提及地名，通过对环境和事物具体清晰的描述，让大家明确你所描述的地点。

2. 挑选你最喜欢的一款汽车，观察之后组织语言流畅地讲述其外观与内饰。

4. 运用故事性的叙述方式

在表达中恰如其分地加入一些“小故事”，是不是听起来会更有吸引力呢？因此，主持人应用“讲故事”的方式吸引受众，用形象的讲述触动听众的情感，寓抽象于形象之中。讲故事的叙述方式，首先要求主持人对所讲述的信息内容、所讨论的问题有一定的了解；其次就是把这些信息进行筛选，选取与内容相关的故事素材进行加工创作；其三，用简洁、通俗、生动、形象的口语，把选择、加工的素材外化出来。[1]通过这样的讲述，那些具体、典型的“故事”可以给受众留下深刻的印象。

（四）注重语言表达的服务性

在日常生活中，受众大多数都是以闲散、舒适的伴随性的状态去收听、收看节目的。在这样的情况下，主持人要想吸引受众的听觉、视觉，除了靠节目内容的精彩之外，还需要靠主持人真诚、热情、到位的服务状态。

主持人说话时，要从语言态度和方式上着手。不要产生“我告诉你，你必须要听”这样的高姿态，而是用一种平和、平等的心态与之交流。这一点，在我们日常交往的时候也是同理。你越是摆架子，人家越是反感你；如果把“硬邦邦的”话，转化成亲切、亲和的表达，受众就会易于接受，乐于沟通。

说到服务，目的就是帮助受众理解和接受节目内容，通过主持人的讲解，减少受众对于信息的不熟悉、不确定。例如，生活气象类的节目中，经常会出现一些专业术语，大家听起来不易理解。主持人就可以根据日常生活中常见的、熟悉的词语进行替代或解释，变成大家熟知且易于理解的语言进行表达。

[1] 吴郁. 主持人语言表达技巧 [M]. 北京：中国广播电视出版社，2011：163.

第二节 做到准确地表达

主持人能够流畅表达后，应进入语言表达的第二级台阶——准确地表达。主持人要做到准确表达，除了准确运用词汇和句子，还要特别重视各类节目内容基调的把握以及受众的定位等。

一、准确把握基调

节目类型不同，对节目主持人的语言基调要求也不同。

例如，生活服务类节目要求主持人亲切自然地，口语化地表达，应具有直接与受众交流的感觉，让人愿意聆听。要求：用声以小实声为主，吐字清晰流畅、平实亲切。

新闻消息类节目内容一般郑重、严肃，语言切忌诙谐。用声偏厚，以小实声为主。音色偏高些，吐字力度强，干脆利落，清晰度高，节奏明快、不拖泥带水。

综艺晚会型多是热情欢快、振奋人心的。这种类型的节目要求用声偏高、明亮、有气势；吐字力度要强，气息深厚。情绪和语调变化较大，但切忌一味高声喊叫。

【实训】基调把握练训练

例稿：

《凤凰气象站》凤凰卫视

或者是水的威胁，或者是火的考验，这个夏天很多地方都不好过，欢迎来到和您共冷暖的凤凰气象站。各位午安，近期在我们国家大范围的高温表现中最突出的就是浙江杭州了，杭州有多热呢？微博网友用红外热呈像展示出来了，我们来看，在这张图上显示红外试测地面的温度是超过了 75 ℃，这是一个什么概念呢？我们皮肤如果直接接触到 75 ℃的高温可能会引起二度烫伤，所以网友在感叹技术在发展的同时也再提醒杭州的朋友们走在街上一定要小心，千万不能摔倒，以免烫伤了。

二、准确定位受众

这是一个广播电视飞速发展的时代，频道专业化、栏目分类化已是一种发展趋势。进入到分众化传播时代，更提倡主持人运用对象化传播的方式提升传播效果。不同类型的节目拥有不同的受众，他们的欣赏能力、理解能力、对信息的需求都有所不同。这就要求主持人在说话的时候，找准受众的需求，从而做到语言表达与受众定位相互融合。通俗地说就是：“面对什么样的人群，就说这个人群可以听懂的、爱听的话。”例如，中央电视台的节目《乡约》是一档面对农民朋友，涉及农业生产、农民话题的节目。主持人肖东坡深知只有自己亲自走村落、蹲地头、钻大棚、讲农家话、说农家事，才能与农民朋友进行真正的交流。在节目中，他就像与家乡兄弟唠家常一样热情亲切，与受众的定位完美融合。下面是节目中一段关于绿色蔬菜的开场词：

“给大伙出道题，考考你们！买菜怎么买？有人说啊，这买菜就要买带虫眼子的，虫子敢吃，那咱也敢吃。再看就是得闻闻有没有农药味儿，买韭菜就不要买太绿的，要发蔫发黄的。瞧瞧，如今这农药残留把大家都吓成什么样了。有没有一种好办法能方便快捷地检测到农药的残留呢？阳谷县农民王学文告诉我们：‘有！’我们一起来看一下。”

主持人生活化、朴实的大众语言，一下子把受众带进了农业科技的领域中，也提起了受众的兴趣，成功地做到了“想受众之所想，说受众之爱听”。

案例启发

《开讲啦》介绍汪涵

由中央电视台综合频道（CCTV-1）和唯众传媒联合制作的《开讲啦》是中国首档青年电视公开课。节目邀请“中国青年心中的榜样”作为演讲嘉宾，分享他们对于生活和生命的感悟，给予中国青年现实的讨论和心灵的滋养。在 2014 年 3 月 22 日那一期节目邀请到了汪涵。主持人撒贝宁在开场时这样讲道：“我曾经听过我的前辈说过这样一段话，他说，大学生喜欢我是因为我从背面看，像她们的初恋男友；我从侧面看，像睡在他们上铺的兄弟；但是当我转过身来、从正面看，我像食堂大师傅。但是今天来的这位我的同行，他的受众缘是因为无论从背面、侧面还是正面看，都像食堂大师傅。”

主持人在介绍嘉宾汪涵的过程中，借鉴了受众生活中熟悉的人物，引导受众迅速进入想象空间，感受到了具体的人物形象。这样的介绍很好地拉近了嘉宾和受众的距离。

【实训】对象性语言表达训练

教师指定对象与内容，让学生根据特定受众准备一段节目的开场白。

【实训】难稿复述训练

教师指定稿件，由学生进行复述，要求语言流畅、表述准确。

例稿：

“末日专机”：美总统终极逃生装备

好莱坞各种毁天灭地的电影中，美国总统的逃生设备往往令人惊叹，而其佼佼者非“空军一号”莫属。但据今日英美媒体揭秘，美国总统还有比“空军一号”服役更早的“末日专机”。

按照美国军方传统，在总统乘坐“空军一号”出行时，“末日专机”往往会随同出行，以保证美国总统、国防部长和参谋部联席会议主席等核心人物，远离一切可能的“世界末日”般的灾难和袭击——“末日专机”甚至可以逃过小行星撞击。

据美国 ABC 电视台报道称，美国共有 4 架“末日专机”，而在 2011 年“9·11”事件发生时，“末日专机在 5 分钟之内就已做好了全部起飞准备——为能够 365 天保证 24 小时待命，所有机组成员都经过严格的训练，且休息地点距离飞机仅有不到 5 分钟的跑步距离”。

为保证乘机者的通信需求，“末日飞机”还拥有“世界上技术最先进的机载系统”。“给我们任何一个电话号码，无论在何时、何地，只要在地球中，我们都能前往接乘特定人员。”美国空军高级军士长乔伊·斯托尔特称。

不过，据英国《每日邮报》报道，如此重要的“末日专机”，其战斗人员舱，设备还是以 20 世纪 80 年代的技术为主——军方认为，与现代高科技相比，使用 20 世纪 80 年代的技术能够更为有效地防止黑客深入到“末日专机”的系统中。

休息区也不尽如人意，美国前防长盖茨此前曾对记者抱怨说，他的舱位连一个窗户都没有，浴室里也只有一个洗手盆，没有淋浴喷头，让他感觉到自己像一个斯巴达战士，而不是乘坐高级飞机的部长。

“末日专机”结构分析。

机身：被电磁脉冲盾和热辐射盾组成的防护层覆盖，保证机舱内人员不受核辐射冲击。

会议室：设有会议桌，配备电话语音系统和电子屏幕，供高级官员聚集进行战术讨论。

卫星天线：飞机顶部装有 67 根圆盘式卫星电视天线，飞行时可随时与地面保持联系。

战斗人员舱：由数个小隔间组成，设备以 20 世纪 80 年代的技术为主。

通信间：只有两个皮椅和一张桌子，可以让 VIP 客人放心地在这里使用通信设备。

引擎：4 组扇涡轮引擎，确保时速可达 968 公里。

休息室：几乎没有窗户，分为左右两排，上下两层的睡床，布局像火车卧铺车厢。

第三节　做到适应性表达

主持人的工作环境包括了其所生活的社会性环境，还包括了具体的节目环境，因此，在不同语境中，除了把握基调，做到准确表达之外，还应该根据不同的语境，做到适应性表达。认识并重视语境是节目主持人语言活动的起点，只有从这一点出发，主持人语言传播的有效性才会得到提高。

一、语境的定义

语境，顾名思义，是语言使用的环境。

狭义语境，专指说话的前、后句，落笔的上、下文。它表现为语言符号的言辞内语境（或称语流语境）；广义的语境，是指使用语言的客观情境，它不直接表现为语言符号，但是影响和制约语言的使用和效果，也称为言辞外语境（或者是情景语境）[1]。言辞外语境又可分为主观因素和客观因素。主观因素包括谈话参与者的说话地位、心理背景、谈话目的、谈话内容、谈话方式以及他们之间的关系；客观因素主要包括谈话的时间、地点、场合、交际渠道（如交际时所选的媒介）。

节目主持人要时刻观察语境，并具备依据不同语境进行相应表达的能力，这是主持人必须具备的素质。换言之，就是要弄清楚：什么人在什么情况下为了什么目的对什么样的人说什么样的话，并且得到了什么结果。

二、如何认识语境

不同环境、不同情况下，语境各不相同。但是，我们可以把含义相关的语境“合并同类项”，大体划分为三个类别。我们先通过结构图来了解一下。

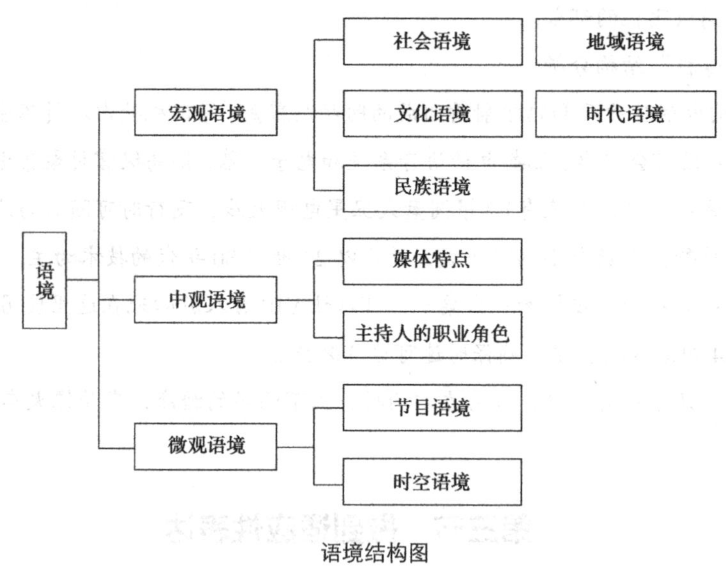

语境结构图

（一）宏观语境

一个社会的历史、政治、法律、道德、文化、教育、民族心理、审美情趣、社会宗教信仰的因素，构成了语言交际的社会历史文化环境，即宏观语境。宏观语境影响着整个社会的语言风格。一名主持人虽然由于社会文化、知识水平、个性特点的不同而拥有自己独特的语言表达风格，但却无法脱离宏观语境。所以，主持人想要做到适应性的表达，

---

[1] 吴郁. 主持人的语言艺术［M］. 北京：北京广播学院出版社，1999.

首先就是对宏观语境有一定的认识和适应。

具体来说，宏观语境包括社会语境、文化语境、民族语境、地域语境、时代语境。

1. 社会语境

这是指社会制度、政治信仰、社会交流的价值观念与道德行为准则构成的语言环境。

2. 文化语境、民族语境

这主要指有本民族固有的文化方式、伦理道德、思维方式、精神实质、审美倾向构成的语言交际环境。

3. 地域语境

地域语境是指不同的地域拥有不同的生活环境、审美情趣、行为习惯、心理承受力等，它与文化语境、民族语境有密切联系，只不过其所指范围更为具体。

4. 时代语境

这是指不同时代的人，在社会生活、思想情操、文化修养、风俗习惯方面都有差异，反映到语言运用上即形成不同时代的语言风格。

宏观语境对于节目主持人的语言运用具有明显的共性要求，具体体现为一种具体的、基本的社会约束力，能使主持人明确自己是在什么样的社会环境中说话，通俗一点讲就是明白“该说什么”“能说什么”。

（二）中观语境

中观语境指传媒语境，它包括媒体特点和主持人的职业角色。具体来说，想要认识中观语境，就必须从以下这两个方面着手。

1. 媒体特点

广播电视节目的传播，与传统的印刷媒体相比，有其自身的特点。

（1）传播速度快，没有复杂的中间环节，能够迅速了解到最新的信息。同时，一方面，信息传播的时效性非常强，借助通信技术，几乎不受时空局限；另一方面，受众不受文化程度的限制，传播面广。

（2）传播手段丰富，声音、画面的直接可感性增加了信息量，强化了传播的感染力。

在这样的媒体特点之下，主持人的语言运用也必须具有针对性。

首先，由于受众广泛，层次复杂，年龄、文化、兴趣爱好千差万别，接受能力悬殊、不易控制，因此，传播内容的针对性、主持人语言的可接受性需要仔细选择和推敲。其次，由于信息传播转瞬即逝，无法当时重复、当时分析、来回翻检，而受众常处于“半接受”状态，并在有意注意和无意注意之间来回漂移，因此对语言传播从吐字到内容的清晰度、明了性、易感性有特别的要求。最后，需要主持人语言讲究外显的能力和分寸感，还应具有一定的表现力和感染力。

2. 主持人的职业角色

主持人是广播电视媒体中，集社会性和人际性于一身的具有亲和力的传播者。具体地说，这句话有两层含义：一方面，从根本属性来说，主持人是党的宣传工作者、新闻工作者，是广播电视媒体中以有声语言进行传播的人，此为社会性。另一方面，从特殊性来说，主持人是以受众易于接受的朋友身份，以与受众平等的关系，以“个性化”“人格化”方式进行传播的人，是对受众更具亲和力的传播者，此为人际性。

理解了主持人职业角色的特性，我们必须在这个特性的基础上进行语言表达。具体说来，可以运用“略高一筹”和“换个说法”进行表达。

（1）略高一筹。“略高一筹”指主持人所传播的信息既符合受众的需求，同时还能为受众提供更具有深度和广度的信息。“略高一筹”的要求，一方面出于受众对于节目主持人的“角色期待”，另一方面主持人也有实现这一要求的条件。因为主持人所处的是当代极为强大、极具吸引力的广播电视传媒机构，既有信息总汇的优势，又能凭借电视台采集专业学者观点，这些信息优势为主持人提供了“视野”和“深度”。这是主持人得天独厚而普通群众望尘莫及的条件。在这样的信息强势背景下，主持人应博采众长，同时发挥个人才华，通过自己的主持，在节目与受众之间架起一座桥梁。

我们说主持人的语言要通俗易懂，平易近人。但是，通俗不等于浅薄，平易不等于苍白。主持人面对受众的说话，好似朋友之间的“促膝谈心”。这无疑是一种“说服”的方式，其语言内涵必须让人“有所悲”“有所喜”“有所悟”“有所动”。总之，要让人想听、愿意听，听后觉得有所收获。

我们希望主持人的语言能够具有“传媒机构的视野”“专家的深度”“主持人独特的角度”和“百姓乐于接受的方式”。

（2）换个说法。所谓“换个说法”有两层含义，其一是赋予语言个性，其二是老百姓乐于接受。

主持人要练就这样的语言能力：换个角度、换个说法、换个色彩、换个方式，说出与时代主旋律一致的话，风格是日常的，又是个性化的，实质却是一样的，所要达到的语言目的是一致的。当主持人用了心思，“换个说法”时，受众接受起来效果会更好。

我国的广播电视传播活动具有宣教价值、认识价值、实用价值、娱乐价值、审美价值，其宗旨是为人民服务。主持人是广播电视媒体中，集社会性和人际性于一身具有亲和力的传播者。所以，主持人必须了解并掌握中观语境的特点和要求，知道“我是谁”“怎么说”。

案例启发

伍佰做客《快乐大本营》宣传自己的新专辑《太空蛋》时，谢娜试图说服伍佰摘下墨镜，伍佰勉强笑笑，婉拒了她的要求。而何炅机智地对伍佰说，在大家的印象里，你一直都是戴着墨镜，受众都想一窥你的庐山真容。倘若你揭下墨镜，受众看清了真实的你，才不会像遨游太空一样，如坠入云雾里。于是伍佰爽朗地笑了笑，摘下了墨镜。

在这个案例中，何炅现场临时应变，换了一种更加委婉的提问方式，把受众的诉求融入其中，使得伍佰自愿摘下了墨镜。

（三）微观语境

主持人微观语境是指具体一档节目中主客观情境，是指主持节目的具体时空的现实语境。[1] 具体说来，它又分为节目语境和时空语境。

1. 节目语境

主持人是依托于节目存在的，无论对于节目的前期参与程度如何，在节目创作过程中，主持人都是团队的“灵魂”人物。所以，优秀的节目主持人必须认识并掌握节目语境。

节目语境又包括两个方面：一是节目类型的共性要求，二是具体栏目的个性特点。关于这两点，我们在分节目类型训练章节中会具体提到，这里就不再赘述。主持人在节目语境的要求下，必须做到不同节目语言表达的差异性，比如：

新闻评论类主持人的语言特点，在于深刻思辨性、朴素解说性、平易明朗性、快速反应性。

综艺娱乐类主持人的语言特点，在于热情生动性、亲切大方性、机智灵活性、雅俗共赏性。

教育服务类主持人的语言特点，在于亲和周到性、深入浅出性、新颖透彻性、服务引导性。

少儿类主持人的语言特点，在于活泼可爱性、聪颖清晰性、形象生动性、耐心示范性。

这些区别性差异，有语言运用方面的，有声音形式方面的，还有播讲状态方面的多种差异。它们融合在一起，显现出各自不同的语言样态，在同一类型节目中显现出相对统一的共性。主持人只有同时掌握节目的“共性”与“个性”，才能更好地理解与驾驭自己的节目。

[1] 吴郁. 主持人的语言艺术 [M]. 北京：北京广播学院出版社，1999.

2. 时空语境

时空语境是指语言交际的时间、地点、场合等。在主持人节目中，这些客观具体的时空环境也同样直接关系到主持人对语言的把握。为了更好地理解时空语境，我们把时空语境做出以下划分。

（1）传播途径：①广播；②电视；③新媒体。

（2）播出方式：①录播；②直播。

（3）制播环境：①演播室（录音间）、新闻现场、外景地；②演播室（带受众、不带受众）；③直播间（开热线、不开热线）。

（4）传播时间：①早、中、晚；②平时、周末、节假日。

（5）语言活动方式：①独白式（拟双向交流）；②对话式（双向交流）。

微观语境一方面表现为某一类型节目的共性要求及具体节目区别于其他节目的“个性”，重点是明确主持人在具体节目中的形象定位；另一方面，微观语境涉及节目录制或直播过程中直接影响主持人语言操作的时空条件，从而能够更明确地实现主持人对现实语境的“技术性”把握。

三、主持人语境中语用规则

社会语言学的理论指出：“语言的运用与社会行为规范和社会结构间存在有规则的联系。”[1]这告诉我们，语言，无疑是主持人言谈举止中最主要的方面。主持人身处大众传播媒介的前沿，是社会各阶层最容易接触、最容易感受到的公众人物，如果主持人角色转换不当，其语言行为就会令受传对象不舒服、难以接受，甚至反感，因而直接影响传播效果。因此，主持人在使用语言的过程中需要遵循以下规则。

（一）适应对象，因人设辞

节目主持人首先要适应对象语境，考虑对象的心理特征和实际情况，将受众放在首位，注意根据对象特点进行交流与沟通。

（二）适应时机，因宜适变

节目主持是个动态的过程，是一个和嘉宾、听（观）众进行言语交流的过程。由于主持环境、现场条件、对象情绪等多种因素影响，主持人具有较大的随机性、灵活性，节目运作过程中难免会有意外发生。因此，把握时机、审时度势、出语制胜、化解“危机”，是主持人在节目中必须要注意的问题。

---

［1］约翰·甘柏兹．言语共同体［M］．北京：北京大学出版社，1985.

（三）适应场合，因地制宜

节目主持要把握空间语境，主持人话语调控也要适应节目现场的空间语境。根据场合的不同，选择合适的言语表达方式，合乎空间语境，合乎现场氛围，有效调动受众的情绪。

（四）语言的可接受性

我们这里说的主持人语言的可接受性，主要是讲主持人作为富有亲和力的“善于传播的人”，面对受众如何说话才具有“可接受性”。这主要可以从礼貌谦逊的原则入手。

人与人相处应当平等、相互尊重、讲究礼貌、谦虚待人，这是中华民族的道德传统。主持人是为受众服务的，与受众的关系是平等的朋友关系，更是应在说话的时候多使用敬语，谈吐谦和、亲切。有些主持人在这些方面不拘小节，不管与什么人说话都是一声“哎，某某某”，让人觉得很不礼貌、不舒服。还有一些主持人使用一些命令性的语言，类似“快点，说答案”“你应该怎么怎么做”“没门儿”等词语。成熟、优秀的主持人在这方面会对自己有严格的语用要求。

（五）主持人话头的分寸把握

主持人在节目中说话的特点在于，用人格化的方式与手段，增强传播的亲切感、人情味，从而缩短双方的距离。因此，主持人在节目中往往会以“我”这样的第一人称出现，还经常以“我”为话头，引出传播内容。例如，“我看到”“我的一个朋友”“我的情况是”等开始谈起自己的经历。但是如何把握其中分寸，是语境中值得注意的问题，也是值得研究的。根据主持人语用规则，我们可以从动机、内容、效果来具体把握。

1. 动机

主持人以“我”为话头的目的是为了引导受众关注节目，而不是为了个人表现。主持人以“我”为动机要遵循三个原则：一是为了方便受众理解与接受信息；二是通过情感交流，与受众更加有“相似性”“贴近性”；三是通过个性化的手法增强传播的特殊魅力。

2. 内容

与节目密切相关的个人经历、兴趣爱好、独特视角等，能增加信息的可信度，增强传播的亲切感。[1] 主持人可以讲述自己的真实经历与感受到适合的节目中去，这样无论

---

［1］吴郁．主持人的语言艺术［M］．北京：北京广播学院出版社，1999.

是主持人语言与节目的贴合性还是主持人与受众的贴近性，都能让受众感到情更浓、心更近了。

3. 效果

主持人在节目中所涉及的“我”，不应是孤芳自赏的“小我”，而是具有公众意识、主流价值观、责任感的“大我”。有了这样的正确认识，主持人才会唤起受众的共鸣，达到预期的传播效果。

总而言之，主持人想要做到适应性表达就要遵循三大语境，宏观、中观、微观的语用规则。

【实训】语境练习

三人一组，设置语境点，例如“现场受众为医护工作者”“迎元旦长跑比赛”等。让三个同学分别考虑这两个语境点的有机结合，即兴说一段开场词。

第四节　做“能点评、会议论”的主持人

主持人点评、议论简称为评议，它不同于主持人评论，既不能独立成篇，也不是多篇短评的集合。但它是主持人节目结构中一个不可或缺的组成部分。

主持人在节目中的评议无处不在，不仅新闻类节目中会出现主持人的评议，社教、娱乐等各类节目中都会出现主持人穿插其中的评议。评议可以短则一个字，多则数句话。如《新闻调查》节目中，主持人在评论前加的导语和评论当中的串词；《东方时空》节目中，主持人的现场点评；还有文娱晚会上的即兴点评等。评议不仅短小精悍，而且形式自由、不拘一格。

主持人点评、议论是任何一个主持人节目结构中都必不可少的重要组成部分，它起着支撑节目结构的组织功能。事实与说理是构成主持人节目的两个基本要素，缺一不可。如果说事实是基础、是依托，那么点评议论则是对事实的理性升华，两者相辅相成、互为因果。

随着现代多元化社会的发展和多元文化的需要，主持人点评可谓内容广泛、形态多样，传播效果良好。

提高节目主持人的点评能力，对于提高主持人节目质量、提高主持艺术，都具有重要的现实意义和指导意义。

一、点评的作用

我国的主持人节目从诞生开始就十分重视点评议论。如今，评论说理又被称为节目的主心骨和闪光点，成为衡量主持人水平的标准之一。

（一）深化主题，发挥舆论导向功能

有些主持人主持节目就事论事、平淡无奇，究其原因就是缺乏理性深度。而精彩的点评议论可以增强节目的理论色彩、思想深度和说服力，可以起到启迪和引导的作用。

在我国，媒体是党的喉舌，所以主持人要发挥其正确的舆论导向功能。在节目中，主持人应分析内容的本质，与当前党的路线方针政策相结合，正确引导受众。

案例启发

《致富经》节目主持人的评议

中央电视台7套播出的《致富经》节目，每期都会为受众讲述一个创业者艰辛、曲折的成功故事，每一期节目的结尾，主持人也都会对该故事做一个点评和总结。如2014年一期介绍一位靠卖排骨致富的企业家故事时，主持人最后总结道："不论是为一个酱汁的配料研究17个小时，还是把骨头缝中的肉做成了一道菜，又或者开设适合不同消费层次的餐厅，在叶瑞慈的创业经历中我们再一次看到对细节的关注是决定一份事业是否成功的关键因素。所谓细节决定成败，就是这个道理。"

主持人简短的点评，可谓是节目的点睛之笔——既总结了主人翁创业中的小故事，同时还道出了成功奥秘的关键；既为节目画上了一个圆满的句号，还升华了主题。

（二）承上启下，发挥支撑节目的功能

节目主持人的点评、议论在节目的结构形态中犹如构成全篇的重要骨架，支撑着整个节目。它起到了承上启下的作用，发挥了衔接过渡的功能，赋予段与段、节与节之间内在的有机联系，通过有机组合叠加，使节目具有整体性。假设，主持人在节目板块间没有进行点评，那么板块间的衔接将显得格外突兀，节目流畅度将大幅降低。

案例启发

《天下女人》节目主持人的评议

湖南卫视《天下女人》节目中，主持人杨澜在与嘉宾谈话的过程中，从一个话题到另一个话题的转变，杨澜多采用点评的方式。总结之前的谈话内容，同时开启一个新的话题。如采访演员袁立时，先从其刚拍摄的电影谈起，谈完电影的一些相关情节后，杨澜总结道："现在的女人太厉害了，男人们吃不消啊。"接着她继续说道："这部戏，虽然袁立的戏份并不多，但是变成了一个社会的话题——你觉得女人心难懂吗？"

杨澜简短的点评和总结，让节目显得更加流畅。如果杨澜在其中没有加入点评，则会让嘉宾和受众认为节目太过生硬，话题显得突兀。

（三）精辟点评，提升主持人个人魅力的功能

节目主持人在传递信息、播报新闻、介绍知识的同时，常常通过点评、议论、抒情，表达观点、见解、认识和思考，从而更好地表现"我"的个性。一些优秀的主持人坚持"用自己的眼睛去观察，用自己的头脑去思考，用自己的心灵去感受，用自己的语言去表达"，成为受众喜爱的富有个性的主持人。个性化是主持人自身声音、形象等先天条件和文化素养、生活阅历、人生感悟、性格能力等后天素养的综合，并在传播中与栏目个性、与受众审美契合，形成独特语言表达和行为的整体形象。在这个前提下，个性化表现为创新的思维方式、独特的视角、独到的见解、独创的构思、独有的感受、独具特色的表达及"唯独这一个"的气质形象。

主持人是广播电视节目中最具亲和力的传播者，主持人以朋友的身份、与大众平等的关系、以个性化的视角和个性化的叙述方式进行传播，使传播具有人情味和吸引力。对于一个主持人而言，只有当你全身心地融入到节目当中，关注社会生活，用心去感悟，真诚服务受众，你的创作个性才会渐渐凸显和形成。

案例启发

撒贝宁与《今日说法》

撒贝宁在主持《今日说法》节目时，常常用深刻的见地和理性的思考引发人们的深思。这期节目讲述一个鲜活的生命逝去，但是家人找不到死因，更找不到由谁来负责，于是踏上了追寻真相之路。

在节目最后，撒贝宁说道："几乎所有人如果要是上当都是在陌生或者是未知的领域，如果我们要进入到一个虚拟或者完全陌生的领域当中，我们开始做什么事情？要多留点神，不懂的事情我们要去问一问，可疑的事情我们要去查一查，可能我们都会让骗子在行骗的过程当中困难重重，也是对自己最好的保护。"

这段点评议论不仅语言通俗、朴实，而且含义深刻。透过这段点评，一个关心社会实事、充满正义感的主持人站在我们的面前。

二、点评的基本要求

节目主持人的点评不同于平面媒体的评论，它是由主持人以第一人称的口吻进行表达，是主持人根据节目的内容有感而发的。

因此，主持人在点评之前，应首先弄清楚"我"和"受众"的关系。"我"即主持人的本我，以这种身份评点，主持人可完全站在自我的立场看待和点评，这是一种个性化的点评，常给人留下深刻的印象。"受众"即收音机、电视机前的听众和受众，以这种身份点评时，主持人需设身处地地站在普通受众的角度，揣摩老百姓的心理，这样的点评往往可以引起电视机前受众的共鸣。

（一）宁缺毋滥，有感而发

一些主持人为了显示自己的"独特"主持风格，每说一事，必加点评。殊不知，主持人的点评应该是真情流露、有感而发，切忌没话找话，为了点评而点评。这样"点评"的主持人通常都是照搬理论，言谈间充满着枯燥的说教感，让受众反感。

（二）言简意赅、求精求实，忌泛泛而谈

主持人的点评要求能说到关键之处，起到拨开云雾、点石成金的作用。点评是主持

人抓要点、摆事实、说道理的艺术，常常结合某件事、某个问题有感而发，引起受众的共鸣和重视。它要求寓理于事，事理结合，谈自己的感受、想法、情感真挚、一针见血、符合身份、恰到好处。

案例启发

敬一丹的点评

2014年2月16日，中央电视台的一期《焦点访谈》节目向受众了讲述了网上贩卖假车票的犯罪分子落网的故事，同时也向受众介绍了如何识别假车票的方法。在节目最后，主持人敬一丹给出了这么一段简短的点评：

"本案中的主谋褚某最后被法院按照出售非法制造发票罪判处拘禁六个月，缓刑一年，并处罚金人民币两万元。值得注意的是这起案件中的所有环节都是通过网络来完成的。看来身处网络时代，我们总会不断遇到新问题，这就需要我们不断地适应发展，加强监管。好，感谢您收看今天的《焦点访谈》，再见！"

敬一丹不仅分析了案件中容易让人忽略的环节，同时还以一句"适应发展，加强监管"道出老百姓和相关部门在这件事中应该受到的启发，言简意赅、一语中的。

（三）见解独到，忌人云亦云

国内外大量的事实证明，主持人独到的见解、新颖的想法、精辟的点评，最能显示其丰富的文化内涵和优秀的品格素质，这样的主持人最受到受众的欢迎。这几年，我国也涌现出了一批颇有见地和影响的主持人，比如中央电视台主持人董卿、水均益、白岩松等。他们的表现真实地展示了主持人能够说出"人人心中之所有，人人口中之所无"的富有创意的点评艺术。主持人的点评如果只是就事论事、人云亦云，势必平淡无奇，也就吸引不了受众了。[1]

案例启发

白岩松对"温州动车事件"的点评

2011年7月25日的中央电视台《新闻1+1》节目中，主持人白岩松对温州动车事故发生后，铁道部新闻发言人王勇平"我仍然跟社会说一声，中国高铁的技术是先进的，是合格的，我们仍然具有信心"的言论，进行了点评："我们不能把技术是先进的，就等于合格，就等于我们拥有信心。话为什么要这么说呢？仅仅是技术先进，但是你的管理是否先进？运营整个给予的实验答案是否是先进，监督是否是先进，对人的尊重是否先进，所有的细节是否先进？归根到底，综合下来你的运

[1] 陆锡初. 节目主持人导论 [M]. 北京：中国传媒大学出版社，2013.

行能力是否先进。如果综合下来的运营能力是先进的，我们才可以说，它是先进的、是合格的，我们才会有信心。举一个例子，比如我们形容一个人身体非常健康，怎么去说呢？说他心脏功能40岁像20岁一样，肝、肺都是40岁像20岁一样，你觉得他身体好极了是吗？但是他弱智。你能说他是健康的吗？只有当他各种身体器官，包括智慧、大脑全部是健康的，我们才可以得出健康的结论。因此，只有技术是先进的这一点不能说是合格的，也不能等同于信心，需要一个综合运营下来，给予我们一种先进的感受。”白岩松的此段点评针针见血，通过独到、通俗的比喻，表明了自己的态度，给受众留下深刻印象。

（四）通俗易懂、平易近人

主持人的语言应通俗易懂，尽量口语化。特别是随着电视媒体的发展和受众审美水平的提高，能够和受众平等交流、沟通的主持人更容易受到欢迎。因此，主持人的点评议论也应该遵循贴近生活、贴近群众、贴近实际的“三贴近”原则，用生活、生动的语言展示主持人的个人特色和魅力。

案例分析

“禁烟令”的点评

吉林电视台《新闻早报》一期“图说天下”节目中讲到故宫“禁烟令”施行后，虽然故宫外一大群烟民都扎堆吸烟，但是故宫里面确实没人吸烟了。主持人配发了这样的议论：“只要公共场所大力推出禁烟这样的措施，控烟的效果还是不错的。所以说公共场所大力推行禁烟令非常必要。另外，我还想说一句，身体是您自己的，除了为您自己身体考虑之外，您要想一想二手烟给周围的人、亲戚朋友带来的危害。为了您和他人的健康，我劝您还是尽早戒烟吧。”

主持人这样的议论满是浓浓的生活味，他用平实的语言还特别进行了健康提醒，一下子拉近了主持人与受众间的心理距离。

三、点评的方式

（1）即兴式：是主持人根据情景突然激发出来的。主持人可以就某件事或者某个方面、某个观点发表点评，多用于现场晚会中的即兴发挥。

【实训】即兴式点评训练

1. 节选综艺节目的一段视频，如《中国达人秀》选手展示完之后，对其表现进行点评。

2. 节选一段新闻，让学生对其进行即兴的短评。

（2）交谈式：是主持人利用和被采访者交谈的方式来进行点评，也可以是两三个主持人或受众之间的相互讨论。它要求所涉及的话题是大家共同的注视点和焦点，多用于谈话类节目。

【实训】交谈式点评训练

由教师指定话题，一位主持人与两位嘉宾展开话题。主持人组织讨论并在交谈过程中进行点评，交谈后进行总结。

（3）评论式：主持人以旁观者的身份，按照新闻事件的发展顺序，或顺着被采访者的思路，抓住某一点或者某一个镜头来进行点评，多用于新闻事实报道。

【实训】评论式点评练习

展示网络热门图片，并让学生进行评议，各抒己见，表达自己不同的观点。

（4）现场式：是主持人结合现场的情与景进行点评，体现了主持人对新闻事件的直接评价，多用于说新闻节目中。

【实训】现场式点评训练

播放一段节目视频，让学生把自己定位成该节目的主持人，对这段视频进行点评，然后再播放该节目主持人的点评，进行对比，让学生改进。如，播放 2005 年春节联欢晚会由中国残疾人艺术团表演的《千手观音》舞蹈节目，然后让学生进行串场主持，现场评议并引入下一个节目。

特别要提出的是，四种点评方式的运用，并非固定模式，可根据节目内容和需求，选择合适的点评方式进行运用。[1]

[1] 陆锡初. 节目主持人的点评议论艺术 [J]. 现代传媒，1998（4）.

知识链接

麦克风的发展史

碳精电极麦克风

麦克风的历史可以追溯到19世纪末，贝尔(Alexander Graham Bell)等科学家致力于寻找更好的拾取声音的办法，以用于改进当时的最新发明——电话。期间他们发明了液体麦克风和碳粒麦克风，但这些麦克风效果并不理想，只是勉强能够使用。

1949年，威尼伯斯特实验室（森海塞尔的前身）研制出MD4型麦克风，它能够在嘈杂环境中有效抑制声音回授，降低背景噪声。这就是世界上第一款抑制反馈的降噪型麦克风。

1961年，在德国汉诺威的工业博览会上，森海塞尔推出了MK102型和MK103型麦克风。这两款麦克风诠释了一个全新的麦克风制造理念——RF射频电容式，即采用小而薄的振动膜，具有体积小、重量轻的特点，同时能够保证出色的音质。另外，这种麦克风对电磁干扰非常敏感。它们对气候的影响具有很强的抗干扰性能，非常适用于一些全新的领域。例如，在探险队中使用，日夜在室外操作，面对温差极大、气候恶劣的户外条件，该麦克风仍然表现出众。

早期碳精电极麦克风和话筒

森海塞尔专门为音乐家设计、制造的第一款麦克风曾在1967年的消费者电子产品博览会上展出。黑色与金色相间的MD409型是典型的立式麦克风，它的平面设计形状堪称森海塞尔的经典之作，而和它类似的MD415主要是一款手持式麦克风。它是最坚固的话音麦克风之一，其重低音外壳全部是纯手工制造，然后镀金。这两款超心型麦克风很快便成了音乐家们的理想选择，他们对MD421的钟爱与日俱增。后来，森海塞尔又推出了黑金相间的MD421豪华版，其产品手册中称它为“闪耀的金光”。

WMAQ电台

1978年，森海塞尔又推出心型动圈式MD431舞台麦克风，人送绰号“潜能”，它绝对拥有成为表演巨星的潜质。为了自然地再现乐器的曼妙声音和独奏的特殊音质，工程人员进行了大量的测量和改进工作来创造更加适合的频率响应。这支坚固的麦克风声音干脆、毫不含糊，对操作噪声也有很强的抑制性。冲击声过滤器可以确保舞台上的低频噪声不会影响声音的完美再现。

随后推出的超心型MD429“音棚之声”则是专门为演播厅设计开发的产品。它的近讲效果与指向性麦克风类似，但这种效果和对噼啪声的敏感度都被降到最低。其另外一个品质特点是：由于采取了更加复杂的弹簧悬吊系统，麦克风的操作噪声也大大减弱。同时推出的还有“具有专业设计的业余麦克风”MD427型动圈式话音麦克风，它同“潜能”在音质特点和外形特征上都很相似。

RCA 77 带式麦克风

20世纪，麦克风由最初通过电阻转换声电发展为电感、电容式转换，大量新的麦克风技术逐渐发展起来。这其中包括铝带、动圈等麦克风以及当前广泛使用的电容麦克风和驻极体麦克风。

第三部分

我将成为这样的节目主持人

第六章 成为社教节目主持人

【学习目标】

1. 熟练掌握社教节目的相关理论知识。
2. 了解社教节目主持人需要具备的基本能力。
3. 掌握社教节目的基本创作方法，通过实训，具备社教节目的主持能力。

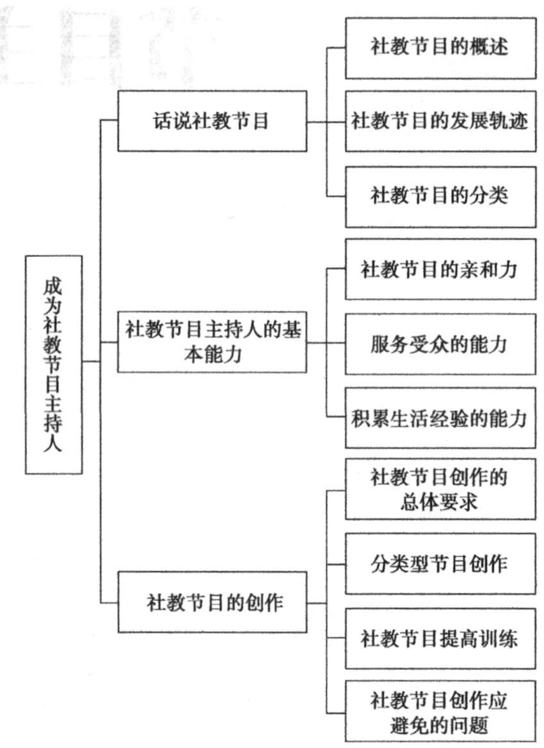

第一节 话说社教节目

我国广播电视事业发展初期，新闻节目、社教节目、文艺节目这三类节目是构成广播电视节目的重要版块，由此可见电视社教节目的重要性。从 20 世纪 50 年代末中国电视的产生，到 20 世纪 90 年代中期中国电视节目走向成熟，许多电视台把社教节目的创作作为兴台大计。[1]

社教节目往往设置固定的专栏和节目主持人，注重与受众的交流，吸引受众参与节目，调动各种艺术手段，进行潜移默化的宣传教育，让受众在愉悦的收视氛围中陶冶性情，提高思想情操，获得多方面的知识修养。社教节目还有引导社会舆论，调节平衡社会情绪，使社会大众养成教育观念等作用。它比较全面、系统地担当了电视传媒所具有的“新闻窗、百花园、知识库、服务台”等多种社会功能。

在我国，社教节目经历了 30 多年的发展。近年来，“社教类节目”也被称为“社会生活类节目”“社会生活服务类节目”等，这也说明了如今这类节目越来越重视其服务性和贴近性。但笔者认为，社教类节目的“社教”二字仍是这类节目的重点，这类节目的传播仍应重视社会教育意义及舆论导向。值得注意的是，在节目的表现形式上应更加贴近群众，摒弃媒体高高在上的“教育”意味，多为老百姓着想，创作出兼具服务性与教育意义的节目。

一、社教节目概述

电视社教节目全称是社会科学教育类节目，它是广播、电视节目中一类重要的节目样式。它寓教育于娱乐，寓教化于服务，寓宣传于信息、文化知识的传播之中。

社教节目在电视节目中占有很大的播出份额。它题材广泛、节目形态丰富、栏目的专业特点突出，服务的对象性鲜明，节目设置、编辑、播出手法灵活多样，是集中体现媒体特色和水准的一类节目。

社教节目的基本社会功能就是教育，包括政治理论教育、理想道德教育。它传播普及文化历史、科学技术、经济、法制、环保、道德等方面的知识和某些专业技能，提供经济、法律、医药、金融证券、股市分析、气象、交通、服饰、厨艺、住房、家装、旅游、购物等方面的服务，它还关心受众个人的身心发展。社教类节目的传播对象覆盖面相当广，不同性别、不同职业、不同年龄段、不同爱好的受众都可以在社教节目中找到满足自己需求的节目。

二、社教节目的发展轨迹

从 20 世纪 50 年代末中国电视的产生，到 20 世纪 90 年代中期中国电视节目走向成熟，

---

［1］汤天甜．社教节目的发展历程［EB/OL］.［2014-07-03］.http：//www.doc88.com/p-8092917668911.html.

电视社教节目在数量和质量上也取得了骄人的成绩：评奖种类繁多，等级也不在新闻之下。在我国电视节目发展过程中，社教节目也随着电视媒体的发展在不断改变和完善。

（一）创业期、发展期（20 世纪 50 年代末—90 年代初期）

从 20 世纪 50 年代末到 80 年代，是电视的"宣传品"时代，电视承担着党和政府各项政策法规的宣传以及对公众进行教育的功能。在此期间的社教节目主要配合一定的时事新闻背景，将重大时事延伸报道，其他如体育、少儿和服务类的节目在社教节目中占的比重相对较小。

20 世纪 80 年代至 90 年代初期，电视台的节目设置中，除了每天固定播出的新闻节目和每周一到两次的文艺节目外，其他节目全部归于社教节目的范畴。这一时期全国的社教节目不仅在数量上占有强大的优势，而且质量也上了一个台阶，节目形态开始进行延伸和细分。

（二）创新期（20 世纪 90 年代中期—20 世纪末）

到了 20 世纪 90 年代中期，随着电视市场化程度的不断加深，电视节目内容与市场需求、受众的收视需求紧密结合起来，以前只算宣传账和创作账的观念及做法已不适应市场的需要。因此，一些电视台开始弱化社教节目，面向市场开始进行节目整体整合。电视社教节目已不再是各个电视台为了自办节目时间而凑数的节目，而是定位为面向大众，根据大众的需求进行相关栏目的设置。

到了 20 世纪末，许多电视台把创作社教节目的部门合为一个大的社教中心。比如，湖北电视台就在 2000 年末把六个与社教相关的部门合为大的"社教中心"，以便对社教节目进行统一规划。而后几年，随着专业频道的设立，传统意义上的社教节目内容分拨到了各个专业频道。

（三）繁荣期（当今）

当今的社教类节目在经过不断发展与创新后，出现了不少受众喜爱的节目。如生动、通俗、悬疑的《走进科学》；讲一个故事给你一个法理的《法律讲堂》；案情曲折、引人入胜的《第一线》；探究情感、解决问题的《人间》；挖掘农村奇人异事、帮农民朋友解决困难的《乡村服务社》；充满新鲜活力服务于家庭的《交换空间》；由主持人组成一家人教大家生活窍门的《快乐生活一点通》；主持人手拿"护宝锤"砸碎赝品帮助大家识别"真宝贝"的《天下收藏》；讲述企业家精彩创业故事的《致富经》等。这些节目贴近生活，表现形式丰富，受到受众的喜爱。

这些节目具有较好的贴近性，打破了以往社教节目制作手段单一的状况。丰富的表现手段与方式，能更好地吸引受众。社教节目创作理念的更新，不仅表现在意识方面，更表现在创作方式、创作手段及主持功力等方面。[1]

三、社教节目的分类

社教类节目内容丰富，传播目的不同，节目形态交叉。为了方便学生进行课堂实训，我们按节目内容和社会功能对其进行了如下分类。

（一）教育类

这类节目的内容包括思想、文化、历史、法制、科学、道德、环保、心理、健康、社会科学、自然科学等。如介绍外国文化艺术、社会经济、科技发展、人文风情的《环球》；传播自然生态、倡导人与大自然和谐相处的《人与自然》；传播科普类知识、解答大众疑惑的《走近科学》《科技博览》；普及法律知识、增强百姓法律意识的《拍案说法》《法制进行时》；提倡健康生活普及健康知识的《健康最重要》《中华医药》等。

这类节目由于内容相对严肃，因此节目不宜采取直接说教的方式，而应选用生动、鲜明的事实作为宣传的依托，进而有理有据地进行宣讲，动之以情，晓之以理。节目的作用是向受众传授维系社会发展所需的社会规范和知识，承担起个人社会化的功能。它系统地传授某一类文化科学知识，是课堂教学的扩大和延伸。

（二）服务类

服务类节目生活气息浓郁、题材广泛、内容丰富，深为受众喜闻乐见。它是为满足老百姓衣、食、住、行等与生活相关的各个方面的需求而设置的栏目，它涉及直接、具体的多种服务内容。常采用节目主持人与受众促膝谈心聊家常的形式播出，家庭气氛浓郁，传播效果好。服务性节目常常邀请受众参与节目，让生活中的能干主妇、模范丈夫、幸福家庭走上荧屏现身说法，以进一步触发受众的参与意识。服务类节目在许多电视台各节目的收视率中长期名列前茅。

比如介绍生活小贴士的河北卫视《家政女皇》、中央电视台《家有妙招》；为百姓生活提供方便、介绍高质量低成本生活方式的北京电视台《快乐生活一点通》；介绍房地产信息、家装信息的成都电视台《第一家园》；介绍汽车品牌、性能等信息的旅游卫视《汽车派》；为百姓解答健康问题、倡导健康生活方式的中央电视台《健康之路》；带领受众游山玩水、品尝各地美食的浙江电视台《爽食行天下》、旅游卫视《行者》等节目。

---

[1] 许玉琪．电视社教节目的变革与发展［J］．新闻前哨，2006（9）．

（三）对象类

对象类节目主要是针对受众的性别、年龄、职业、兴趣、民族等特点及需求而设立的栏目。不同层次的人群有着不同的需求，这类节目应适应目标受众的身心特性，满足他们的需求。对象性节目为特定的对象开办，按照社会的需要来教育、塑造一定层次的社会群体，使之担负起相应的社会责任。

少儿节目是我国最早开办的对象性节目。中央电视台从 1960 年元旦起，每周三、周六就有固定的儿童节目时间。现在，中央和各地方电视台已陆续推出如《大风车》《动画城》《七巧板》《宝贝向前冲》《饭没了秀》等充满童趣、深得童心的少儿节目。

除此之外，目前各省市电视台都在积极开办这类节目，如专为农民朋友介绍农业信息、致富经验的中央电视台《致富经》；为老年人排忧解惑、介绍老年人精彩生活的中央电视台《夕阳红》、东方卫视《精彩老朋友》等等。

【实训】社教节目理解练习

让学生介绍自己喜欢的社教节目及相关主持人的经历，并阐述原因。

第二节　社教节目主持人的基本能力

随着我国电视事业的繁荣发展，每一个受众在家里都能通过卫星电视收到几十甚至上百个频道的节目，缤纷多彩的电视节目培养了大量有品位的受众群。如今不再是传播者按照单方的意愿传授信息的单向传播时代了，受众已经具有相当的鉴别能力，任何一个受众都不会接受他不喜欢的主持人所传递的信息。所以，电视栏目在提供受众喜爱的电视节目的同时，对社教节目主持人的素质也提出了严格的要求。

因此，社教节目主持人应注重与受众的交流，吸引受众参与节目，调动各种艺术手段，进行潜移默化的宣传教育，让受众在愉悦的收视氛围中陶冶性情。社教节目主持人为了优化传播效果，应具备以下基本能力。

一、亲和力

一个社教节目主持人首先应该做到的是，让受众收看节目时是轻松愉快的。他（她）一定要讨人喜欢，也就是需要有受众缘。这样，受众就会因为喜欢主持人而观看这个栏目。栏目和主持人想要达到双赢的效果，一方面，电视台或栏目组要根据栏目的定位挑选合适的人做栏目的主持人；另一方面，作为栏目的主持人，一定要深刻理解栏目的宗旨，不断修正自己的角色定位。在社教节目主持人应该具备的各种素质中，亲和力是首要素质。

（一）亲和力的形成

主持人作为媒体的代言人，必备的素质就是有着完整的人格。一个胸怀坦荡的主持人，才能在面对受众的时候表现出真诚；一个对生活充满热爱的主持人，才能在主持节目时把生活中的细枝末节讲解得妙趣横生；一个善解人意、善待他人的主持人，才会时时刻刻从受众的角度出发，理解问题、思考问题。

其次，一个栏目的主持人一定要理解自己的栏目，热爱自己的栏目。爱岗敬业不单单是一句口号，而是一种行动。亲和力不是作秀，也不是讨好受众，只有热爱自己的事业，才会从内心散发出一种平易近人的气质，这样的主持人才会打动受众。像沈力和张越，她们都是有着良好职业道德的电视工作者，她们从心里热爱生活、热爱受众，这样才能从受众的角度考虑问题，把社教节目做得深入人心。而在今天，由于电视事业的快速发展，电视节目比以往任何时候都丰富，一批新生代的主持人涌进了各个电视节目领域；中国的电视主持人来源丰富，也使得刘仪伟、撒贝宁这样的非科班出身的主持人越来越多。中国的电视主持也面临着一个市场竞争和适者生存的局面，这样一个外部环境，促使节目主持人珍惜自己的位置，更加热爱自己的工作。

不管是先天具备的责任心，还是后天感到的危机感，这两方面都迫使主持人由爱工作而扩大到爱受众。只有这样，才能保证热情不是装出来的，而是真诚、自然的。

（二）运用亲和力拉近与受众的距离

主持人怎样才能做到用亲和力打动受众？拉近与受众的心理距离呢？有一个方法，就是在节目中要讲自己的真实感受。

社教节目就是做给普通人看的，主持人应该属于广泛意义上的普通人，主持人应该主动参与节目策划，把普通人的需求融入到节目策划构思中，这有利于主持人深刻了解栏目意图。总之，就是要求主持人要多参与节目策划和制作。目前普遍存在的情况是，主持人不写稿子、不做前期采访，照本宣科地念稿，这样只会成为“读稿机器”。如果想要在节目主持中有更好的表现，就要求主持人在录制节目之前多下功夫，把节目的意图消化、吸收、加工后变成自己的语言。只有带着编导思想做节目，主持人才会对生活的理解不断深入、消化，写出高水平的稿子，做出高质量的节目。说独具个性的话，受众才会觉得亲切，才会对主持人和节目产生信任感。

（三）塑造公众形象，增加亲和力

节目主持人作为一种公众职业，塑造良好的个人公众形象也是职业的要求。主持人的外表定位是给受众的第一张名片，受众可以通过他（她）的形象来了解这个人的品位和节目品味，也会通过其外在形象对其产生喜恶感。

《家有妙招》黄薇

纵观社教节目主持人的着装，的确是有一番讲究的。他们不像综艺节目主持人那样新潮和追逐时髦，也大可不必像新闻节目主持人那样正式，休闲化、生活化的服饰很容易拉近自己和受众之间的距离。

【实训】亲和力训练

进行一段生活贴士类节目的视频模仿主持，要求表达具有亲和力及耐心、细致的服务意识。

二、服务受众的能力

社教节目中，服务意识不可或缺。一名社教节目主持人，首先必须要有为群众服务的意识。受众喜欢高素质的主持人，但是不喜欢主持人摆出一副高高在上的“专家”“老师”的架势来“谆谆教诲”。我们倡导“专家”“学者”型主持人，是强调其专业知识结构，较高的专业知识结构是获得群众信任的“基石”。但是，我们不赞成主持人在节目中突出自我，把“亮点”都集中在自己身上。从传播学的角度看，从受众的角度看，大家更希望主持人以“朋友”的身份与受众交流。主持人在节目中的职责就是以自己的学识和才能为受众提供可信的、便于接受的知识点和服务。只有树立了服务意识，主持人才能在节目中摆正自己的位置，才能想受众之所想、急受众之所急，才能根据受众的需求创作出受众喜爱的节目。

三、积累生活经验的能力

主持人必备的个人素质中应该具有丰富的人生积淀。阅历一直以来都是人生的一种财富，经过岁月积累表现出来的智慧，会给主持人增加一种特殊的个人魅力。美国著名主持人奥普拉·温弗瑞，也正是因为她幼年时代的种种磨难，才使得她对生活各个领域的话题都有着超群的驾驭能力。难怪央视主持人白岩松曾急切地高呼：“渴望年老。”

随着受众对社教节目文化含量需求的增强，社教节目表现出越来越多的人文倾向。因此，主持人应具有热爱生活、热爱生命的博大胸襟，有对人生细腻深刻的感悟和思索。这一方面取决于主持人较丰富的人生阅历；另一方面在于主持人积极向上、坚韧宽厚、善于思索、勤于学习的人生态度。只有这样，才能敏锐地体察生活中的道理和乐趣，才能在与嘉宾、受众的接触中挖掘出生命的意义，张扬人性的光辉。如若不然，主持人虚假的热情会给人“变相广告”的不良印象，苍白的语言更会暴露主持人内心的空洞，根本谈不上社教节目主持人应有的可信性和亲切感。

目前，各类媒体的竞争日趋激烈，必然导致受众需求的细分化和传播者的专业化。在这种变化和发展趋势中，“科教、文卫、法律、经济”这些分门别类的社教节目，其专业性特点更是显而易见。对于其节目主持人，受众往往青睐那些权威性强、可信度高的主持人，希望他们对所谈的知识有较大程度的信息占有量和较为透彻的理解。人们常常谈论对“专家型、学者型”主持人的渴求，实际上并非是要求让某一学科领域的专家、学者来专职主持节目，而是希望主持人是该栏目学科方向的“知情人”。因为真正具有可亲可信的传播魅力的主持人不能靠背稿子来主持节目，他们应掌握这个领域的专业知识及其新动向、新信息，熟悉有关的学者专家，并且拥有与他们对话的资格。能主动积极而又迅速正确地搜集节目所需要的信息，善于把握节目的策划立意，能调动自己有关的知识储备，以颇具个性的观察及叙述方式向受众进行传播。

当前，这种在某一方面“学有专长”的专业化的主持人已经脱颖而出，未来将大量涌现，这也是节目发展的需要。

四、语言表达能力

与资讯丰富的报刊及精美的生活时尚杂志相比，电视社教节目的优势就是平面媒介不能替代的富有动感的精彩画面以及主持人的语言艺术。电视节目主持人是靠形象和声音来表达的，所以，一个优秀的社教类节目主持人的语言表达能力非常重要。

话语是以声音为表意、以听觉为感知的。从话语的表达层面来说，同样的语义经过音调、音速、音强、语气的多种演绎，便构成了话语的不同表述风格。从话语的内容层面来说，不同的传播观念的引导与语言文字风格的解释，演绎了主持人的个人风格。

对社教节目主持人语言素质的要求是在符合这类节目共性的语言表达基础上，树立自己的个性，这样才能做到个性鲜明、表达多彩化。

那么，什么是这类节目的语言共性呢？社教节目对主持人语言的最基本要求就是：通俗易懂，简单明了。在这个基础上，因主持人个人条件不同、栏目定位不同，又会演绎出不同的节目效果。

电视语言和平面媒体不同，受众不可能像读者那样面对一本精美的杂志或者报纸，喝着热咖啡，慢慢品味杂志时尚版的流行元素，或是在等车时慢慢浏览报纸的资讯信息，看到共鸣处还可以会心一笑，也不耽误喝咖啡和上车。电视传播具有时效性，大量的信息一闪而过，受众通常是边干家务活边和家人交谈边听电视机里发出的声音，如果电视语言晦涩难懂，就很难引起受众的兴趣。这类节目的语言要求就是：通俗，再通俗。换句话说，就是用老百姓的语言讲老百姓身边的事。对于社教类节目主持人来讲，这是最基本的要求。

不是每一个人都会把通俗的语言讲得人人都爱听。仅仅是语言明了还不行，主持人的作用还在于善于营造出一种轻松的气氛，这就要求主持人要充分领会编导的意图，把文案和稿子“吃透”，把别人的话变成自己的语言——通俗平实的语言。

在语言通俗化的基础上，主持人个性化的语言风格因人而异、因节目而异。但是，基于社教类节目有着广阔的创作空间，所以，塑造个性化的语言表现风格是非常必要的。[1]

在目前热播的社教节目中，幽默的语言是大家公认的风格。在这方面，刘仪伟的表现可圈可点。在《天天饮食》中被观众熟知并喜爱的刘仪伟出现在新版《为您服务》中的《家事新主张》和《法律帮助热线》板块中，一开场也是那样一种做派。一句不标准的普通话“家事新主张”开场，会让看电视的人笑出声来。刘仪伟倒不是那种专门搞笑的人。但是，他会以他的角度和眼光把节目内容用一种幽默的方式说出来，使受众看得较松，感到快乐。

【实训】语言表达能力训练

教师指定书面稿件，让学生将其转化为口语化的、生动的、通俗易懂的节目语言。

五、表演能力

当前，社教节目经常出现“情节性”“角色性”“动态性”的主持方式，对主持人各方面的素质与能力提出了更高的要求。面对新的节目主持要求，社教节目主持人应当学习、运用一些表演元素来丰富自己的创作手段，例如，表演中的“假定性”“适应性”“规定情境”“化为人物”等。主持人还要挖掘自身表演潜能，勇于尝试，根据节目需要，能在“社会角色”与“艺术角色”的双重身份中适当转换。当然，表演元素的应用要符合节目创作的需要，不应超越界限。尤其在社教节目的策划中，应注意娱乐元素与知识点传授的比例分配，不能混同于娱乐节目。

【实训】表演能力训练

教师指定节目内容，让学生进行多种形式的节目引入，如情景剧引入、故事性引入、角色扮演式引入等。

六、采、编、播能力

随着媒体的飞速发展，那种光会读稿件、念文字的“读字机器”已经慢慢被媒体淘汰，它们更加渴求能在节目中发挥自己的思想和创意的主持人——即采、编、播一体化的主持人。主持人在节目中所起的作用不仅仅是在演播室中承担着串联节目的作用，而是进

[1] 冷智宏，许玉琪．电视生活服务类节目定位、形态与包装［M］．北京：中国广播电视出版社，2003.

一步承担着外景主持、记者、节目编导等工作。此前我们已经提到，社教节目主持人需要具备丰富的知识，积淀人生的阅历，这些如何在节目中凸显？主持人如何将自己的想法在节目中表现出来？这就要求主持人前期参与节目的策划之中，将自己好的创意、想法、点子表达出来，并在节目中进行传播。

在节目进行中，还需要主持人具有采访提问的能力与技巧，有驾驭节目进程、组织现场受众的能力。而这些体现在屏幕上的主持人的语言及主持能力，无不与主持人幕后投入的热情和深度有关。过去有些专题型主持人节目，主持人只需要说好串场词就可以了。有的主持人很自然地让自己处在最后一道工序的位置上，不去主动地对节目做整体的、深层的理解和把握。一旦栏目要改变形态，比如加入演播室访谈的板块，主持人的任务加重了，那些只会串联的主持人就显得无法适应节目进程。

显然，主持人节目形态日益丰富，无可厚非地把主持人推到主导位置上。因此，具有采、编、播综合能力的“多面手”的主持人将格外受到受众的青睐。

第三节　社教节目的创作

一、社教节目创作的总体要求

电视是一种大众文化商品，电视制作者作为生产商，好的商品只有“内容”没有“形式”吸引不了受众。因为枯燥、乏味的内容让人无法持续观看；而只有“形式”没有“内容”则会让受众认为该节目无知识点、无意义，浪费时间。因此，好的电视节目必须要“内容”和“形式”兼具。在社教节目中，知识点在节目中所占多少比例合适？相关专业内容如何在节目中以和谐生动的方式出现？让受众能够轻松、愉快地接受信息是社教节目创作时需要思考的问题。因此，我们在创作社教节目时，既要注重电视的大众传播、社会服务功能，又要考虑到节目的娱乐功能。

（一）节目取名的要求

针对社教节目所处的“卖方市场”状态，个性化、生动贴切、耐人琢磨的节目名称是争夺受众眼球的第一步，也是让受众了解、收看节目的重要环节。

1. 名称不能过于直白和笼统

社教节目所包含的内容非常广泛，若是取一个直白和笼统的名字，会让受众不明白该节目对于自己的重要性，可看性和必看性不明确。比如“××广场”“生活××”之类就让人看不明白节目内容到底是什么。

2. 名称不宜盲目克隆

在借鉴一些先进的电视节目形态的同时，千万不能实行“拿来主义”，一味克隆别的节目名字，除了会重复乏味之外，有时还会出现名称与节目内容不符的情况。

3. 采用一些具有独特地域文化色彩和鲜明时代色彩的取名方式

重庆电视台的谈话节目《龙门阵》、辽宁电视台的农业节目《乡村服务社》、上海卫视的英语美食节目《洋厨房》都将节目内容与地方特色相结合，光看节目名字就让受众对节目内容一目了然。

4. 以名人、明星的名字命名的节目名称

名人、明星的社会知名度本身就是一笔无形的资产，以他们的名字给节目取名，节目就有了基本收视率。比如凤凰卫视曾有的一档家政服务节目《方太广场》，又比如旅游卫视美食节目《那小嘴》等。[1]

（二）社教节目主持人的要求

电视节目主持人是一个栏目的形象代表，是这个节目的主角，他们举手投足间的发挥与表达，直接影响着千万受众对该档电视节目的认同程度。所以，要创作一档受到受众喜爱的社教节目，选择一名风格相吻合的栏目主持人非常重要。而一名优秀的电视节目主持人，其现场表现将直接影响到该节目播出的成功与失败。

1. 把握好主持人的中介位置

在社教节目中，经常需要邀请各领域的专家学者来为受众答疑解惑。因此，在主持人与专家、学者、嘉宾的合作中，应把握好主持人的中介位置。主持人对于节目中所涉及的专业性问题一定要提前查找相关资料，做好准备工作。因为在此类节目中，主持人与专家的交流，主持人代表的是受众，其提问也是带着受众的疑问提出的。因此主持人既不能一无所知，又不能“现学现卖”充专家，主持人要对知识重点心知肚明，以比一般受众“略高一筹”“领先半步”的知情者的姿态起到中介作用，一来积极发挥专家学者的“权威”作用，多以“讨教”的口吻与嘉宾交流，同时做好嘉宾“解惑”的助手；二来要做好受众“求知”的发言人，善于抓准受众的“兴趣点”“疑惑点”及“盲点”。总之，主持人要找到“应知”与“欲知”的结合点，找到受众需求与嘉宾专业的结合点，适时提出针对性的问题，巧妙地为嘉宾通俗易懂地讲解知识“找窗口”，为受众寻求嘉宾的解答“搭梯子”。

[1] 冷智宏，许玉琪. 电视生活服务类节目定位、形态与包装 [M]. 北京：中国广播电视出版社，2003.

2. 精心把握受传对象

对象性节目是社教节目的一种重要形式。主持对象性节目时，主持人必须能够深入了解栏目对象的心理特点、个性化需求、接受能力和接受习惯，掌握与传播对象相关的心理学、社会学知识，熟悉相关的政策法规，这样才能富于创意地、真诚地、深入地、到位地为特定对象主持好节目。

3. 能动地发挥主持人的串联作用

能动地发挥主持人的串联作用，一是以个性化的表达方式对于栏目做出恰如其分而又妙趣横生的推介阐释；二是以平等的交谈方式与受众做有情感、有观点的沟通和交流。要求串联词简洁明了，同时文化含量、信息量较高，且通俗有趣，富有交流感。

4. 节目的策划构思要有主持人节目传播特色

在节目创意中，内容上要坚持“寓引导于服务之中”，讲知识、有品位；形式上除了注意发挥媒体优势，运用丰富的视听手段外，尤其应该把握主持人节目“个性化、人格化、人际性、参与性”的传播特色，增强贴近性、趣味性、可听性和可看性。现代广播电视媒体的理念十分重视受众的参与，而且格外强调以低制作成本获得高收听率和收视率，讲究市场效益。

案例启发

四川私家车载广播热线直播节目深得听众青睐，他们没有局限于路况播报与流行歌曲的穿插，而是以路况信息为核心，辐射播报天气、生活等信息，听众可以通过热线电话或者手机短信的方式参与。主持人幽默、热情、大方、友好的主持风格，受到听众的喜爱。

案例启发

《家政女皇》的启示

以河北电视台《家政女皇》为例。此档节目打破了原来大家对于生活贴士类节目传统的看法——主持人单纯地讲解、教授生活技巧这种方式，而创新了多个板块来支撑节目，在很大程度上提高了节目的可看性和分众性。

《家政女皇》从名字上就有所突破，既能让人一看就明白该节目的内容为生活贴士的集锦；同时又与时俱进，显得时尚年轻。该节目播出时长为30分钟，主持人在其中通过角色扮演来进行主持。其中包含有《老方穷叨叨》板块，该环节用说、学、逗、唱的表演方式进行外景拍摄，引出现场话题、问题，旨在通过有趣、诙谐的短剧，寓教于乐，在轻松的氛围中学习小窍门、增长生活见识。《高招在民间》板块，邀请受众报名参与，发动各位观众的智慧，来发现生活妙招，并通过《家政女皇》

节目这个平台，向全国受众展示。《读信时间》，主持人方琼和程成会读受众的来信，一对一地帮助受众用窍门解决生活中遇到的麻烦事，有时他们也会把受众信中教的妙招带给大家。《女皇大连线》，以“女皇新闻”或“女皇广播站”为背景，每次都通过主持人讲述的一些搞笑内容或二人之间的拌嘴和互相嘲笑，引出生活问题，再由专家一一解答。《女皇上菜》，每周六都会请到一位大厨，为大家介绍时令菜品，而这些菜品具有实惠、吸引人的眼球的特点。《生活妙招排行榜》，每周末总结受众选出的最受欢迎的妙招，并推荐给广大学众。

在《家政女皇》中，我们看不到那种一味背稿件的主持人，而呈现在大家面前的则是能说会道、完全融入老百姓生活的各种身边的“小人物”。主持人提前加入到每一期节目的策划中，一起为节目出谋划策。每个板块也是通过演播室和外景的衔接，流畅进行，让受众在轻松的氛围中、在与主持人的交流中度过时间。这样的节目形式，其实已经打破了原来生活贴士类节目受众主要定位为家庭主妇这类人群的定式，通过有趣的节目类型，吸引了年轻白领、青少年朋友，提高了分众性，优化了传播效果。

二、分类型节目创作

（一）教育类节目主持的创作

1. 补充知识、增加节目专业性

教育类节目一般都会涉及某些领域的相关专业知识，因此，这类节目需要主持人能纵观古今，既了解社会科学知识，又懂得自然科学知识，同时，又要力求成为自己所主持的节目涉及领域内的“专家”，这就需要主持人热爱、熟知自己的节目。因此，这类节目主持人首先就要通过网络学习、采访专家等多种途径不断自我补充相关知识，让自己消化节目的内容，使自己取得可以与专家对话的资格，可以明白相关原理并深入浅出地讲解这些专业知识。

2. 转化专业术语、增加节目趣味性

在消化相关知识的同时，主持人一定要查阅相关资料，弄清节目中所涉及的一些专业术语，比如，“DDVP”通俗的叫法是农药“敌敌畏”，“IC”是集成电路等。这些受众不常见的、生僻的专业词语，主持人都要将其转化为通俗语言。在一些谈话类节目中，相关专家在讲到一些专业词汇时，主持人还需要进一步提问，请其解答，让受众能够看得懂、听得懂。比如，健康类节目就要求主持人需要具备相关的健康知识，而浙江电视台《健康最重要》节目主持人梁冬虽是中国传媒大学毕业，但却学过医；又如，北京电

视台《法制进行时》主持人徐滔、王振龙熟知法律知识，经常把生涩的法律问题翻译成通俗的语言传播给受众。当然，这类节目的主持人光有专业知识还不行，因为，教育类节目的受众很大一部分都是渴望从节目中学习某些领域知识的人，其中不乏学生、老人等，而他们其中很大一部分人又不想直接从书本上学习枯燥的内容。因此，主持此类节目的主持人一定要注意寓教于乐，在轻松的氛围中为受众带来欢乐与知识。

另外，主持人在主持一些科学类节目的时候，若是遇到抽象的科学问题时，主持人最好能通过亲自操作、演示相关的小实验去诠释该现象。

案例启发

高血压与气球

浙江卫视《健康最重要》节目中，主持人梁冬为了给受众介绍高血压形成的原理时，一开场就邀请了现场两位受众和他一起玩了一个小游戏——给气球不断充气导致气球爆破。接着他说道："它在提醒我们，每一天我们的血管就犹如这样一个气球，它也在充满着巨大的压力，这就是和高血压有关的。这个事情成为当今中国人很重要的一个杀手，我们的血压怎么会升高呢？它如何在我们身体里面形成一系列的爆炸性的效应呢？今天我们有请北京朝阳医院副院长沈雁英老师和我们一起来探讨。"主持人通过这样的方式，使节目突破光讲知识、论道理的俗套，让受众耳目一新，同时也让受众轻松地初步了解了高血压形成的原理。

【实训】教育类节目主持、创作训练

1. 教师指定科教类稿件，让学生根据稿件内容进行讲述，要求不能照本宣科，必须将专业术语、难点转化为通俗语言。

2. 策划并主持一档教育类节目，要求主持人熟知该领域的知识点，避免以说教的形式进行。

【学生作品文稿】《科学小课堂》

主持人：2011 级 5 班　巫柔嘉　张熙瑾

节目类型：科普类节目

道具：一罐可乐　一罐雪碧　眼罩　框架眼镜　教杆　黑板

正文：

（板块一：演播室主持节目）

巫柔嘉：爱学习！

张熙瑾：爱生活！

巫柔嘉：各位电视机前的同学们大家好！欢迎收看今天的《科学小课堂》。我是柔嘉。

张熙瑾：我是熙瑾。柔嘉，你有没有觉得现在的天气好热呀，都说这夏天的太阳是最毒的，我刚刚在来演播室的路上就已经被晒得直冒汗，现在是口干舌燥！

巫柔嘉：我就知道这样的天气你会受不了，你看，我刚刚去超市买了两罐汽水给你解解渴。

张熙瑾：哎哟柔嘉，你太了解我了！快给我解解渴。

巫柔嘉：嘿嘿，不过喝之前，咱们先来做个小游戏。

张熙瑾：喝汽水还能做游戏？赶快说来听听。

巫柔嘉：我今天可要出个难题来考考你这个“汽水达人”，看看你把眼睛蒙上，把鼻子捏住的情况下还能不能分清楚哪罐是可乐，哪罐是雪碧。

张熙瑾：这有什么难的？可乐和雪碧谁分不出来啊？

巫柔嘉：那可不一定！要不我们打个赌？要是你能分辨的出这可乐和雪碧我就送你一箱汽水，要是你分不出你就送我一箱，你说怎么样？

张熙瑾：没问题！我们开始吧。

巫柔嘉：那你的先把这眼罩戴上，把鼻子捏住。

（主持人张熙瑾戴上眼罩、捏住鼻子）

巫柔嘉：我现在就分别打开这两听汽水了，（汽水开瓶声，嗞）熙瑾，大夏天的听这声音是不是特别爽啊？

张熙瑾：快点快点！我都等不及了！

巫柔嘉：好好好，那你先喝一口这罐汽水。电视机前的同学们帮我一起来记一记，看看我先拿给熙瑾的是可乐还是雪碧。（举起来给电视机前的观众看）好了，你可以喝了。

（张熙瑾先喝的可乐）

巫柔嘉：我说你也悠着点儿，这还有一罐你要尝呢，别一口气把这罐喝完了。

张熙瑾：好不容易喝上口汽水，当然要先喝个够！

巫柔嘉：行了行了，我们来喝第二罐。

（张熙瑾第二次喝的雪碧）

张熙瑾：咦？这两罐汽水的味道怎么差不多啊？柔嘉，你该不会都是拿同一罐汽水给我喝吧？

（张熙瑾摘下眼罩）

巫柔嘉：现在你来告诉我你喝的两罐汽水分别是什么吧？

张熙瑾：这个……我猜第一罐是雪碧，第二罐是可乐。

巫柔嘉：恭喜你！回答错了！这第一罐我给你喝的是可乐，第二罐才是雪碧。

张熙瑾：真的假的？可是这味道和我平时喝的不一样啊。

巫柔嘉：电视机前同学们的眼睛可是雪亮的，大家可都能为我作证呢。

张熙瑾：怎么会这样？我把眼睛蒙住鼻子捏住之后感觉这汽水都一个味儿呢？

巫柔嘉：想知道这是为什么吗？

（板块二：实验教室解密）

角色扮演：主持人巫柔嘉扮演教师（戴上黑框眼镜，手拿教杆）

巫柔嘉：现在是巫老师时间。刚刚有两位同学做了个实验，把眼睛蒙住鼻子捏住再去喝可乐和雪碧，结果发现两种饮料的味道都差不多，这其中的原理是什么呢？现在就由我来为各位同学讲解一下。我们人在吃东西的时候主要是靠嗅觉、味觉、视觉这三种感官，看到好吃的、闻到气味舒服的就容易引起食欲，也正是因为这个原因，同学们在感冒或者鼻炎发作时，会觉得吃菜只能吃到咸味儿，却感觉不到饭菜的香气，从而影响食欲。我们都知道“味道”有很多种类别，但其中只有酸，甜，苦，咸，鲜这五种基本味道是通过舌头感知的，其他的味道，就要借助嗅觉和视觉等来感知了。如果我们蒙着眼睛、捏住鼻子，视觉功能丧失、嗅觉功能下降，就只能靠味觉来感受。而可乐和雪碧这两种碳酸型饮料的成分比较相似，所以一般人很难仅仅依靠味觉把它们分辨出来。如果我们不把鼻子捏住，就可以通过嗅觉的帮助，让不同汽水的气味通过鼻子进入我们的嗅觉，再进入我们的大脑，从而帮助我们分辨。现在同学们应该知道为什么仅仅依靠味觉会分辨不出可乐和雪碧的原因了吧。

（板块三：回到演播室主持节目）

张熙瑾：哦！原来是这样啊！怪不得小的时候奶奶总是让我捏着鼻子喝药，说这样就不苦了。

巫柔嘉：熙瑾刚刚没有把巫老师的话完全听进去哟！刚刚巫老师有讲到咱们的味觉是可以感受到酸，甜，苦，咸，鲜这五种基本味道的，药是苦的，就算是捏住鼻子我们还是会感受到它的苦味儿。而且捏着鼻子喝药还很容易呛到气管里，反而会造成一些不必要的麻烦。

张熙瑾：原来捏鼻子喝药也不科学啊，那在这里也要提醒电视机前的同学们可千万不要再像我一样捏着鼻子喝药了。

巫柔嘉：好了好了，说了这么多，熙瑾，记得一会儿给我买一箱汽水哟！

张熙瑾：汽水喝了要发胖，我看你还是别喝了！

巫柔嘉：哎呀，每天喝一小罐，没事的！

张熙瑾：你还每天一小罐！你知不知道可乐喝多了危害有多大？

巫柔嘉：不就是长胖一点点吗？

张熙瑾：何止是长胖一点点？这可乐里面有大量的糖分，还有磷酸和二氧化碳溶解后形成的碳酸，对牙釉质有腐蚀作用，喝多了会伤害到我们的牙齿。而且可乐还会导致骨质疏松。因为可乐里大量的磷会影响人体对钙的吸收，所以爱喝可乐的人，骨折的几率是不喝汽水类饮料的5倍！我现在给你说的还是可乐的一小部分危害呢。怎么样？你还要那一箱可乐吗？

巫柔嘉：算了吧！你还是给我换成一箱矿泉水吧。

张熙瑾：这才对嘛！

巫柔嘉：在这里也要提醒同学们在日常生活中少喝可乐，多喝白开水。

张熙瑾：好了，咱们今天的《科学小课堂》就到这里结束了，我们明天同一时间再见！

巫柔嘉：再见！

（二）服务类节目主持的创作

1. 总结生活经验、增强节目服务性

服务类节目涉及面广，包括生活领域的各个方面。而服务类节目主持人重在为百姓“服务”。因此，主持这类节目的主持人首先自己就要有丰富的生活经验和生活阅历，并且善于总结，把这些点滴浓缩成精华传递给受众。通常，这类节目的主持人亲切和蔼、语言通俗，具有浓郁的生活味道，在其主持使用的语言中，书面用语少之又少。而且这类节目通常会在节目中教给受众一些小技巧、生活能力等，因此，要求主持人自己必须能熟练运用这些技能，才能在节目中手把手地教大家。比如中央电视台的《家有妙招》，主持人黄薇、张悦就有着丰富的生活阅历，并将这些生活技巧耐心地传递给受众。河北电视台的《家政女皇》主持人方琼、程成，每一期节目中都会扮演各种人物角色，不仅通过幽默的对话让受众开心，还在每一期的节目中教大家制作一些给生活带来便利的小道具，或是变废为宝的小技巧，而且主持人在镜头前一边制作，还一边生动地讲解。如果主持人不提前熟悉这些技巧，那她们肯定是不可能教会受众的。试想，如果她们没有为百姓服务的意识，又哪会想出、讲出这么多妙趣横生的小故事、百变实用的生活小技巧为老百姓排忧解难。

2. 新颖创意、增强节目可看性

随着媒体的快速发展，受众审美水平的提高，单一地介绍某一生活技能已不能满足受众的需求，反而其说教的形式还会让受众反感。广大老百姓更希望看到趣味性与服务性兼具的生活服务节目。因此，不少电视台把轻松幽默的情景剧，或是与节目有关的歌舞表演融入其中，让受众从小故事中获取所需。而主持人在其中就不仅仅是单纯地主持节目了，他（她）更是一名出色的表演者。这就需要主持人深入参与节目策划当中，根据其内容发挥自己的想象力，挖掘自己的表演天赋，通过扮演与节目内容相关的角色来

完成节目主持。这其中，主持人的语言还应该更加通俗和生活化。

另外，生活服务类节目与老百姓的生活息息相关，主持人还可以通过外出采访群众、外景主持等形式走街串巷、访问百姓，拉近与受众的距离，让节目更加真实和生活化。

案例启发

《家有妙招》妙主持

中央电视台《家有妙招》节目中，主持人张悦和黄薇把日常生活中老百姓经常用到的小物件，用妙招变废为宝，为老百姓排忧解难。比如，节目中的“鞋盒巧装扮”“纸巾盒用得巧”“巧切细葱丝”“口腔清洁好习惯”等，这些都是主持人在节目中亲自演示的。其中，不少节目还跳出了演播室，直接到群众家里进行拍摄。外景主持人更是变身为家庭主妇、年轻的小夫妻或是专门“拆招”的小人物，让受众感觉“这就是发生在自己身边的事”，一下子拉近了主持人与受众的距离。同时，主持人还在节目中变变小魔术、讲讲小笑话，使得节目更加有趣与生活化。

【实训】服务类节目主持、创作训练

1. 让学生在课堂上为同学讲述自己熟悉、实用的生活技能或者生活妙招，可借助道具进行教授。

2. 教师指定节目内容，如汽车、生活贴士等服务类节目，让学生根据此内容进行相关主持片段训练。

3. 策划并主持一档服务类节目，要求节目内容服务性强并被受众所接受。主持人需采用多种主持方式，如角色扮演、讲故事、情景剧演出等方式主持节目。

【学生作品文稿】

《给您支个招》节目文稿

主持人：张熙瑾　巫柔嘉

节目类型：服务类节目

道具：衣服、口香糖、护手霜

【场景】演播室

张熙瑾：生活小烦恼。（没精打采的样子）

巫柔嘉：给您支个招！熙瑾，你今天的状态怎么这么低落呀？

张熙瑾：哎呀！出大事了出大事了！

巫柔嘉：出什么大事了呀？赶快说来听听！

张熙瑾：你看我这衣服，口香糖黏了快一个星期了，怎么弄都弄不掉。

巫柔嘉：你都用什么办法弄的啊？

张熙瑾：我用洗衣粉洗啊，揉、搓、抠，什么办法都用了，就是去不掉啊！这衣服可不便宜呢。

巫柔嘉：唉，我以为什么大事呢，不就是个小小的口香糖吗？来，我给你支个招吧！你用剪刀把这一块剪下来，这不就行了嘛！

张熙瑾：你这什么损招呀！口香糖是没了，我这衣服也就完了。

巫柔嘉：哈哈哈，别着急，真正的妙招在这呢！你有护手霜吗？

张熙瑾：有啊，我天天用呢。

巫柔嘉：咱们这小窍门就用这护手霜。只要把护手霜在口香糖上挤厚厚的一层，然后就用手揉一揉，这口香糖很快就能去掉了。

张熙瑾：这护手霜能去掉口香糖？这办法靠谱吗？

巫柔嘉：不信呀？那咱们就来试一试。

【小实验环节】

张熙瑾：那我就开始实验了！首先我就照柔嘉说的，把护手霜在口香糖上挤厚厚的一层，然后就用手这么揉。咦，柔嘉，我发现这口香糖慢慢地变软了。

巫柔嘉：没错，再多揉一会儿这口香糖就能去掉了。你没留长指甲，我再来抠一抠这块口香糖。

张熙瑾：那像我这样没留指甲的，能不能就用镊子、硬的卡片之类的东西来代替呢？

巫柔嘉：当然可以！你看现在这口香糖已经被我搓下来了。

张熙瑾：真的！现在我这衣服完全看不出黏过口香糖的痕迹，真是太神奇了。可是柔嘉，这护手霜是怎么去掉口香糖的呢？这其中的原理又是什么呀？

巫柔嘉：我先问你一个问题，口香糖的成分是什么你知道吗？

张熙瑾：口香糖……当然是糖呗！

巫柔嘉：除了糖呢？

张熙瑾：嗯（思考）……胶？

巫柔嘉：没错！口香糖的主要成分就是胶基，而护手霜的主要成分是胶原蛋白，它们两种成分加在一起，就会产生化学反应，从而使口香糖溶解掉。

张熙瑾：哦，原来就这样啊。可是如果有些观众朋友的家里没有护手霜怎么办呢？其他东西能代替护手霜吗？

巫柔嘉：唉，你这问题问我，那就问对人了！鸡蛋，相信家家都有吧？

张熙瑾：那当然有了，难道鸡蛋也能去口香糖？

巫柔嘉：这回你还真猜对了！咱们把蛋清和蛋黄先分开，然后用鸡蛋清涂在口香糖上，同样的揉一揉、搓一搓，效果一样的好。

张熙瑾：哦，我知道了。是不是只要含有蛋白质或者胶原蛋白的东西都可以与口香糖中的胺基发生反应，从而溶解掉它呢？

巫柔嘉：真是聪明，这原理就是这样。不过，虽然口香糖黏衣服上能够去除，可是，还是建议大家平时吃完口香糖后，用纸巾包裹起来扔进垃圾桶里，尽量别让口香糖黏在其他地方。而且，这口香糖吃多了还会对咱们的健康造成危害。

张熙瑾：柔嘉，这我知道！因为口香糖中含有大量的糖精，还有色素，它们会在空气的作用下在咱们牙齿表面上形成牙菌斑，时间长了之后就有可能变成龋齿！

巫柔嘉：是的，而且很多人吃口香糖习惯用一边嚼，时间久了就会使下颌的发育不均，也就形成了咱们俗称的"大小脸"的问题。

张熙瑾：嗯，而且小朋友吃口香糖的危害就更大了，如果不小心误吞到了食管或者是支气管里，又没有及时采取措施的话，还有可能有生命危险呢！

巫柔嘉：所以在这里提醒广大的家长朋友们，一定要在您的看护下才可以给小朋友吃口香糖，而且咀嚼的时间也不能够太长，一般在15分钟后就应该吐掉了。

张熙瑾：嗯，听我和柔嘉说了这么多，那今天咱们节目给您支的招您都记住了吗？如果有任何生活上的问题都可以给我们打电话，或者在新浪微博上@我们，我们都会尽力为大家解决的！那就下期同一时间再会了！

（三）对象类节目主持的创作

对象类节目的特点上文已阐述，就是针对各种性别、年龄、职业、爱好的受众人群而创作的节目。因此，对象类节目主持人重点要于分清"对象"，也就是说主持人一定要熟知自己主持的节目服务于什么人？这类人有什么诉求，有什么喜恶？根据此类人群的特点进行分析，深入其中，了解他们的生活，探寻他们的要求和诉求，并根据其需求进行体态、语态的调整和外形的包装。这样，才能贴近节目的受众，便于更好地服务于他们，得到他们的肯定。

如主持老年节目，主持人说话语速应该较慢，定位更加稳重，语气中应该带着浓浓的关爱和尊重情绪。主持人可以根据自身情况，将自己定位为老年人的朋友或是晚辈，节目内容应该是老年人关注的健康、饮食、文娱活动等。主持人的服饰也应该符合老年人的审美，切忌穿奇装异服，让老年朋友反感。

主持少儿节目，主持人就应该根据受众的年龄进行分段定位，像是低幼年龄段儿童，主持人可以扮演超人、博士、吉祥物等角色和小朋友互动，还可以发挥自己唱歌跳舞的才能，创作一些好玩热闹的歌舞引领低幼年龄段的儿童进入节目，或是通过儿歌、游戏让小朋友喜欢该节目。主持少年阶段的节目，主持人则不能一味装可爱扮天真，可通过带领小朋友完成实验、制作手工等方式，寓教于乐，让其通过节目学到知识、有所收获。

农业类节目主持创作中，主持人应该多走出演播室。一些本来只是在演播室里讲解、叙述的文字，主持人大可亲自到田间地头中，通过体验式主持，深入基层，与农民朋友交流，这样将大大提高受众对于该节目和主持人的喜爱。而且，由于农民朋友相对来说文化程度偏低，业余时间获取的信息较少，因此农业类节目主持人语言更应该通俗易懂，切忌咬文嚼字。另外，在科普农业类节目中，主持人说到重要的农业知识点时，还应放慢语速，便于农民朋友一边看电视一边记下相关知识点。

案例启发

《美丽俏佳人》受追捧的启示

大型时尚美妆节目《美丽俏佳人》于2006年开播，主要针对时尚爱美女性受众。在节目中，主持人李静将“造型魔法师”小P、享誉国际的“时尚生活家”梅琳、“彩妆维纳斯”游丝棋、“亚洲彩妆天王”Kevin等一批颇具影响力的达人专家介绍给受众，并向受众传授独家美丽秘籍，提供美容饕餮大餐，展示当季最流行的扮靓法则。节目每期还会邀请当红明星及草根达人助阵，是实用的美丽课堂。它见证了中国“美丽经济”的萌芽与发展，堪称时尚美容圈的风向标。

《美丽俏佳人》摸清了其受众追求时尚、渴望变美心理需求，并根据其需求进行节目创作。其主持人李静及其“静家族”主持群，主持风格活泼轻松，抓住了其受众群体希望通过观看该节目排解压力、寻求帮助的特点，才能被受众所喜爱。

《美丽俏佳人》

【实训】对象类节目主持、创作训练

1. 教师指定受众对象，如少儿、老人、妇女等，让学生针对该类受众，主持相关节目。要求主持内容符合该受众需求，主持语态和体态符合此类受众的审美。

2. 学生策划并主持一档对象类节目，要求节目受众定位明确，内容符合该受众的需求，主持人角色定位满足该受众群的审美。

【学生作品文稿】《金牌老妈》节目文稿

主持人：杨苏瑾

节目类型：老年类节目

嘉宾：张雅楠、朱李雪、朱珈漪、赵雅坤

杨苏瑾：观众朋友大家好，这里是真人竞技节目《金牌老妈》的节目现场，我是苏瑾。今天，我们同样为大家请到了四位漂亮的老妈参与我们的比拼。话不多说，接下来首先掌声有请今天的一号老妈闪亮登场！

赵：观众朋友大家好，主持人好，我叫赵雅坤，今年60岁，我是一个全职太太，家里有三个儿子一个女儿，都是我一手带大的。

杨苏瑾：哇，好厉害，四个孩子！那您的参赛宣言是什么呢？

赵：我的参赛宣言是：没有人比我更会操持家业！

杨苏瑾：好的！看来我们的一号老妈是自信满满啊。那我们请一号老妈暂时休息，接下来，有请二号老妈！

杨苏瑾：来，我们的二号老妈，给大家打个招呼吧！

珈：大家好，我叫朱珈漪，今年65岁了。

杨苏瑾：嗯，65岁了，那您平时的兴趣爱好是什么呢？

珈：我平时喜欢学英语。

杨苏瑾：学英语？那看来您可是一位很时尚的老妈哦。

珈：是的，我觉得人是要在学习中不断成长的，虽然我已经65岁了，但是我觉得学无止境。

杨苏瑾：对，活到老学到老！那就请我们的二号老妈大声说出你的参赛宣言吧！

珈：我的参赛宣言是：Stay hungry，stay foolish！

杨苏瑾：OK，这是乔布斯的那句经典名言哦。好的，那先请二号老妈回到您的座位上休息，接下来我们掌声有请三号老妈！来跟大家打个招呼吧！

张：大家好，主持人好，我叫张雅楠，今年55岁了。虽然我已经55岁了，但是我的心态非常年轻，而且我有一颗追求美丽和时尚的心。

杨苏瑾：的确！从您今天的穿着打扮上就可以看出您非常的美丽时尚哦！那您的参赛宣言是？

张：追逐美丽，永不停歇！

杨苏瑾：好的，我们也请三号老妈暂时休息，接下来有请四号老妈！

雪：大家好，我叫朱李雪，我已经75岁了。我有一个儿子和三个孙子都是我带大的，我的三个孙子现在都在哥伦比亚大学上学。

杨苏瑾：哇，这位老妈真是厉害啦，那您在培养人才方面一定很有一套！

雪：我喜欢学习，平时也就喜欢监督孩子们学习。

杨苏瑾：那我们的这位老妈一定非常有实力！那您的参赛宣言是什么呢？

雪：我的参赛宣言是：一站就要到底！

杨苏瑾：非常霸气呀，掌声鼓励我们的四号老妈！好的，四位老妈我们都已经认识了，接下来就要正式开始今天的比拼了！我们的比拼分为三个环节，第一个环节是《生活我知道》，第二个环节是《老妈有妙招》，第三个环节是《老妈才艺秀》。

首先，让我们进入第一个环节，《生活我知道》！在这个环节我会现场给出一些题目，都是跟咱们的日常生活有关的，当我念出题目之后，就要请我们的四位老妈快速抢答，答对的话，我会在题板上为您加上一分，但是如果回答错误的话，就要被扣掉一分了。我们的比拼采取淘汰制，这一轮比拼结束之后，分数落后的老妈就要在这一环节被淘汰出局了。所以各位老妈一定要加油！

嘉宾：好！

杨苏瑾：好的，第一个环节，《生活我知道》就要开始了，观众朋友们，现场的四位老妈们，你们准备好了吗？

嘉宾：准备好了！

杨苏瑾：第一个问题，请大家听好了：请问晨练是最健康的锻炼方式吗？（等待嘉宾抢答）好的，三号老妈抢答成功！

张：我觉得晨练不是最健康的锻炼方式。

杨苏瑾：为什么这么觉得呢？

张：因为我觉得现在空气污染比较严重，如果早上太早锻炼的话，反而对我们老年人身体不好。

杨苏瑾：没错，回答正确！这个科学的解释是早上太早的话，植物释放出的还不是氧气，而是二氧化碳，所以这个时候去锻炼的话是不适合的，可能会影响我们的身体健康。这个问题三号老妈回答正确，为您加上一分！

杨苏瑾：好的，那么接下来，第二个问题，请老妈们听好了。很多人觉得在生活当中吃太多的肉会导致心脑血管堵塞，因此提倡一日三餐都吃素，请问这是正确的吗？（等待嘉宾抢答）好的，一号老妈。

赵：我觉得这是错误的，因为肉食里面也有我们所需要的营养，如果只吃素的话就不能补充这些了。

杨苏瑾：没错，回答正确！为一号老妈加上一分！这其实也是有科学道理的，因为如果一日三餐都吃素的话，都不能摄入一些肉类食品当中的蛋白质等的营养元素，长此以往的话，我们的身体素质就不能保持一个平衡的状态了，也就容易生病了。所以啊，荤素一定要搭配吃，这样才是最健康的。

杨苏瑾：那么接下来是第三个问题。我们都知道抽烟会伤害我们的肺，但我接下来要问的问题是，抽烟会伤害心脏吗？（等待抢答）二号老妈抢答成功，请您来回答。

珈：我觉得抽烟对人体的伤害非常多，除了伤害肺，应该也会伤害到我们的心脏。

杨苏瑾：恭喜二号老妈，回答正确，为您加上一分！看来今天我们的老妈们都好厉害，连续三个问题大家都回答正确了。有三位老妈都分别拿到了一分，那么我们暂时还没有分数的四号老妈可要加油了！接下来就是第四个问题。夏天，有人会用桑叶泡水来治感冒，请问这个方法真的有效吗？（等待抢答）好的，四号老妈抢答成功！

雪：这个方法是有效的，因为我自己曾经这样尝试过。

杨苏瑾：回答正确！既然我们的四号老妈都亲自实践过了，那看来这个办法的确是有效的了，让我们为她加上一分！其实，这个桑叶是一种常见的中药药材，是有清肺散热的功效的，因此在夏天拿它来泡水喝，是对治疗感冒有一定帮助的。所以观众朋友们如果有一点小感冒不想直接吃药的话，就可以尝试用桑叶泡水喝了。

现在我们的四位老妈已经每人都拿到了一分，可以说比赛已经到了白热化的阶段了，最后还剩下三道题，老妈们一定要把握机会抢答啊！老妈们，你们有信心吗？

嘉宾：有！

杨苏瑾：好的，那么接下来，第五道题！这一道题，还是跟感冒有关的。很多人在感冒之后会躺在床上用被子捂，觉得捂出一身汗就能缓解了，那请问老妈们，这个方法是正确的吗？（等待抢答）四号老妈再次抢答成功！

雪：这个方法我觉得是对的，因为在我很小的时候，我的长辈就告诉我感冒了可以用被子捂，所以到现在我的家人生病感冒了，我也会用被子给他们捂一捂。

杨苏瑾：原来是这样，但是四号老妈你回答错误了，其实这个方法是错误的。

雪：为什么是错的呢？

杨苏瑾：因为这个感冒啊，它其实是分两种的，分为冷感冒和热感冒，如果我们在没有弄清楚到底是冷感冒还是热感冒的情况下盲目地用被子捂汗的话，可能会让我们的感冒更加恶化。所以这道题四号老妈回答错误，要减去一分，那么四号老妈现在暂时没有分数了，请我们四号老妈要多多加油！接下来，第六道题，老妈们，把握机会！

平时很多人在觉得胃不太舒服会选择喝粥养胃，那这个说法是正确的吗？（等待抢答）二号老妈抢答成功！

珈：我觉得这个说法不正确，因为我母亲曾经这样给我说过，但后来我自己尝试之后发现其实没有什么效果。

杨苏瑾：恭喜二号老妈，您回答正确了！为您加上一分。的确，粥对于我们的肠胃是有一定的养护作用的，但是，这只适用于急性胃炎。如果本身胃就不太好的人，长期喝粥的话不但是不能养胃，反而会伤害到它。我们都知道由于粥很软，所以很多人在喝粥时往往是不咀嚼就直接喝下去的，那其实这没有经过咀嚼的粥喝下去会加重胃的负担，长此以往是对胃部有伤害的。观众朋友和老妈们一定要记清楚了，喝粥养胃只适用于急性胃炎。

接下来，我们只剩下最后一道题了，老妈们一定要加油啊！接下来，在提出最后一道题之前，我想先问老妈们一个问题，平时，大家有戴老花镜的习惯吗？

嘉宾：有。

杨苏瑾：好的，下面我要问的这道题就跟这老花镜有关系了。很多老人在平时戴老花镜都不会一直戴，而是在有需要的时候才戴，那这样一会儿戴一会儿不戴的做法是对的吗？（等待抢答）一号老妈抢答成功！来，请您回答。

赵：我觉得这是正确的，因为我平时也会戴老花镜，我就不会一直戴，只会在看报纸的时候戴。

杨苏瑾：好的，那要为我们的一号老妈加上一分了，因为她的回答是正确的！恭喜一号老妈！那么，第一轮紧张激烈的抢答环节已经结束了，让我们来看一下几位老妈的分数如何。一号老妈两分，二号老妈两分，三号老妈一分，但是四号老妈由于回答错了一道问题所以没有分数。很遗憾在这一轮我们的四号老妈要跟大家说再见了。

雪：没有关系，下次我还会再来的，姐妹们你们一定要继续加油！

杨苏瑾：好的，让我们掌声送给四号老妈，同时鼓励我们依然在场上的三位老妈，加油！

杨苏瑾：接下来让我们进入第二个环节，《老妈有妙招》！那么老妈们会为我们带来什么妙招呢？首先掌声有请一号老妈！我看到一号老妈带来的道具有镜子、纸巾还有香水，这些有什么妙用呢？

赵：我给大家带来的妙招是如何巧擦镜子。因为平时我在家做家务，擦家里的镜子还有窗户上的玻璃的时候，就发现这些都很难完全擦干净。

杨苏瑾：对对对，直接拿纸巾啊、抹布啊这些好像都不能完全擦干净。

赵：嗯，所以这次我就要教大家怎么样把这些玻璃和镜子擦得干干净净。

主：好的，那我来帮您拿这个镜子吧。

赵：嗯，比如这一块镜子它现在表面很花。

杨苏瑾：对，现在我们可以看到上面有很多的灰尘和指纹。

赵：那我们就可以拿出家里的风油精或者是香水，花露水也可以，只要是含有酒精成分的东西都行，然后把它喷到纸巾上面，一点点就可以，再用喷了这些东西的纸巾来擦这些镜子，就可以很轻松地擦干净了。

杨苏瑾：真的诶！我看就擦了这么几下，镜子已经明显比之前干净了很多。

赵：是的，而且不用很大的力气就可以把镜子给擦干净了。

杨苏瑾：通过这个实验，我们可以看到这个妙招的确很有用。观众朋友们你们学会了吗？以后擦镜子就可以采用这个方法试一试。好的，掌声送给我们的一号老妈，带来实用快捷的擦镜子妙招。那么，接下来要请到的就是我们的二号老妈了，她又会为我们带来什么妙招呢？

珈：今天我带来的是一件牛仔夹克。在生活中很多牛仔衣在洗过几次之后都会显得旧，颜色就没有刚买的时候好看了。

杨苏瑾：对，牛仔的衣服穿久了的话就会有褪色了的感觉。

珈：那我今天要教大家的妙招就是如何给牛仔衣保色。首先，在洗牛仔衣之前我们可以把它放到盆子里，滴上几滴白醋再放上一些盐，加入温水之后浸泡半个小时，这样就能够确保洗的时候不会有颜色流失了。

杨苏瑾：好的，观众朋友们要记清楚了，要加醋还有盐，泡上半个小时就可以了。

珈：嗯，然后洗的时候也要记得是手洗，不能够机洗或者干洗，要很轻柔地去洗。因为牛仔衣上会有一层自带的保护膜，太过用力地搓揉会搓掉这一层保护膜，晾干之后就会失去本来的版型，就不好看了。

杨苏瑾：原来是这样！好的，谢谢我们二号老妈为大家带来的清洗牛仔衣的办法了，掌声送给她！接下来有请三号老妈！她会为我们带来什么妙招呢？我看到三号老妈拿了不少的东西，来，我帮您拿这个包。

张：谢谢，今天我要教大家的是废物变法宝。平时应该会有很多人都喜欢喝酸奶，但是酸奶的保质期很短，不注意的话，忘了喝，可能这个酸奶就会过期了。

杨苏瑾：没错，如果过期的话就不能再喝了，但是直接丢掉的话会觉得很可惜。

张：是的，酸奶其实是个好东西，过期了也不要随意就丢掉，因为我们可以用它来保护皮具。

杨苏瑾：原来酸奶还有这个妙用，那赶快来试验一下吧。

张：首先我们拿出纸巾，把酸奶倒一些在纸巾上，不要太多。

杨苏瑾：嗯，在擦拭之前，我先来观察一下这个皮具。上面有一些小划痕和小污渍，看看等会经过酸奶的擦拭，会不会有改变呢？

张：我们把酸奶倒到纸巾上之后，就可以轻轻擦拭皮具表面了。你看这样擦拭几下之后，皮具表面的小划痕就会消失了。

杨苏瑾：真的诶，一些细小的划痕和污渍都不见了，皮具看起来变得很新很干净了。

张：所以过期的酸奶大家不要丢掉，可以用来保养皮具的，效果也很好。

杨苏瑾：观众朋友们要记住了，这个过期酸奶保养皮具的妙招。好的，谢谢我们的三号老妈带来的妙招！请您回到座位休息。

三位老妈的妙招已经向大家全部展示过了，你更喜欢哪一位老妈的妙招呢？我们的现场也请到了十位大众评审，接下来就请他们来投票，获得票数较高的两位老妈就可以进入我们第三个环节的比拼了，但票数最低的一位就要被淘汰掉了。那么请我们的十位大众评审按下你们手中的投票器吧！

（投票中）

杨苏瑾：好的，在大屏幕上我们已经可以看到投票结果了。我们的一号老妈拿到的是两票，二号老妈拿到了四票，而三号老妈也拿到了四票。非常遗憾，在这一轮我们的一号老妈就要跟大家说再见了。

赵：我觉得来这个节目我学到了很多，下次我会再来的，姐妹们加油！

杨苏瑾：好的，接下来我们就要进入今天的最后一个环节了，相信也是很多观众朋友最期待的一个环节，那么现在还在场上的两位精英老妈会为大家带来什么精彩的才艺展示呢？马上进入今天的老妈才艺秀！首先，让我们掌声有请二号老妈带来她的才艺展示！

珈：我之前跟大家提过我喜欢英语，那么今天我就想为大家唱一首经典的英文歌，*My heart will go on*。

（表演中）

杨苏瑾：掌声送给二号老妈！这一首英文歌唱的实在是太好听了，而且二号老妈能把英文的发音唱得这么标准，真是要让很多年轻人都自叹不如啦！好的，看完了二号老妈的才艺，接下来要有请三号老妈的才艺展示了！

张：今天我为大家带来的才艺展示是吹葫芦丝。

（表演中）

杨苏瑾：好的，一首非常悠扬的曲子，婉转动听，让我们把掌声送给三号老妈！

那么我们的二号老妈和三号老妈的才艺都已经展示完毕了，我们的十位大众评审更倾心于哪一位老妈的才艺呢？请大众评审按下你们手中的投票器，哪一位老妈获得的票数更高，她就是今天的金牌老妈！投票开始！

（投票中）

杨苏瑾：现在，大屏幕上已经显示投票结果了，我们的二号老妈获得了四票，三号老妈获得了六票！恭喜三号老妈成为今天的金牌老妈！恭喜！

张：谢谢大家对我的支持！

杨苏瑾：那我们的三号老妈将会获得我们节目组送出的一万元奖金，恭喜您！您现想对观众朋友们说点什么吗？

张：谢谢，谢谢大家！我觉得人不服老，永远年轻！

杨苏瑾：是的！只要有一颗年轻的心，您就永远不会老！电视机前的老妈们，看到这里您是不是也心动了呢？如果您也想参加我们的节目，一起游戏、一起互动、展现自己的风采的话，就赶快通过屏幕下方的联系方式和我们联系吧，也许下一位金牌老妈就是您！

（结束）

【实训】社教类节目主持综合训练

同学们在此前的元素练习之后，结合此章节内容，并加入自我的创意、个性特征，策划、模拟主持一档有内容、有新意的社教节目。

三、社教类节目提高训练

近年来，各大电视台社教节目愈发专业化，如法律、经济、健康类节目等。此类节目大多一经推出即受到广泛好评，收视率也居高不下，成为电视媒体节目收视率的佼佼者。而这类节目优势在于受众针对性强、内容专业化强以及视角深入性强。当然，此类节目对主持人自然要求更加严格。具有相关"专业性"便是这类节目主持人必不可少的要求，也就是我们所说的"专家型主持人"，也可以说是"专业型主持人"。

（一）"专业型、专家型主持人"的定义

对于何为"专业型、专家型主持人"，学界还没有一个定论。笔者认为，所谓"专业型、专家型主持人"的理解应该是基于主持人基本职业特征的基础上，对某一方面的社会问题或专业问题有比较深入的见解和认识，或是拥有大量的专业知识。也就是说，在拥有深厚的播音主持造诣、新闻采编专业知识和创造性思维的同时，拥有此领域的相关专业知识。其中包括：一是对本领域情况全面而深入的掌握；二是对本行业所涉及的专业知识有接近专业工作者的专业知识层次。但是，"专业型、专家型主持人"并非要求一定是该门类的"专家"，笔者认为这类主持人除了具备主持人的基本素质之外，还要对某一领域非常了解，并且能够把握这一领域未来的发展方向，有一定专业眼光。如中央电视台主持《今日说法》的撒贝宁，他大学专修过法律；还有前文中所提到的浙江电视台主持《健康最重要》的梁冬，他曾专程到广东跟随老中医学习医学知识。他们都深入学习或是从事过他们所主持的节目的相关学科。

又比如收视率居高的宁夏卫视财经资讯类节目《头脑风暴》，它是面向全球优秀企业总裁的大型财经深度访谈节目。如果主持人不熟悉经济类知识，肯定无法驾驭该节目。因此，该节目先后邀请了职业经理人张蔚和学者型企业家袁岳充当其主持人。

那么，"专业型、专家型主持人"是不是非得进行该学科的专业学习？那主修传媒类专业的人岂不是都不能成为"专业型、专家型主持人"？当然不是，很多科班出身的主持人都是通过后天的学习而成为"专业型、专家型"主持人的。河南电视台《梨园春》

的主持人庞晓戈就并非戏曲专业毕业，她大学时主修新闻，似乎和戏曲沾不上边。但是当她开始主持戏曲节目后，便每天花大量的时间去学习有关戏曲方面的知识，使得她从“门外”到了“门内”，主持起节目来如同一个“专家”。当节目到高潮时，晓戈有时还能唱几句，就这样不知不觉地拉近了和受众的距离，也成了《梨园春》的当家花旦。四川电视台《天天美食》中那个既能聊，又能做得一手好菜的主持人刘仪伟，大家还记得吗？他也不是烹饪专业出身，而是四川大学中文专业毕业。而他在节目边做菜边讲解，还能时不时来点幽默小段子的主持风格，就在于他后天的练就——不断去学习，提高自己在美食方面的造诣。因此，他成功了。

（二）“专业型、专家型主持人”的提高途径

要做好一期节目、主持好一类栏目，不仅仅在于节目的时效性、受众关注程度、主持人语言表达的亲和力，更重要的是主持人独到的见解、深度的分析、权威的解释。通常来说，作为主持人一般都拥有相关专业的学习经历，但不可否认的是由于这一行业的特殊性，节目主持人自主地、有意识地积累知识，完善自我还并不够；同时，相同的文科毕业背景，缺乏自然科学知识的补充。在当前情况下，要想适应日新月异的社会需求，还有一定难度。随着知识经济和信息时代的到来，技术因素在社会生活中已无处不在，对于节目主持人来说，只有专业素质是不够的。从这一角度看，没有专业知识背景、缺乏独到见解、不能得到专业人员认同的主持人就显得苍白无力，无论对专业还是对受众就显得无所适从了。因此，社教节目的主持人就必须在扬长避短的基础上，结合其主持的节目所涉及的业务面，求新、求深、求全、求胜。

（1）“吃透”自己主持的节目。主持人要想主持节目，首要任务是了解自己所主持的节目——这包括节目的主旨、受众人群、播出时段、时长、每期节目的主要内容等。只有先搞清楚这些内容，主持人才能把握好自身定位，才能明白自己在节目中应该如何去诠释自己的角色，才能清楚自己到底应该成为哪种“专业型、专家型主持人”。

（2）多途径积累相关专业知识。之前我们已经提到过，“专业型、专家型主持人”必定是在某一专业领域有一定修养和造诣的人。现今一些“专业型、专家型主持人”中，不乏曾经主修过某专业的主持人，但是还有很多是“半路出家”，也就是在主持的过程中，为了成为节目的“专家”进而去进行专业学习的，比如我们上文中提到的庞晓戈、刘仪伟等。那么，这些从“门外”到“门内”的主持人又是如何修炼的呢？

①自身学习。现在网络、平面媒体都较发达，主持人可以在平时多通过这些渠道进行自身的学习，同时，还能报名参加一些相关专业的培训班进行学习，提高自己在该学科的专业知识水平。

②多请教相关专家。不少节目主持人在主持节目的过程中，都能或多或少地接触、

采访到该领域的专家学者。主持人可以利用此机会多向这些专家、学者请教和学习，让自己能够喜欢并熟知此学科的专业知识。

【实训】“专业型、专家型主持人”训练

1. 教师提前指定内容，如最新股市情况、天气信息、房产、养身保健等内容，学生根据该内容查找资料、自行准备，主持一档相关节目。

2. 学生自行创作一档社教节目，邀请诸如律师、医生、心理咨询师、经济分析师等“专家”作为节目嘉宾。

四、社教节目创作应避免的问题

（一）不会策划

初学者经常搞不清楚节目策划的意义，不会找选题，更不懂用什么方式来表达节目想传达的内容。

（二）没有针对性

这就是主持人没有理解社教类节目的分类，不知道该节目的类别、内容与受众对象的特点。因此，在创作社教节目时，应该充分了解该节目的受众是哪些人群。比如健康类节目，大多数受众为老年朋友；旅游类节目，大多数受众为热爱生活的中青年人。所以，只有先分清节目的受众之后，才能根据受众的需求来填充该节目的类别、内容等，这样才能受到受众的欢迎和喜爱。

（三）不会利用电视手段

不少初学者在主持社教节目时，没有明白“电视语言”，更没有利用好电视所特有的“声”“画”特点，仅仅采用“声音”表现手法。这点需要与电台主持区别开来。

（四）缺乏创新意识

初学者容易掉入原有节目的固有模式，或是采用一些陈旧的表现方式，不善于自己进行创新。

比如受众一般都不太喜欢听枯燥的说理，更愿意看到节目中主持人采用小实验的方式来对枯燥的科普知识进行说明。现场采用的小实验、小道具让受众更清楚、更直观、更形象地了解和记住节目当中要强调的内容。社教节目主持人要善于借助道具突出节目的重点，提高节目的可看性。比如现在不少健康类电视节目主持人会通过题板、表格展示所述的内容，让受众看得更加清楚；一些电视购物节目中，主持人更是会直接演示现场所售商品，这都是创新的表现方式。[1]

（五）语态不当

由于此类节目一些内容是通过网络或平面媒体获得，初学者往往照背原文，没有将书面语改成平时说话的通俗语态，甚至有些还采用“播读”的形式。[2]

针对以上问题，初学者可以观摩、学习不同类型电视社教类节目，了解每个节目的创编、主持人的优点与不足，再自行选题，制作节目。

知识链接

中央电视台社教节目中心

中央电视台社教节目中心成立于1990年3月，承担着中央电视台科教频道（CCTV-10）、社会与法频道（CCTV-12）和CCTV-1、CCTV-2部分精品栏目的节目制作工作，节目类型包括新闻类、专题类、电视剧等。社教节目中心崇尚团队精神，注重人性化管理，节目制作遵循“有用、好看”的创作宗旨，以大力宣传“科教兴国”“依法治国”“以德治国”重要方略、积极推广社会教育、推进精神文明建设和政治文明建设、构建和谐社会为己任。社教节目中心下设综合部、频道编辑部、教育专题部、科技专题部、文化专题部、社会专题部、法制专题部七个部门。

1. 综合部

综合部成立于1998年6月，是承担社教节目中心公文运转、信息上传下达和协调落实各项事务性工作的办事机构。

2. 频道编辑部

频道编辑部成立于2004年9月22日，是社教节目中心对社会与法频道统一实施频道策划、编排、推广、评估及大型节目制作的管理部门。2007年，主要策划实施了大型媒体行动《平安中国·乡村会客》，推出了“4·26知识产权主题宣传月”“法律服务你——12·4普法大接力”，大型系列节目《中国禁毒之战》《永不消逝的电波》《动漫说法》等。

3. 教育专题部

教育专题部成立于2001年7月，前身为科教部，是中央电视台专门编辑制作教育专题类节目的部门。节目内容涉及中外教育、老龄生活、饮食服务、家庭故事等各个层面的问题。所属栏目有《人与社会》《夕阳红》《百家讲坛》《希望—英语杂志》《家庭》《天天饮食》《法律讲堂》。

---

[1] 冷智宏，许玉琪. 电视生活服务类节目定位、形态与包装［M］. 北京：中国广播电视出版社，2003.
[2] 罗莉. 当代电视播音主持教程［M］. 北京：中国传媒大学出版社，2011.

4. 科技专题部

科技专题部成立于2001年7月，是中央电视台负责科技类节目制作、播出和协调的专门机构。现设有《科技博览》《走近科学》《科学世界》《状元360》《科技人生》《科技之光》等栏目。

5. 文化专题部

文化专题部成立于2001年4月，是中央电视台专门负责制作重大题材纪录片、文献片、系列专题片以及文化类节目的部门。现设有《探索·发现》《人物》《见证》《绿色空间》《第10放映室》《子午书简》、特别节目组、高清晰组共10个栏目、科组。

6. 社会专题部

社会专题部成立于2001年7月，前身为专题部，是负责民族文化、女性世界、职工生活、健康向导、情感交融、公益活动和心理辅导等社会类节目制作和播出的部门。有《半边天》《中华民族》《当代工人》《健康之路周刊》《健康之路》《讲述》《公益行动》《心理访谈》八个栏目。

7. 法制专题部

法制专题部成立于2004年9月22日，是中央电视台为配合“依法治国”的治国方略和构建“社会主义和谐社会”的目标而开设的一个电视节目生产部门。开办有《中国法治报道》《今日说法》《道德观察》《大家看法》《第一线》《忏悔录》《庭审现场》七个栏目。2007年推出了《法律服务你——12·4普法大接力》、《12·4法治的力量》晚会、《小撒探会》、《劳动合同法大赛》等特别节目。[1]

【社教节目例稿】

河北卫视《家政女皇》

（演播室）

方琼：大家好！我是方琼，欢迎收看乖乖牛八珍核桃《家政女皇》。我们的节目是由乖乖牛八珍核桃冠名播出的。

程成：哎呀，大妹子呀，可不得了了。

方琼：大哥，你咋又来了呢？又出什么事儿了呀？

程成：可是出大事了。哎呀，我今天到银行去，出大事了。就这张卡，这张卡里头存着将近三百多块啊。可我今儿一查，你猜咋的？

[1] http://cctvenchiridion.cctv.com/special/C20624/20091223/103609.shtml 中国中央电视台年鉴.[2014-07-01].

方琼：多了？

程成：少了！

方琼：这位大哥。

程成：我的天呀！

方琼：冷静冷静，这位大哥。你刚刚说你这卡里有多少钱？

程成：恩，我算算。二百五加上……反正挺多的——不到三百。

方琼：这个正常的费用是这样的，银行卡每年都会有年费，一般是一年十块钱。如果余额不足三百块钱的话，那么账户管理费每个季度……一年有几个季度知道吧？四个。每个季度扣三块，也就说这一年还会再扣你十二块钱。如果您这个卡要是不用的话，这样，我建议您把钱取了，您这卡就销了就行了。

程成：那你咋不早告诉我呢？

方琼：我早也不认识您啊。

程成：恩，对。咱们是上一次认识的。

方琼：恩，对。咱们俩交情不深。

程成：那你说这卡我留着它做啥？啊，我留着它干什么？我留着它这里头这个钱都没了。你说我留它干嘛，我要这卡干嘛？我扔了。

方琼：别别，扔之前吧，首先先把这钱取出来。

程成：没了，全扣光了。

方琼：取完之后，其实这个卡，你知道吗？它可以当小刀子用。

程成：杀人？可不得了了。杀了人了！

方琼：这样，您看完这个再说，来看今天的《老方琼叨叨》。

（地点：农村屋内 根哥：程成）

方琼：根哥，好几天都没见你了。你想俺了呗？

程成：俺累了。

方琼：那你最近都忙什么呢？

程成：俺最近事业正在蒸蒸日上，那可忙了。

方琼：那你在忙什么？你给俺念叨念叨呗。

程成：俺最近正在一个开发区的一个开发公司开发一个相当值得开发的开发项目。

方琼：俺根哥就怕累着俺，那你最近都开发什么？

程成：你看这是什么？

方琼：给俺买吃的就买吃的呗，俺见过，城里头超市都卖这样的蛋糕，吃起来的时候说是还可卫生，还可方便了。你就给俺买这个，俺拆开了。

程成：别拆，俺想问你的是，你要是吃不完它怎样办？

方琼：开什么玩笑？这样的给俺五盒，俺一口气也能吃完，怎么会有吃……

程成：闭嘴！你这个德性，这么大饭量，和猪八戒似的，一天到晚能吃五盒，不怕撑死你呀！再说了，你瞧你没见过世面的，你就是这么能吃五盒，这么大饭量，这么没出息，以后谁敢娶你？以后人家要问你，你应该说，吃不完，懂了吗？要是吃不了怎么办？

方琼：吃得了……吃不完根哥！

程成：对呀！

方琼：那该怎么办呀？

程成：你要是吃完了俺怎么开发项目？吃得了吗？

方琼：俺真吃、吃不完。

程成：吃得了吗？

方琼：吃不了。

程成：这不就对了。哪就那么馋？俺能吃得了。

方琼：那怎么吃啊？

程成：很简单。吃得了也就罢了，如果吃不了，怎么得了？怎么办？再放回去，打开之后，这个盒子就密封不了了。俺有一个方法，把它打开之后，还能给它盖上。

方琼：用胶给它粘上不就行了。

程成：粘什么粘呀，粘得上么？

方琼：粘不上，根哥。

程成：吃得了吗？

方琼：吃不了。

程成：对呀，都能粘得上，都能吃得了，俺还开发什么？只需要用一张银行卡……

方琼：再去买一盒。

程成：你哪儿那么没见过世面。再买一盒浪费了怎么办？吃得了吗？

方琼：吃、吃不了，根哥，你快说吧！

程成：很简单，平时买的时候，这有两个钉子钉死了，一旦把它打开之后，就再也盖不上了。但是怎么办？打开之后还能盖上，看到没有，粘连的这边，只要是你用银行卡。你把它插进去，然后再把它拉开。这一打开里面是蛋糕，吃得了就把这盒扔了，要是吃不了的话，一盖，你看还能盖得上对吧？俺厉害吧！

方琼：厉害！

程成：吃得了么？

方琼：根哥，俺该怎么说呀？你都打开了，你说俺是说吃得了，还是说吃不了啊？俺也不知道。

程成：打开了，对不对？那就说明不吃都不行！吃得了不？

方琼：吃得了！根哥，费这么大劲其实俺裂开，那都吃得了了，根哥。

程成：喂，杨总！

方琼：俺就是吃得了，有什么可笑的？

（演播室）

方琼：其实你知道吗？平时像我这样的白领，经常，我会在办公室里加班。

程成：你不是个绿领子？姑娘，你得到医院看看去了。你是不是有色盲啊？这不是个绿的啊？

方琼：我是说我的工作性质是白领，跟穿的衣服没关系，大哥。像我们经常会加班，有时在办公室，我们就会买一些小点心，我们通常都看到过这样的蛋糕盒。

程成：这是个点心啊？我还说呢，这姑娘咋爱吃石灰呢。

方琼：大家通常都吃过这样蛋糕盒包装的蛋糕。这种盒呢，可能大家都会有一个困惑。您看，虽然它这有一个扣子摁着，当你把这个盒打开之后，你再扣上它。

程成：开了。又开了。它怎么老开呢？

方琼：它是自动的。没有，开玩笑。由于它这个构造，就是说让它盖不住，那么平时你知道，我怎么吃蛋糕吗？

程成：你就连盒一块吃了。

方琼：不，我开的方法不一样。刚才我们叨叨也说了，我不开那面，我们开这面，我们用银行卡，好。你看，只要我们稍微使一点劲，我们只要用这个银行卡。

程成：姑娘，你咋不用刀呢？

方琼：刀子会不小心拉到我的手，如果我用这个银行卡。

程成：开了。

方琼：我不吃的时候我照样（可以盖起来）。

程成：这是个好方法呀。

方琼：对呀。

程成：哎呀，哎呀，姑娘，我知道你是个好人。大哥有个事要求你。你先这样，你先答应我的要求再吃。大哥到现在，三天没吃饭了。

方琼：你卡里不是有钱吗？把剩下卡里的钱取了。

程成：我给你说了，都没了。

方琼：我给你说，这个方法真的是一个不错的好方法。

程成：这城里人咋这么不懂礼貌呢？她在这吧啦吧啦吃着，我在这眼巴巴地看着。

方琼：还有什么事吗？

程成：大姐……

方琼：别，别，别大姐。你上回不是都已经叫我妹子了吗？

程成：大妈呀，你让我吃一口。哎呀，大姐呀。哎呀，这只是解决了我一件事啊。大姐，这还有一张卡呢。这卡呀，里面原本就只有三十块钱，可是这现在也不知道咋了，我说去相亲之前，我把它取了呗。我一看里头，不但没钱了，还变了负数了。

方琼：欠银行了吧。

程成：没呀。所以我跟你说啊，就是你刚才你说的那个问题，可能就是这个，我干脆这卡也不用了。我呀，我把它给剪了。大姐，我给你说，我把它给剪了，我说剪，我还都剪了。我整个，我就给它剪了。我就让它浪了费了。

方琼：过了瘾了呗？

程成：过了。

方琼：我也吃饱了。我告诉你，大哥，这个你剪了，好好的东西糟践了，你不觉得可惜了吗？

程成：不是，大姐呀。这里头也没钱了，也变了负数了，我留着它干什么呀？

方琼：你不是要结婚了？

程成：我结婚。我欠一屁股账，我能结婚去？

方琼：你结婚照往哪放啊？

程成：结婚照那就贴墙上。

方琼：那是大结婚照贴墙上，小的一些生活照片呢？你得在家里摆着吧？你得需要相册吧？我告诉你，用这种银行卡，可以做相册。

程成：完了，又浪费东西了。你说我把它……

方琼：不浪费，不浪费。就是我要批评你一下，下回剪啊，剪齐点儿。

程成：不是，大姐。你刚刚说这银行卡可以做相册，我都把它剪两半了，我咋做相册呀。

方琼：就必须得剪成两半才能做相册呢。

程成：那你的意思是……

方琼：你剪得正好。

程成：我因祸得了福了。

方琼：对。

程成：那你这样，你在这做着相册，我也体会一下，别人干活我这吃是啥感觉。

方琼：好，我们来看一下，我们用这个剪掉的卡怎么来废物利用。我们看一下，现在我们这个卡不是已经剪了两半了吗？剪了两半之后，我们可以中间再连一下。

程成：恩。再给他粘上。这用的这是？

方琼：好，我们把这个双面胶呢粘到我们这个卡的背面之后，我们把它打开，打开之后。

程成：哟，还能折叠了。

方琼：对折，对折以后呢，我们取一个曲别针把它掰开，其实，也就是说把它做成了一个小架子。然后绞上一块透明胶带，然后把它粘到后面，其实我觉得这样的小架子特别适合放在办公室。这样一个简易的小相片架就做好了。

程成：大姐，大姐，我这有一个，大姐。我这有一个，我带着呢。那是我那偶像的照片。哎呀，我这一辈子就崇拜这个人。

方琼：啊，真的啊。

程成：来，就是他（程成和方琼的合影照片）。旁边那个女的啊，我就烦她，所以把她铰下去了。

方琼：嗯，每个人的爱好吧，确实有所不同。好，如果作为一个男同志，你要也喜欢男同志的话，你可以把他摆在……瞧见没有。我们用这个剪开的银行卡，可以做一个简易的小相夹。

程成：哎呀，大姐呀，这是真不错呀。

方琼：来，这卡这卡，我给你说，你撒手。

程成：你要干什么？

方琼：我给你说，这卡我还可以给你剪了。

程成：别剪，大姐，大姐，我跟你说。大姐，大姐，大姐，你可千万别剪，我跟你说，这里头可不是一分两分啊。这里头是三千多万啊。

方琼：你还三千万，你做什么梦呢，好好说话吧。接下来呢，我们再教大家用这个废旧的银行卡呢，来做一个耳机收纳器。怎么样，我们这小耳机收纳器漂不漂亮。

程成：这真挺好的。

方琼：也需要我们将这银行卡从中间剪开。

程成：哎呀，别剪，大姐。

方琼：晚了，我已经剪了。

程成：完了，三千万，没了。

方琼：好，我们同样也剪掉一个卡的一半。其实为了怕刺手呢，我们可以把这个角剪成一个半圆形状。好，然后，我们将要在这个卡的两侧，分别来剪一个豁口，我们这个豁口主要是干什么用呢？别住我们这个耳机的上端和下端，对，在我们剪这个豁口的时候，也需要一点点技巧，这一剪子剪下去之后，底下要稍微剪一个小孔。

程成：哦，就一个小槽。

方琼：这样，就不会把我们的线卡死压坏。给大家看一下，好，看到了吗？看到吗？这其实有一个小洞，也就是正好把线盛进去。同样，我们要对角的方向再剪一个。

程成：哦，我知道，剪成这样的。

方琼：对对对，就剪一个洞，实际上呢我们就是把这个线卡在这儿了。看到没有，这儿一个小口，这儿也有一个小口。这样，我们就把这个耳机，取下来，现在什么手机上啊、随身听上啊，包括我们MP3、MP4、MP5上面，都会有这种耳机线，我们经常就会因为这个耳机线缠在包里，缠的特别乱，那么我们缠的时候，先从一边缠起，通常我们是把插口留在这儿。然后，开始缠，缠绕。绕绕绕绕绕绕绕，绕到最后了，我们在这边一卡。轻松方便，每一次当你的线一团乱麻，只要用一个卡就能解决。哈，真方便。

程成：哎呀，我跟你说到我老丈人他们家，把所有他的银行卡都给他剪了去，全给它做成这个。

方琼：关键是这样，老丈人给不给你银行卡还是一说。

程成：没关系。

方琼：而且剪卡的时候一定要看看卡里头有没钱再剪。

程成：无所谓，我有的是钱。用钱换这个妙招，值了。

方琼：我给你说，你别演了，演戏过瘾是吗？

程成：姑娘，你……

方琼：说点儿，说点儿你做主持人该正经八百该说的话。

程成：你以为没了这个帽子，我就演不成了吗？接下来，我要告诉你我要干什么吗？

方琼：干什么啊？

程成：你说《007美丽妙招》。

方琼：还007呢。

程成：你笑啥呢？

方琼：来进入我们今天的《007美丽配方》时间。来，我们今天《007美丽配方》，会帮助大家解决新痘痘的烦恼。

程成：哎呀，像我们这种地的，我给你说，三天。

方琼：你别种地了，行吗？我们今天来解决痘痘问题。

程成：我跟你说。

方琼：其实今天，我们想要有一个生活宝物，脸部拔罐器。其实说到拔罐，它会有不同的这个接口，我们可以给大家看一下。你看真的就像我们这个……

程成：来我拔一个试试。你还甭说，最近火还真大。

方琼：对，他有不同的这个口，比如说有刚才这个小一点的，还有这种大一点的插口。

程成：再嘬一下试试看，再嘬一下。

方琼：这是小的，你知道吗？这个小的主要针对的是什么。听见这声了吗？

程成：我可生气了。我告诉你。

方琼：谁要再给他把草帽捡过来，我告诉你，你们再这样……中，你说怎么弄吧？

程成：你该给我。太简单了，我给您解释一下，像你们经常在这地里干活的人，脸上经常会长疙瘩对不对，长了疙瘩有时候化脓，我们需要把它排出来。怎么排？其实非常简单。今天我们就要用这个道具，你在嘬的时候，发现它有吸力对不对。所以说呢，它是一个非常好的一个挤疙瘩的一个东西。

方琼：其实我们想来给大家解释一下，因为我们刚才……

程成：到底你说还是我说？

方琼：我说，因为我们会有三个不同的插口，像这个粗一点的呢，其实我们可以，我给大家讲一下。

程成：你把帽子给我。

方琼：不行。

程成：你把帽子给我。

方琼：帽子挡了看不见，给大家做一下这个脸部的这个排毒，其实你看当这样嘬这个。你觉得这样舒服不舒服？

程成：你轻点儿。

方琼：总之这后面有图，可以按着这个。

程成：不是我给你说，遇到你这种大夫我跟你说，我是整容还是……

方琼：你再说我把你嘴给你嘬上。试一下，试一下，来放松。不可能，你没放松。

程成：我满足你，我叼着。

方琼：没有，我是说，我们不同的这个孔呢，会有不同的效果。比如说这个宽一点的呢，就可以给脸上做一点小小的按摩。那么，这个呢，这一个最细的管。它是有不同的用处的，您比如说，我们脸上都会有长痘痘，尤其是这刚刚长出来的痘痘，我们都说冒白尖儿了以后，我们可以帮助它排出，那么我们就可以使用这样，比如说……

程成：你又……

方琼：然后呢，轻轻一吸。然后，这个痘痘就可以。

程成：恩，你这么一吸，我给你讲，绝对会留疤了。

方琼：那应该怎么办？

程成：知道怎么吸吗？我教大家一个妙招，那痘在冒白尖儿的时候或冒黑头的时候怎么办？千万别直接吸也别直接挤，比如这是痘，你要以这个痘为中心，左右往两边扒，上下往两边扒。为什么？

方琼：道给它（痘痘）腾开。

程成：对，让它活动，跟拔牙一样。让这个痘的根部能够活动开，让它跟这个肌肉粘黏感要差一些把它破坏掉，这样的时候，才从根部，不要挤这个痘，从根部往上推着，稍微的往上挤一挤，等它活动了之后，然后你用这个（吸），出来了。

方琼：确实刚刚程成给我们提供了一个方法。

程成：你这没有，成习惯了你在这儿。

方琼：他说这个方法非常好，我们可以先扒一扒这个痘痘的这个通道，然后把这个痘痘取出来。其实我觉得，取出来之后最关键的就是说，我们不管通过什么样的工具也好，手段也好，当痘痘出来之后，一定告诉大家。

程成：喝点啤酒。

方琼：一定要用冷冻的或者是冰块，或者冷藏的东西有凉度的来冰一下，你刚刚吸过痘的地方，要冰敷五分钟。

程成：让它收紧。

方琼：对，这个不至于把这个旧痘痘又进新的脏东西进去。好，冰敷大概五分钟之后，然后我们家里所有的那些除痘的一些凝胶，比如说像我们这个就是月球表面修复霜，就都可以抹在这个痘痘上，然后这个痘痘不仅能够恢复得很快而且还能抑制黑色素的沉淀。

程成：去。我明白了。

方琼：去除痘痘的效果，会比一般的使用的效果明显两倍。

程成：我今儿在想，我未来的媳妇要像你这么漂亮该多好，像你这么能干该多好，你这么聪明该多好，你这么……

方琼：刚才谁说照片上不喜欢那个人，然后你不是喜欢“石门嫂”吗？还是“琼妃娘娘”，还是“丽妃娘娘”？

程成：我给你说，这石门嫂是没来，她没来，这没有对比的话。姑娘，那你是真漂亮，这要是石门嫂，现在在我眼前出现，我给你说，那我就会张开双臂，紧紧地拥抱她，疯狂的亲吻她的面颊，大声地说“石门嫂”我爱你。我爱你！

方琼：今天“石门嫂”为了你专门来化了个妆，来，来拥抱。大声地说出那三个字！

石门嫂：我爱你！

程成：妈呀，快滚字幕吧。

方琼：明天同一时间，继续来看，老汉受折磨。

（下期预告，节目结束。）

第七章
成为新闻节目主持人

【学习目标】

1. 准确掌握新闻节目的理论知识。
2. 了解新闻节目主持人需要具备的基本能力。
3. 掌握新闻节目的基本创作方法，通过实训具备新闻节目的主持能力。

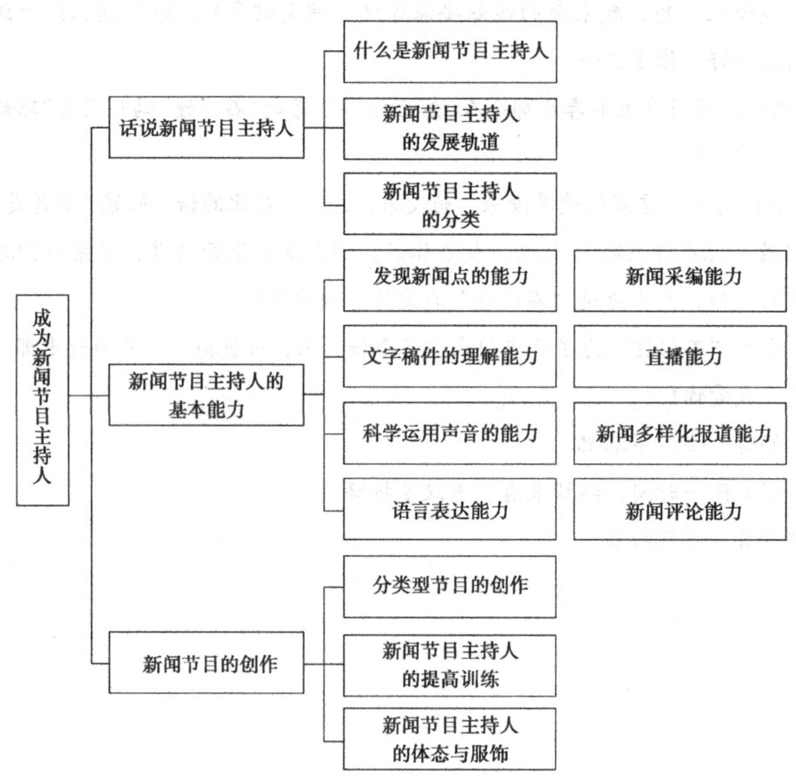

第一节 话说新闻节目

1936 年 11 月 2 日，英国建立了世界上第一座电视台，正式播放电视节目，同时开始播出电视新闻。自那以后，世界范围的电视新闻事业蓬勃发展，收视群体年龄层广泛、数量众多。在现代社会中，人们的生活没有脱离过新闻信息的影响，对信息的需求量日益加大。随着新闻事业的不断发展、广播电视和网络媒体技术的日新月异，很多新闻事件开始进行实时直播，受众在新闻节目中获取信息、求得真相，新闻节目已经成为受众感知世界的重要渠道。

一、新闻节目概述

在我国，“新闻”一词最早出现在唐朝，最初是指传说、传闻、故事、奇闻逸事等，和现在的新闻有很大的不同。在西方，最早使用“news”一词，据记载是在 1423 年。一般认为“news”一词是由英语东、南、西、北四个词的第一个字母组成，为“四面八方消息的集合”。

现代新闻学从西方传入中国后，关于新闻的定义，业界有很多解释。得到我国新闻界公认的是陆定一 1943 年在《我们对于新闻学的基本观点》一文中提出的定义，即“新闻是新近发生的事实的报道”。这个定义被广泛采用并产生了很大影响。

得益于科技的发展，目前新闻的传播手段更新迅速，新闻已进入实时直播时代。对“新闻”的定义已发展为：“新闻是对新近或者正在发生的客观事实的报道”。对于广播新闻节目的定义是：“广播新闻是以现代电子技术为传播手段，以声音为传播符号，对新近或正在发生、发现的事实的报道。”对于电视新闻节目的定义是：“电视新闻是运用画面与声音符号体系以及电视媒介的综合优势手段传播的新闻，是电视屏幕上各类新闻体裁、各种新闻性节目的总称。”

二、新闻节目的发展轨迹

早期的电视新闻经历过以播出新闻为主和以影片新闻为主两个发展时期。在世界电视事业迅速发展的 20 世纪 50 年代，我国的电视事业也开始起步。1958 年 5 月 1 日北京电视台（中央电视台前身）试播，标志着我国电视事业的起步。在之后的 50 年的时间里，中国的电视新闻事业大体经历了三个发展阶段。[1]

（一）艰难创业时期（1958—1966）

我国电视开播之初的节目非常简单。新闻纪录片是早期电视新闻最主要的节目样式，所以也把早期电视新闻称为“新闻纪录片时代”。由于各方面条件限制，新闻的时效性很差。

[1] 仲梓源 . 电视新闻播音主持教程［M］. 北京：中国传媒大学出版社，2008.

（二）曲折磨难时期（1966—1978）

十年“文化大革命”期间，我国电视新闻事业遭受了巨大的挫折和破坏。1978 年元旦，《新闻联播》正式开播，当时只有国内新闻，并且只有 10 多个省市电视台转播。1978 年 5 月 1 日，北京电视台正式更名为中央电视台，英文缩写 CCTV，成为名副其实的全国性电视台。

（三）蓬勃发展时期（1979 年至今）

1978 年党的十二届三中全会之后，中国进入了改革开放的新时代，中国的电视新闻事业也开始进入了蓬勃发展时期。

1978 年 1 月 1 日，《新闻联播》正式开播。1980 年 4 月 1 日，中央电视台开始通过卫星直接接收国外新闻通讯社的国际新闻，从此，我国电视受众当天或次日就能看到来自世界各地的国际新闻。《新闻联播》于 1981 年 7 月 1 日进行改版，改变了把国内电视新闻、播出国际新闻和通过卫星接收的国际新闻截然分开的做法，形成国内、国际新闻两大部分；同时，对栏目标志、片头音乐、电视画面以及预告新闻提要的方式等也都进行了改进。

早期《新闻联播》节目

20 世纪 80 年代，除中央电视台的《新闻联播》外，全国各地方电视台的新闻栏目也纷纷出台。如上海电视台的《晚间新闻》《英语新闻》；广东电视台的《港澳动态》《国际纵横》《午间新闻》；杭州电视台的《早晨好》等，都在我国电视新闻的发展中起着开拓性的作用。各类新闻性电视专题栏目也涌现出来，许多栏目产生了广泛的社会影响。

电视新闻评论此时也逐渐发展起来。20 世纪 80 年代，一些电视新闻评论性栏目相继问世，产生了很大的社会影响。20 世纪 90 年代，电视的竞争日益加剧，而竞争的焦点便是新闻节目。

1992 年 10 月，中央电视台第一个国际卫星频道——第四套节目正式开播。这是一套面向港、澳、台同胞和海外华人、华侨并兼顾大陆受众的综合性节目。节目开办了《亚洲新闻》《台湾新闻》《中国报道》《中国文艺》等栏目，成为港、澳、台同胞及海外华侨了解祖国变化的重要渠道。

1993 年 1 月 18 日，上海东方电视台开播，在国内电视台首创新闻滚动播出模式，《东视新闻》《东视夜新闻》《东视深夜新闻》每晚三次滚动播出。中央电视台改版《晚间新闻》，这一时间段成为继《新闻联播》《焦点访谈》之后的第二个黄金时段。

20 世纪 90 年代《焦点访谈》节目

1994 年 4 月 1 日，中央电视台推出新闻评论性栏目《焦点访谈》，内容分为调查分析、追踪采访、快速反应、访谈述评四种类型，侧重于对社会上普遍关注的热点、焦点进行述评。在叙述新闻事件来龙去脉，充分展示背景材料的同时，适当插入主持人和记者的分析与评论，是一个典型的电视深度报道栏目。

进入 21 世纪，我国的电视新闻事业正面临着新的挑战和机遇。从中央电视台一系列频道节目的调整改版来看，我国的电视新闻事业正在和国际接轨。中央电视台第一套新闻综合频道每天几个时段的新闻节目已经远远不能满足受众对新闻的需要，于是，2003 年 5 月 1 日，经过悉心筹划、精心打造的中央电视台新闻频道正式开播了。新闻频道试运行两个月后，从当年 7 月 1 日起正式播出。这代表着在中国电视史上，具有里程碑意义的第一个新闻专业化频道诞生了。

三、新闻节目的分类

国内业界的理论工作者和实践工作者把电视新闻节目分为三大类，也就是消息类、专题类和新闻评论类节目。

1. 消息类新闻节目

消息类新闻节目是电视新闻实现国内国际要闻汇总的主要渠道，能够迅速、广泛、简要地报道国内外最新的事态发展。[1] 代表节目有《新闻联播》《晚间新闻》。

2. 新闻专题类节目

新闻专题类是对新闻事件进行详尽、深度报道，综合运用电视手段和播出方式，以独特的见解引起受众深层次思考的节目。[2] 代表节目有《焦点访谈》《新闻调查》。这类节目又分为以下两类：调查类，是以针对某一事件、人物、现象或问题，以暴露和揭丑为核心，还原不为人知的新闻真相；故事类，则是指以讲故事的手法来真实记录发生在老百姓生活中的新闻事件，详尽交代故事的来龙去脉，注重叙述方式，有时加入节目主持人的点评，主要突出事件的矛盾、悬念、情节和情绪等，具有感染力。由于专题类

---

[1] [2] 罗莉 . 当代电视播音主持教程 [M] . 北京：中国传媒大学出版社，2011.

节目涉及前期选题、策划并且具有节目时间较长的特点，本教材不以此为训练重点。

3. 新闻评论类节目

新闻评论类节目是代表媒体立场或代表个人立场的评论者对当前极具新闻价值的新闻事件或者社会现象进行观点阐述并提出意见和态度，是电视新闻舆论导向的旗帜。[1]代表节目有《新闻 1+1》《锵锵三人行》。

4. 新闻杂志类节目

新闻杂志类节目借鉴杂志的编排手法，利用广播电视的传播优势和报道评述手法，按照节目的宗旨，将不同样式和内容的新闻节目板块小栏目串联起来，形成一个完整的节目。[2]代表节目有《东方时空》。

【实训】新闻节目理解练习

让学生介绍自己喜欢的新闻类节目及其主持人经典案例，并阐述原因。

第二节　新闻节目主持人的基本能力

新闻节目主持人是以有声语言和副语言为创造手段，面对镜头、话筒报道新闻信息的专业人士。新闻节目主持人的主持工作是传播过程中的重要环节。为了保证节目的播出质量，新闻节目主持人除了具备主持人的基本素质以外，还需要具备针对新闻节目主持的各种专业能力，只有拥有了这些能力才有可能成为一名合格的新闻节目主持人。

新闻节目主持人首先是一个新闻工作者，他必须具备过硬的政治素质。我国新闻媒体是党和政府的喉舌，播音员主持人作为新闻工作者承担着宣传马克思列宁主义、毛泽东思想、邓小平理论、“三个代表”重要思想和科学发展观的重要使命。能否做好新闻宣传、正确引导社会舆论，关系到党和国家的工作全局。因此，新闻节目主持人应当坚持正确的政治方向，坚定立场，完成服务党和人民的事业的工作使命。除了政治敏感度以外，新闻节目主持人还应该掌握政治理论，如当前国际形势，政府机构运作基本模式等；把握历史和现实的关系；正确处理宗教与民族问题。

新闻节目主持人除了具备过硬的政治素质，为了保证节目的正常播出，还需要具备以下专业能力：

[1] 罗莉. 当代电视播音主持教程 [M]. 北京：中国传媒大学出版社，2011.

[2] 周树臣. 中国新闻杂志类节目的发展趋势 [J]. 今传媒，2011 (11).

一、发现新闻点的能力

新闻节目主持人往往需要参与到节目的编辑过程中，所以新闻节目主持人应能准确发现新闻点，迅速捕捉到新闻在真实性、实效性、重要性、显著性、接近性、趣味性等方面的特征，将其准确、及时、清楚地报道出去。这种能力源于主持人对政策的准确把握，对问题的深入思考，对受众的广泛了解以及广博的知识积累。

二、文字稿件的理解能力

新闻节目主持人直播新闻的过程是把文字稿件转化为语言，将理解、表达的稿件传送到受众的耳朵里的过程，在这个过程中主播对文字稿件的理解至关重要。应避免见字发声的表达情况，而是要迅速浏览新闻，培养快速理清新闻事件发展脉络、梳理新闻事件关键信息的能力。

三、科学运用声音的能力

作为有声语言的工作者，应该有较强的声音掌控能力。只有充满活力、富于表现、优美动听的声音才能吸引受众，给人以美感。这就要求主持人在声音的驾驭上能够刚柔并济、虚实结合、富于弹性，声音色彩丰富、变化自如。除了具备有声语言表达的准确度，还应注意调动声音兴奋度和把握稿件播出过程中的行进感。

四、语言表达能力

新闻节目主持人在传递信息的过程中，应该具备良好的语音面貌，措辞准确、表达清晰、语言简练，将生涩难懂的文字稿件，通过自己的理解转化为浅显易懂的语言表达，使受众易于接收、理解。同时，新闻节目主持人还应该注重语言表达过程中的情感性和感染力。

五、新闻采编能力

新闻节目主持人，应具备一定的新闻采访编辑能力，无论是在播报节目中的记者连线、出镜采访，还是新闻专访节目，都需要主持人具备较强的采访能力。主持人还应该准确把握节目的结构，将新闻事件进行排序、组合、串联、评论。在这个过程中认知新闻、把握新闻、组织新闻。能够对文字稿件有较好的声画感受能力，懂得如何交谈、怎样报道，做到高效传播。

总之，一名合格的新闻节目主持人不能仅仅只会在主播台前进行创作，还需要参与到稿件的写作编排串联中，这有助于主持人在表达过程中对稿件的理解和诠释。

六、新闻评论能力

新闻节目主持人，在面对新闻事件时，应具有独立思考的意识，对相关的政策理念、法律法规、社会现象、生存状况以及一些社会热点问题有自己独到的见解和解读，并通过语言组织将观点表达出来。

七、新闻多样化报道的能力[1]

新闻节目进入直播化，最突出的变化是新闻报道形式日益多样化，一次节目中同时出现播出新闻、图片新闻、图像新闻、演播室嘉宾访谈、与前方记者对话、异地传播等各种报道形式。为适应这种新闻报道形式的出现，要求主持人串联起演播室和新闻现场不同时空、不同形式的新闻报道，来随时处理"刚刚收到的消息"或在现场及时发回新鲜内容，以保证消息传播的及时性、内容安排的机动性、形式运用的灵活性、节目传播的整体性及报道的真切感和权威感。这时，主持人就是直接面对受众的各类信息及各种报道方式的传播者、掌控者。

八、直播能力

直播中的新闻主持人要受种种外在因素的干扰，如随时可能插播的新闻，受时间的限制要随时删减稿件。这些外在干扰因素都在迫使主持人在精神高度集中的前提下，掌控节目流程，驾驭播出内容。同时，还应该注重在节目中的交流感受，需要与嘉宾在演播室里的直接交流，需要与前方记者的连线交流，需要与电视机前受众的虚拟交流等。不同对象间的交流，语境、心理状态不尽相同，因此，还应注意语态、节奏、语气的表现上的区别。

第三节　新闻节目的创作

一、分类型节目创作

（一）消息类新闻节目创作

消息是指只报道新闻事件的概貌而不讲述其中细节的一种新闻体裁，也是新闻节目中最常用的体裁。消息类报道节目以播报消息为主，有助于扩大信息量，增强节目的时

[1] 李丹.对《主持人学》课程中新闻主持人培养的思考——从行业发展的角度制定新闻主播的培养策略［J］.四川师范大学学报，2010（7）.

效性、客观性，是人们获取新闻的主要渠道。

1. 语言播报样态训练

消息类播报以主持人播出为主。而消息类播报样态主要又分为几种语言样态：规范播报、播说结合（或称“播讲”结合）、说新闻、“侃”新闻。他们适用于不同的新闻栏目、不同的新闻内容、不同的播出时间以及不同的接受对象、不同的接受需求和心理，乃至传播者不同的理念追求。在新闻节目创作部分，我们将以说新闻作为重点训练项目。

（1）规范播报。俗称“传统播报”，是国内外主流媒体、主要新闻消息类节目普遍采用的方式。当前消息播报语言样态的时代特色表现：镜前状态，讲究“精气神”，专注投入，重平等真诚，沟通交流；用声吐字，“清晰”与“轻巧”浑然天成，弹动自如，顺耳入心；语句组织，“突出”与“带过”巧妙结合，重音少而精，多连少停，句群抱团，自然洒脱；语气基调，融“饱满”与“平和”于一体，分寸适度，恰到好处；播报速度，适当加快，快而不乱，稳健流畅，松紧有度。如《新闻联播》。

（2）“播说结合”。介乎于“规范播报”与“说新闻”之间，消息语体有改动但变动不大，状态平和稳健，播报心理和语态十分注重“交流”感和“讲述”感。如《晚间新闻》。

（3）说新闻。多用于社会新闻。亲切平易、口语化、重交流是其外部特征，但这些外部特征并非全部的、本质的特征。“说新闻”与“播新闻”的差异，主要并不在于语言样态上，而在新的“传播理念”和随之而来的“信息加工”。所谓新的传播理念，即在传播过程中更加方便受众的接受与理解，因此，为了优化传播效果就应对稿件做必要的信息加工，这才是“说新闻”的重要环节和本质特征。但同时，“说新闻”的口语化应区别于不经加工的随意口语、市井式口语，必须坚持新闻语言简洁准确、规范质朴的要求。比如南京电视台《南京零距离》。

（4）“侃”新闻。这种节目仿拟坊间市井语言，并伴随个人化的随意性、主观性很强的调侃式“议论”。虽然“新异”但常常“出位”，分寸把握不好就会有明显的“玩世不恭”和“个人炫耀”的味道，很容易偏离新闻“真实、客观”的本质，疏忽了坚持“正确导向”和“先进文化”的原则。因此，为“侃”而“侃”，就会导致格调低下，媚俗、恶俗，故此“侃新闻”不作为本教材的训练项目。

综合以上几种语言样态，值得注意的是目前第一线的新闻消息类节目，信息的口语传播已呈现出多样化趋势和语言样态的融合趋势。

播报多样化，一方面体现于各个不同定位、不同风格的新闻栏目；另一方面，不同的播报方式之间并没有不可逾越的鸿沟，也不呈对立状态，具体到一个新闻栏目，相近的播报方式已有“融合”的趋势。比如“播报”与“播说结合”两种方式的融合，有央视《早新闻》中的康辉，《午间30分》中的胥午梅，《国际时讯》的李梓萌；“播说结合”与“说新闻”的融合，如央视《本周》中的贺红梅、北京电视台《晚间新闻报道》中的潘全心、凤凰台的陈晓楠。

那么，如何选择播报方式呢？必须遵从以下原则：要符合新闻节目的根本属性和固有特点；品位格调符合“代表先进文化的前进方向”的根本要求；符合栏目的定位、风格、收视对象特点及播报者条件等综合因素，坚持形式为内容服务，而不从主观意愿出发。[1]

【实训】新闻节目播报语言样态训练

教师指定三条不同语言样态新闻稿件（规范播报、播讲、说新闻），由学生进行语言样态分类，并按照不同语言样态特点完成新闻稿件播出。

新闻1：要说今天过得怎么样，相信很多人的第一反应都是太热了，那我们先来看两张图：一张呢，来自中央气象台的全国气温预报图，紫色区域的最高气温是在32～36摄氏度，颜色更深的红色区域，包括北京、天津、石家庄、济南、郑州等地，最高气温都在40摄氏度上下；另外一张，是今天全国最热的城市的排名图，河北省占据了前十名的位置，截至今天下午13点，河北多地的最高气温都超过了41摄氏度，一些地区甚至超过了历史同期极值。

新闻2：5月31号是第27个世界无烟日，今年的主题是“保护下一代”。在湖南省儿童医院，记者正在进行家庭二手烟危害调查的时候，遇到了来自岳阳的方女士。有意思的是啊，她马上给丈夫打电话，要求丈夫说到做到，从6月1号起开始戒烟。她还威胁丈夫，有湖南卫视的录像为证，可不能耍赖喔。

新闻3：中宣部、国家发改委日前发出《开展节俭养德全民节约行动的通知》，要求以实现中华民族伟大复兴中国梦为根本目标，紧紧围绕社会主义核心价值观的培育践行，深入进行节俭节约宣传教育，广泛开展多种形式的节俭节约实践活动，在全社会营造厉行节约、拒绝浪费的浓厚氛围。

2. 说新闻训练

以下为说新闻的要求和做法。

（1）文稿的口语化处理。

①词语处理。将生涩刻板的书面文字词语换成通俗易懂的口头词语，但又符合新闻语体特点：简洁平易、明快生动。少用专门术语、多用双音节词、不用生僻成语、典故。

②句式处理。成分复杂的长句改为数个短句、多用口语句式、不用倒装句。

③语音安排。避免同音字造成的误听误解、考虑平仄相间、朗朗上口、入耳动听的听觉效果。

总之，说新闻的语言是方便理解、具体生动、经过加工的精粹口语，而非粗陋的初始口语或“灌水式”的缺少信息量的口语。

[1] 吴郁. 主持人的语言艺术[M]. 北京：北京广播学院出版社，1999.

（2）语序调整。

为了便于受众对“稍纵即逝”的有声语言信息的接受理解，有时需要对新闻事实较为复杂、背景相对生疏的消息作语序的调整，帮助听者快速进入“预热”过程，清理“线性传播”的脉络。

（3）思路调整。

背景提前、兴趣点、关注热点提前、以事件发生发展的时间或空间为序或以时间相关方面由主到次一一交代，或根据因果、比较、点面结合的逻辑结构进行调整。

（4）交流感和讲述感的加工。

从故事性的个案切入，运用适当的细节进行描述，多用口语句式、第二人称，富于交流感的提问、反问、设问等，共同构建“交流感”的平台。强记信息要点和叙事的逻辑顺序，依据上述原则重新组织语句，不必受限于原有的词句，注意叙事层次和脉络。

（5）播出状态要求。

①“说新闻”时，状态专注积极、松弛自信而有活力。

②与受众交流的眼神和表情要真诚、到位。

③辅以自然恰当而明确简洁的手势。

④注意口腔状态，吐字清晰，表达流畅。

⑤语流的松紧疏密、高低强弱应有变化，紧扣新鲜的信息要点，并与受众的信息需求相呼应。

⑥态度基调准确贴切，根据新闻内容做到有体会、有变化。

主持人如果做到了以上几点，可以让受众乐于接受和信服，也可以不失新闻节目的权威感，让公信力与亲和力、必听性与可听性有机地结合在一起。

但是，在节目创作的过程中，切忌改变新闻消息类节目特质，应保持新闻节目最基本的语言形态。切忌“口语至上”没话找话，说些没有信息量、啰唆、无序的套话、空话。

【实训 1】新闻稿件基调训练

教师指定三条不同基调的新闻，要求学生理解稿件、调动情感，运用主持人语言表达内外部技巧完成对稿件的基调把握及播出工作。

【实训 2】广播说新闻训练

教师指定 10 条新闻，涵盖时政、社会、体育、文娱等多种类型，要求学生选择其中 6 条自行编排，完成 3 分钟说新闻广播节目。

3. 导语串联词的写作训练

导语串联词的写作是消息类新闻节目主持人必须具备的创作能力，只有自己参与编写稿件和串联词，才可以更好地理解稿件传递的信息，表达更为准确。

（1）导语、串联词的作用。导语、串联词使得新闻内容的立体化，充分发挥多条新闻之间的整合作用，同时，对信息的整合、背景分析、见解阐述等，也表现出主持人在消息类节目中适当发挥主持特点和空间的能力。

①导语：是指一条新闻的开头部分。它往往概括出一条消息的主要内容或提出一条消息的重点、新鲜点、价值点，引出下面的主体内容，也可以说是新闻的预告和总和。

②串联词：是指内容、性质相近或反差较大的新闻之间的串联。它在两条新闻之间发挥作用，具有承上启下的过渡转折、对比作用。

（2）导语编写的常见形式有如下几种。

①点指式：指出新闻的新鲜处、要点、价值。

例：国家主席习近平12日出席塔吉克斯坦总统拉赫蒙举行的家宴。两国元首在亲密愉快的气氛中话家常、叙友谊、谈合作，就发展双边关系及共同关心的问题深入交换意见。

②结果式：结果先出来，使人一目了然。一般多由于赛事，突发事件等。

例：8月23日南京青奥会体操项目决出男子自由体操、女子跳马、男子鞍马、女子高低杠和男子吊环5枚金牌。中国小将表现出色，斩获金银铜牌各一枚。

③悬念式：给新闻找一个切入口，以悬念的方式提出。

例：上午11点，江西财经大学校内移动营业厅出现恶性砍人事件，造成1名学生、1名教职工、1名退休教师和1名附近居民受伤。但是，警方表示，嫌疑人可能不会被追究刑事责任。

④引言式：引用别人的话语，或者格言，俗语等，以更有代表性，获得具体感。

例：这俗话说得好："嫁出去的女儿，泼出去的水。"一般女孩出嫁就很少管娘家的事儿，但是眼下这位李大爷家的女儿，可是什么事都要掺和掺和。

⑤转折式：借用转折的手法，一分为二，通常前半部分为后半部分做铺垫。

例：小小秤砣，平衡着千家万户的菜篮子。前段时间，各地纷纷把容易做手脚的杆秤换成了台秤，消费者一度放下了心。然而一些不法商贩又出新招，在台秤上也打起了注意。请看记者发回的报道。

⑥提问式：以提问的方式作为导语的结尾，实际是引起人们注意，强调报道内容。

例：运行14年后，全国假日旅游部际协调会议于昨日正式撤销，其全部职能并入部级机构国务院旅游工作部际联席会议制度之中。假日办撤销，我们的假该怎么放呢？

（3）串联词的编写。既要简单概括上条新闻实质，又要概括下一条消息的看点。因此，这需要寻找两条消息之间的各种联系，使它们有机衔接、自然巧妙地串联起来。可寻找它们的相同点、相关点、负相关点、对比点、运用联想等手法。

例：

（播出）观众朋友大家好！欢迎收看这期的《蓉城播报》。临近周末不知你是否有出行的打算？常言说得好："出门看天气。"这个周末天气如何，前两天清凉的天气还会维持多久呢？让我们一起跟随记者到市气象局打探一番。

（正文）有关天气情况的消息内容。

（播出）看来呀，在小幅升温之后还会有一个凉爽的天气过程，真是让人“只把伏天比秋天”。自然天气如此，那么我市的经济气候又怎样呢？记者从市物价局得到消息：上半年我市国民经济保持良好的发展势头，商品价格总水平依然在低价位徘徊。

（正文）有关某市国民经济水平的报道。

【实训】导语串联词编写训练

教师指定五条新闻，由学生进行串联词的编写，并运用说新闻的语言样态播出新闻节目。

（二）评论类节目创作

新闻评论类节目是指主持人、评论员或评论集体对当前具有较高新闻价值的事件、问题或社会现象表明的意见或态度，进行解释分析的节目形式。新闻节目主持人旗帜鲜明地表达态度、阐述自己的见解和主张，以指导当前的社会实践，影响和引导社会舆论。

主持人的言论是新闻评论类节目的重要组成部分，也是本教材的训练重点和难点。

言论，是“关于政治或一般公共事物的议论”。**主持人言论，专指主持人以个人名义在节目中对新闻事实或社会现象直接发表的议论。**[1]实践证明，主持人言论能够作为媒介言论的一个分支，以其独特的面貌，进行沟通、疏导、平衡、匡正，积极灵活地发挥舆论导向作用。

新闻节目主持人的言论主要有两种方式：一种是三言两语的点评，另一种则是独立成篇的小言论。

1. “三言两语”的点评

（1）什么是“三言两语”的点评？

即在串联词或采访报道中，对新闻事实或社会现象所做的简短议论。三言两语的点评，多用在导语、解说词、串联词当中，每段点评少则十几字，多则百余字。点评的内容，出自主持人对新闻信息迅速而敏锐的反应，也是主持人对新闻价值的准确把握，它是主持人对社会现实情况深入了解的反应。点评不是层层展开的东西，而是拎出那些值得“说道说道”的或“非说不可”的具有普遍意义的“一两点”。

（2）“三言两语”点评的特点。

①内容少：电视新闻主持人“点评”字数不多。

②位置活：电视新闻主持人“点评”位置较活，在新闻之中、之后或在两条消息之间出现，形式自由多样。

[1] 吴郁．主持人语言艺术［M］．北京：北京广播学院出版社，1999.

③议论精：电视新闻主持人“点评”有言简意赅的特点，表现为观点明、语言精。

④个性化：电视新闻主持人“点评”是个人思想政策观念、新闻敏感、独特思维、视角、风格、表达方式的体现，是个人思想和语言风格的综合体。

⑤重结论：电视新闻主持人“点评”由于字数少，因而往往一语中的地指出新闻事件的本质、结论。

（3）“三言两语”的点评的操作方法。

①提示重点：在概述消息要点时，稍加议论，引导受众注意新闻的重点，既有提示作用，又有解释作用。

②倡导方向：对所报道的具有积极意义的人或事，针对受众的思想进行画龙点睛的剖析，鲜明地突出倡导方向，引发受众的思索。

③引发共鸣：主持人在议论中动之以情、晓之以理，抒发内心的情感与升华的议论相结合，能激起受众的共鸣，产生意味深长的传播效果。

④点到为止：主持人对某些事件的报道不就事论事，而是引导人们举一反三，联想类似的现象，思索症结所在及背后的原因。主持人并不直接下结论，不以教育者自居，点到为止，让人觉得既亲切又耐人寻味。

⑤深化意义：在点评中进一步剖析新闻信息或报道背后值得深入思考的问题，像“黑体字”一样突出强调其普遍意义，引起警觉、发人深省。

⑥预见警策：对消息报道中崭露头角又有些盲目性的事物，主持人应当有洞察端倪的分析，这种预见性、警策性的议论，需要结合事物发展规律、有关政策、社会现状进行综合分析。

⑦纠偏补正：有时，某些跟随性、纪实性报道，真实倒是真实，却存在偏颇之处。此时，主持人必须以点评的方式提出正确的看法，以全面的判断纠正偏颇，弥补缺憾，以正视听，这是主持人的责任。

总之，以上种种归纳难免有所疏漏，但基本体现了主持人适时、适度地运用点评起到的作用。三言两语的议论灵活、亲切又极具“平等”色彩及交流意味，以受众易于接受的方式来坚持正确的舆论导向。

在实际操作中，主持人的点评切忌不痛不痒、华而不实、人云亦云，简单化、表面化。一般化的所谓“点评”不如不说，像那些重复一下事实，就以诸如“不能不引起有关部门的重视”、什么“事态的发展，我们将拭目以待”等说法，不说也罢。

【实训】“三言两语”点评训练

1. 教师指定新闻事件，要求全组同学多角度、多视点地进行三言两语点评。

2. 学生自备两条新闻，完成一档电视新闻节目，要求撰写导语串联词，并加入三言两语的点评，运用恰当的语言样态进行播出。

2. 独立成篇的主持人小言论

（1）什么是独立成篇的主持人小言论？

独立成篇的言论，是指穿插于电视新闻意见性、专题性、调查性节目中，主持人根据党和国家的各项方针政策，针对社会热点、难点、具体问题所发表的导向鲜明的个性化言论。[1]它的字数较多，少则三五百字，多则上千字，内容相对完整。如《新闻周刊》中的言论版块。

（2）独立成篇的主持人言论的特点。

①内容多：电视新闻主持人“议论”内容较多，少则上百字，多则几千字。

②较完整：既有与电视片形象化内容承接的“片段性议论”，也有访谈形式中与对话者交流的“分解性议论”，还有少数“相对成章”的独立议论。

③本体性：电视新闻主持人“议论”，多从本体出发就地取材（这里的本体是指主持人的“小我”与节目的“大我”相结合的主持人形象），凸显主持人的个性特征，拉近与受众的距离。

④要素全：电视新闻主持人“议论”由于信息量较大，通常评论的基本要素都能体现，可较充分地体现出观点、论据、论证、结论及思路。

电视新闻节目主持人“议论”是个体的心声，因此，应当是自己构思、自己撰稿。主持人必须要具有“写”的能力。因为在主持人工作中，“写”好是“说”好的前提。

（3）独立成篇的言论的操作方法。

①选题：从近处和小处着手。主持人言论宜从“近处”，在时间概念意义上可以是新近发生的国内外新闻事件，体现主持人言论的时效性；在空间概论意义上可以是人们身边的大事小情，体现贴近性。

所谓“小处”，则是说选题的角度要小，选题多从关注人们的生存状态、心理状态、生活环境、自然环境着眼，其中既有柴米油盐的“生活琐事”，更有关系到国家方针政策的大事。看似通俗浅近，其中却蕴涵深刻的生活哲理、体现主旋律的积极导向、达到对政策释疑解惑的目的。

②选材：突出典型性、形象性。主持人言论主要采用夹叙夹议、摆事实、讲道理的议论方式，大量采用事实论据。因此，论据的选择和运用不可小觑。材料的运用大约有以下四种方式。

a. 典型事例的详尽引用：一般采用尚未广为流传的典型事件。

b. 细节的多点组合：即把同类典型材料聚集起来，产生层次深入的“递进感”，增强材料的说服力。这时，材料不必有头有尾，而要精选细节。

c. 同质不同类材料的组合：反映较大范围的时代气息、文化氛围、心理趋向的材料。

---

［1］罗莉．当代电视播音主持教程［M］．北京：中国传媒大学出版社，2011.

d. 数字等统计材料的运用要客观、准确，但要予以解释和形象化处理，以便于受众的理解和接受。

③立论与论证：微言大义，言简意赅。所谓“微言大义”就是能把事情放在一定的社会环境、政治背景、法律道德规范或理论高度上来评价；所谓“言简意赅”就是避免长篇大论，说理要深入浅出，议论贵在简约精当，或鞭辟入里，或升华主题，或启迪思考。

具体操作时注意以下四点。

a. 立论集中，深度自现。

b. 拓展视野，水到渠成。

c. 境遇构思，具有新意。

d. 以诚相见，把握分寸。

④语言表达：平实亲切、鲜活生动。要在语言表达上做到这两点，必须要用平实生动的口语，在保持自己个性化语言的同时，做到言为心声、真诚地与受众交流。

【实训】独立成篇的主持人言论训练

1. 教师指定新闻事件，学生完成新闻节目主持人事件型独立成篇的言论节目。

例：

（1）2013 人气最高的法律新规。依据新修订的《中华人民共和国老年人权益保障法》相关条款，从 2013 年 7 月 1 日起，与老年人分开居住的家庭成员，应当经常看望或者问候老年人。

（2）2013 年 12 月 19 日，沈阳网友“沈阳陈鸿博”在微博中晒出了温暖一幕：一位老人在被电动车撞倒后，对撞人者说：“孩子，我没事，我有医保，你赶紧上班去吧。”一句“我有医保”，感动无数网友。12 月 22 日，有记者找到了这位被撞的沈阳大爷王福顺，60 岁的王大爷每月工资 1 700 元左右，根本没有医保。“当时这么说，就是为了给撞我的小伙子解解围，我也没啥大事儿。”

（3）起床难、早饭难、锻炼难，大学校园里，这样的“困难户”越来越多。郑州大学推出一个月的“免费早餐”工程，鼓励同学们早睡早起，吃早饭、勤锻炼。

（4）济阳公路河南济源段，不足 7 公里路段设有 6 个收费站，每个站点都有专人把守，向外地大货车收费，说是轮胎降温费，却没有为一辆车降温。这种现象在当地已存在多年。

（5）2014 年 4 月 7 日因云南省高院民事审判第二庭副庭长黎泰军在阳光果香小区殴打保安致其磕头求饶事件令网民愤怒。

（6）2014 年 4 月 4 日早上 8 点 45 分，位于浙江省宁波奉化市大成路居敬小区 29 幢 1.5 单元房屋倒塌，涉及 15 户人家。事故致 6 人在医院救治、1 人死亡。该楼建成较早，有居民居住。

（7）2013 年 5 月 24 日晚，网友“空游无依”在发表一篇新浪微博，他在埃及卢克索神庙的浮雕上看到有人用中文刻上“丁 ×× 到此一游”。“空游无依”表示“在埃及最难过的一刻，无地自容”。微博发出后，舆论引起轩然大波。在谴责这种不文明行为的同时，也有网友“人肉”出，丁 ×× 是南京某中学在读的初一学生等个人信息。

（8）大学生的体质健康一直是社会关注的热点话题。近日，金华一所高校的学生发出一则微博，内容是该校有女生 800 米测试找人代跑，一时引来网上热议。

（9）“幼儿园”沦为“药儿园”：继陕西西安被曝幼儿园给幼儿服用“病毒灵”后，吉林省吉林市以及湖北省宜昌市先后出现幼儿“被服药”状况。在幼儿园中屡屡发生的虐待儿童事件等也曾引发公众广泛关注。本是让儿童接受教育，以便更好地成长的幼儿园，为何沦为“药儿园”？

2. 教师指定热点词汇，学生完成新闻主持人主题型独立成篇的言论节目。

热点词汇题目：

弃婴安全岛	单独二孩政策	择校热	低碳运动	支付宝	外来文化
奢侈品消费	明星吸毒	选美热	校园暴力	低头族	团购热
自媒体时代	24 小时书店	高考改革	嘀嘀打车	医患关系	药品监管
广场舞之痛	泛娱乐化	食品安全	漂族老人	微整形	裸婚

（三）电视新闻节目无提示器播出（新闻低抬头）

电视新闻主持目前国内有两种方式：一是运用提示器主持；二是无提示器直接看稿主持。虽然当前绝大多数电视台都有提示器，但是为了应付某些突发情况（如设备故障或急稿等），需要直接看稿主持。因此，作为一名电视新闻节目主持人也必须具备无提示器播出的能力，才能胜任自己的工作。

同时，无提示器播出也是训练电视新闻播出的基础。实践证明，如果一名电视新闻节目主持人没有经过无提示器播出的训练，在一开始进行有提示器播出时大多缺乏对稿件重点的强调，会出现基调不准、节奏不清等问题。无提示器播出极大地锻炼了主持人的重音、停顿和把握节奏的能力。因此，无提示器播出的学习与训练是非常必要的。

1. 什么是无提示器播出

无提示器播出，即电视新闻节目主持人在播报新闻稿件时，根据稿件的需求，主持人需要时而低头看手上的稿件，时而在需要时抬头与受众进行交流的播出形式。无提示器播出与有提示器播出的最大区别就在于抬头交流，抬头交流主要指新闻节目主持人与受众交流时的抬头动作，包括所伴随的心理活动和面部表情。

那么，为什么抬头、在什么地方抬头、抬头如何和受众交流等，是我们重点学习的部分。

2. 抬头的目的及位置

（1）抬头的目的。这是由电视传播的特点决定的，电视节目最终是以电视画面的形式呈现给受众的，主持人在镜头前的画面如何，直接影响着传播效果。如果电视新闻节目主持人长时间只顾低头念稿，而不与受众进行面对面的交流，主持人表现得“目中无人”，会给受众带来“被冷落感”，不利于双向交流。

所以，电视新闻节目主持人在无提示器播出时，要用头部、眼神、面部的一系列动作与受众进行交流，以增强沟通和传播的效果。电视新闻节目主持人在播读稿件时，应不时抬头与受众交流，向他们强调新闻内容，传递内心情感。表明自己是为受众服务的，渴望与受众进行平等的交流。

由此可见，电视新闻主持中的抬头动作，既不是亮相展现自己的相貌与表情，也不是没有心理活动的空洞动作。与受众进行交流，不仅仅表现为心中有受众，更多的在于表达新闻节目主持人的观点与态度。所以，用抬头动作与受众进行交流具有双重内涵，一是心中有受众，二是引起受众的关注与思考。

（2）抬头的位置如下。

①句尾抬头、句首低头。体会与受众进行交流，可以先选择句尾抬头、句首低头这种直观方式。这种抬头方式略显机械化，但适用于初学者体会动作要领。

例：↘中共中央纪委24日举办开放日活动，由中联部邀请来自亚、非、欧、美14个国家的14名政要、智库学者和资深媒体人士到中央纪委机关考察，实地走访党的纪律检查机关，↗了解十八大以来党的反腐倡廉建设情况。

↘考察团分别参观了中央纪委新闻发布厅、部分机关办公区，观看了廉政公益广告，听取了中央纪委概况、廉政教育情况、信访举报工作流程及查办案件工作流程的介绍，并与中央纪委常委、秘书长、新闻发言人崔少鹏及中央纪委↗主要职能部门负责人进行了座谈。

②在表达重点时抬头。为了更加准确地向受众传达信息重点，因此在一条新闻的重点部分，应当抬头给予点指，以强调重要内容，从而达到强调重点的目的。抬头位置根据稿件具体情况灵活掌握，可在句中也可在句尾。

例：国家质检总局5月24日联合中国儿童中心举办了↗“守护儿童，远离伤害—儿童用品安全行”主题活动，质检总局缺陷产品管理中心在活动上发布了↗《童装消费指引》，↘建议家长应尽量给孩子购买浅色、不含荧光增白剂↗或不含涂料印花的童装。↘《童装消费指引》中建议，家长尽量到商场等正规经营场所购买童装。为防范化学污染，尽量不要购买经过抗皱处理、或刺激性气味↗特别浓重的童装。

③在揭示逻辑关系处抬头。选择逻辑紧密相连的句子，或是一条新闻中的关系转折、递进处抬头。

例：据报道，由于美国在2015年10月前暂停移民签证项目，中国购房者对利亚房产的需求将进一步上升。↗但是，美国仍将是购房第一大热门国家。

④启发性抬头及提示性抬头。

启发性抬头，是指在稿件的提问、设问以及总结性词语处的抬头，目的是正确引导或引起思考。

提示性抬头，指在连续报道中，就一件事情的进展情况，通过抬头动作、眼神交流，来引起受众与之相关的回忆与关注。

例：广东省食品安全委员会5月23日晚公布了2013年抽检发现的120批次镉超标大米，其中由湖南厂家生产的多达68批次。从今年2月至今，广东食品安全监管部门陆续曝光部分流入市场的镉超标大米，来源于湖南益阳、攸县等地。↗为何水稻大省湖南遭遇前所未有的大米安全危机？↘面对“新华视点”记者的追问，湖南省食品安全委员会就有关情况核实了近三个月仍旧没有明确答复。受损的农民、停工的米厂、忧心的公众，仍在浓重的“镉霾”中茫然等待。

3. 低抬头核心要领

在电视新闻无提示器播出的实践中，我们看到有的主持人只要抬头就停止播稿，亮完相再低头接着说，这样既打乱了新闻的整体节奏又给人以机械、生硬之感。这种情况的出现，很大原因是他们尚未掌握低抬头的核心要领。低抬头的核心主要是指主持人运用记忆技巧与有声语言相配合，完成无提示器的播出任务。

（1）什么是记忆技巧？记忆技巧是指电视新闻主持在无提示器播出时，利用瞬时记忆并结合长时记忆将抬头点后的语句内容背下，以获得抬头的主动性与时间基础。无提示器播出中的抬头交流与记忆有着紧密联系，因为播出时，不能是抬头就停止说话，这就需要主持人在抬头前用眼睛迅速看清后面的内容，利用视觉的提前量记住后面的词语，抬头时再将记忆的句子播出。

（2）记忆技巧如何运用？从表面看，抬头的主动权源于视觉的提前量即主持人的瞬时记忆（一种短暂的记忆）。特点是每次能记住的内容有限，保持时间较短，容易受干扰。实际上，它的深层原因在于人的长时记忆，即对时事背景的了解、各种知识的积累以及文化素养的积淀等。

因此，播出时绝不能仅仅依靠瞬时记忆，它必须以长时记忆的积蓄为基础，再与瞬时记忆相结合才构成完整意义的记忆技巧，才能很好地完成播出任务。只有主持人的有声语言、抬头动作、内心感受、眼神交流四者有机统一起来，才能达到最佳的传播效果。

4. 无提示器播出操作要领

（1）正确摆放稿件的位置。稿件摆放的位置不宜离身体过远或过近，太远会导致看不清楚，使头部动作幅度过小，受众只看到主持人“低抬眼”而非“低抬头”；太近则会导致低头幅度过大，使头顶面对受众。

（2）规范低抬头的动作。

①低抬头不等于低抬眼：头部带动眼部动作，不能先抬眼睛，再抬头，应以头带眼。同时，低抬头过程中尽量不要眨眼。

②低抬头的幅度、路线：头部动作直上直下（主持人看稿件的视点与看镜头的视点应在一条垂直线上）。不要出现头部、眼部左右晃动的情况。

③找准上视点（镜头）和下视点（稿件）的位置，切忌抬头找不到机器，低头找不到稿件位置。在这个过程中应努力适应镜头所在区域和稿件所在区域的光线明暗度。

④抬头交流时应配合心理活动，这种心理活动应根据稿件内容，在抬头瞬间，通过眼神交流和面部表情有所体现。

（3）抬头时做到一边说话一边抬头；低头时低头到位再说话。

（4）抬头表达应保证语句的完整性。

（5）低头过程中应完成换气动作，确保有生理停顿。

（6）低抬头不追求次数多，应在保证稿件内容准确无误地播出的前提下进行交流。

【实训】新闻节目主持人无提示器播出训练

1. 教师指定一条新闻稿件，学生依次进行无提示器新闻播出（新闻低抬头）。

2. 教师指定稿件，学生在开始播出前根据急稿，运用新闻低抬头的技巧播出。

（四）有提示器播出

有提示器播出表面看来比无提示器播出容易，因为可以去掉抬头动作的顾虑，其实不然。有提示器播出虽然可以不顾及抬头动作了，但不仅要把握好面部表情，同时还要顾及提示器的操作，否则，操作出问题也会影响播出的顺利进行，并使心理上的紧张情绪反应在面部表情上，影响播出质量。

1. 提示器操作要领

（1）视点位置及应避免的问题。为符合人们正常交流的习惯，播出中主持人的目光应集中于提示器中部，使得视点适中；在看提示器的过程中，应避免眼珠的大范围活动，眼睛应呈“之”字形走动，同时避免眼珠活动速度过快，造成眼神闪烁；应避免眼睛过于用力看提示器屏幕，出现呆滞无神的画面效果。

（2）提示器字数的要求。一般提示器上的文字，字体最大时，每行可有 7 个字；字体最小时，每行可有十几个字。如果不是由于提示器离主持位置太远或主持人的视力较差，看不清提示器上的文字，那么每行保持 9 ~ 11 字为标准（包括标点符号）。字数太少，要看好几行才能表达一个完整的语句，视觉提前量太大不易于心理连接，不利于播出中的语气安排。因此，看提示器播出，视力所及的范围也应该相对较大，以使语句完整，并有相对充分的时间来安排语气。如果提示器上每行字数太多，既小又密，容易看花眼、看不清楚，会引起主持人心理紧张、易错，影响播出质量。

播出过程中不应忽视播出中稿件每行字数设定多少的问题。整体把握的原则应是眼快看、心紧跟，有表达处理的提前量准备。

2. 提示器播出中意外问题的处理

提示器播出依靠机器，难免出现各种突发情况。为了尽量减少意外带来的被动情况，电视新闻节目主持人应当做到以下三点。

（1）增强工作责任心，认真备稿。提前到岗，在全部新闻没有编辑完时，抓紧时间准备已有稿件，包括搭档的稿件，出一条看一条。同时，要看即将播出的电视新闻片，做到了解内容、心中有数。

（2）做好两手准备。新闻节目主持人应养成良好的直播习惯，每次播出时一定要将全部纸质稿件（包括自己和搭档的稿件）都带进演播间，随时准备应付突发情况。

（3）平时多用心搜集同行处理各种突发情况案例并设想应急措施。

【实训】新闻节目主持人提示器播出训练

1. 教师指定新闻稿件，学生运用提示器播出技巧完成播出。

2. 学生运用无提示器播出技巧完成 2 ~ 3 条指定新闻稿件播出，并即兴进行三言两语的点评。

二、新闻节目主持人提高训练

（一）新闻复述训练

新闻复述，是将已经成型的新闻稿件，通过自己的理解记忆，用自己的语言重新组织播出的一种技巧。优秀的新闻节目主持人必须拥有过硬的新闻复述能力，主持人应做到以下几点。

1. 改变记忆方式

要求在拿到复述稿件后，打破死记硬背的习惯，第一层次通过总结中心思想、段落大意，帮助建立复述框架。第二层次记住稿件中的新闻要素，如时间、人物、地点等关键词，建立记忆重点，在此基础上，重新组织语句进行表述。

2. 思路清晰

在对稿件进行复述的过程中，在不影响原稿表达意愿的情况下，可以改变稿件原本的逻辑顺序（如时间顺序、空间顺序等），换位考虑受众的可接受方式，重新对稿件进行编辑播出。但不可偏离基本逻辑，表述混乱，使受众不宜理解。

3. 要素齐全

在对稿件进行复述的过程中，必须保证新闻原稿中出现的关键性新闻要素不可遗漏且基本信息准确，如时间、地点、关键数据、人名等。

4. 易于理解

主持人在新闻复述的过程中需要完成书面语向口语转化的工作。文字语言往往具有文学性，可能会生涩难懂，因此需要主持人在讲述新闻事实的过程中，运用更加浅显易懂的语言、更贴近生活的表达方式，向受众传达新闻主旨。所以，在新闻复述的过程中，必须保持复述的口语化、表达的条理化，使受众更好地消化理解。

【实训】新闻复述训练

老师指定稿件，由学生进行新闻复述。

（二）新闻节目综合训练

在完成新闻节目主持人基本创作的学习之后，为了提高学生综合运用新闻播出技巧的能力，运用综合训练进一步提升学生的专业素质。

【实训】新闻节目主持综合训练

1. 学生自备新闻稿件，完成导语串联词的编写，运用三种播出方式（提示器、低抬头、复述）完成一档新闻节目。

2. 教师指定新闻稿件，学生现场安排稿件播出顺序并编辑导语串联词，运用三种播出方式（提示器、低抬头、复述）完成一档新闻节目。

3. 由教师指定稿件播出顺序，学生现场编辑导语串联词，运用三种播出方式（提示器、低抬头、复述）完成一档新闻节目。练习过程中，由教师担任导播，向学生发出突发情况指令（如插播急稿等），学生根据教师指令进行应对，确保直播顺利完成。

三、新闻节目主持人的体态语与服饰语

（一）体态语

新闻节目主持人体态语的总体要求与主持人体态语的总体要求基本一致，但是在某

些方面略有差别，主要体现在以下几个方面。

（1）头部。在播出时，头部动作一般有两种：一种是无提示器的抬头动作，一种是有提示器的头部动作。前一种就是新闻的低抬头，借助抬头空隙与受众进行交流；而第二种情况运用头部点动强调表达重点，这个动作可以辅助有声语言的表达，做到更准确的传播。

（2）眉眼。在电视新闻节目中，眉毛动作不宜过大，否则会削弱节目的庄重感，特别是不能挑眉。与此同时，与受众进行交流，眼睛也是非常重要的部分，从整体上讲，电视新闻节目主持人的眼神应是坚定的，但也应该随传播内容的变化融入感情色彩。应该注意的是，新闻节目中眼睛所传递的情感应注意尺度，不宜夸张。

（3）嘴部。为了美观，新闻主持人嘴型不宜夸张，同时不能忽略了咬字的力度和准确性。

（4）坐姿。新闻节目主持人的坐姿分为无主播台和有主播台两种情况。

坐姿

第一种情况，无主播台。一般来说，应坐在座椅靠前的位置，挺胸收腹，背部保持直立状态，以保持气息通畅，但同时不能让人感觉身体有紧绷感。一只脚脚掌踩在主播凳脚踏上，另一只脚踏地支撑，微弯。女生膝盖靠拢，男生自然摆放，放松。

第二种情况则相对简单，由于有主播台的遮挡，腿可以选择自己相对舒适的姿态。但是上半身必须保证直立，同样需要挺胸收腹、腰部用力。双腿着地并能够给上半身以一定的力量支撑，保证气息通畅。

（5）站姿：一般来说，无论男女都需要挺胸收腹，眼睛平视镜头，双肩自然放松，双腿自然并拢，并尽量保证双腿之间贴合较紧。但是在腿的摆放上，男女略有差别。男生一般选择自然合拢双腿站立或微微打开双腿，使其与肩同宽（或略窄）；女生则多为合拢双腿自然站立即可。

（6）走姿：新闻节目中，主持人的走动无论动作还是范围都不宜过大，速度不宜过快，步幅不易过大，走动中仍然需要注意身体的挺拔直立感，给受众一种沉稳且游刃有余之感。

站姿

整体造型

（二）服饰语

（1）服装：服装具有极强的指向性和象征性。比如在节日时，服装颜色多为亮丽鲜艳，传统节日时会出现中式唐装，当国家领导人逝世或在国家大灾难面前，男女主播都需着黑色服装贴近新闻基调。一般来说，新闻主持人的服装一般以西服、职业装为主。同时还要注意与背景色的区分，不要与背景融为一体或者区别过大。应避免着深蓝色和绿色服装。

（2）发型：女主持人一般以短发为主，男主持人有分头、背头、寸头等。总体来说，应该露出自己的脸部轮廓，显得整洁、大方、美观。

（3）饰品：一般来说，主持人不佩戴戒指、手链、夸张的耳环，否则会分散受众注意力，同时也不符合节目风格。但女主持人可以佩戴细小的项链，吊坠不宜过大，也可以佩戴丝巾或胸针。

四、新闻节目主持人要避免的问题

1. 分清主持人的“个性化”与“个人化”

现在的传媒时代非常注重个性化的表达，而所谓的个性化表达是以个人的视角看待事物。这些观点在一定程度上可以看成个人观点，但也会不可避免地打上主持人所代表的传媒机构的烙印。所以，在新闻主持的过程中，切忌不要把个性化与个人化混为一谈。

2. 分清主持人的角色定位

所谓主持人的角色，实际就是主持人的社会身份。主持人作为社会的一分子，在社会中扮演着“主持人”这样的社会角色，公平、公正、正直是新闻类节目主持人角色定位的特征。然而，新闻媒体不是执法部门，新闻节目主持人更不是解决社会问题的判官。所以，在传递自己的观点的同时，明白自己的角色定位十分重要，不要在节目中以“判官”的状态出现，主观臆断事件的结果、是非、对错。

总之，在传媒手段不断更新发展的现在，新闻节目也在不断地追赶科技的脚步，完成自身的不断创新和飞跃。作为一名新闻节目主持人，理应掌握好所有相关的专业技能，但同时更应紧跟时代脚步，完成自身知识体系的创新，成为更加优秀的新闻节目主持人。

【学生作业 1】说新闻训练

追踪潮流咨询，关注网络热点。大家好，我是潇潇。欢迎收看《凤凰资讯榜》。

天气是越来越热，春天就要走了。时间为什么过得这么快？我还没有去踏青还没有去赏花。那这个春天里我们都经历了些什么呢？你还记得吗？ 这个春天有一架飞机飞走了再也没有回来，有些人想坐火车却没来得及踏上月台，雾霾来了一次又一次，贪官是倒下了一个又一个。然而最近见义勇为又成了热门话题，路见不平到底是应该一声吼呢还是扭头走呢。对于高三的考生来讲，路见不平一声吼还真就成了因祸得福了。是的，没错！下面就来看看我们的网络人气榜热搜词之高考。都说我国每年三次的段子手比武大会：春晚、韩寒微博评论和高考。记得那年我高考的前一天晚上，我妈帮我减压说：“放轻松，别给自己太大压力，考差了又怎么样，不能读好的大学又怎么样呢？大不了我没你这个女儿。” 而潇潇至今还是作为一个有妈妈的孩子站在主播台前，就能多多少少说明一些问题啦。

7 号那天都觉得奇怪，诶，今年怎么就没有放弃高考的新闻呢？结果，第二天就出来了。在全国 939 万学子走进高考考场时，河北姑娘张媛琦早就放弃了高考并且拿到了哈佛、麻省理工、斯坦福等 9 所美国顶尖名校的 offer。

而张媛琦说，她只是一般聪明，十分努力。之所以能拿到 9 所世界名校的 offer，最重要的是对数学的坚持和热爱，以及自信和热情。最大的挑战是对时间的管理。然后就有一帮网友在旁边吃不到葡萄说葡萄酸了。“首先，你家里要有钱……” 在这，潇潇就想问一句了，就算家里有钱，但是您能百分百考上哈佛吗？ 不过啊，话说回来，其实我们大家都是一般聪明但是也在努力啊，只不过起跑线不一样而已。

所以有网友就说，我没有皇城根下的家，也没有留过洋的爸妈。我只能咬着牙拼命学习，在千军万马中挤破头，换来一个国内普通的大学。我还要拼命努力，才能换来一个普通中又有点不普通的人生。但这条新闻把千万个我们这种出生于普通家庭却从没放弃过努力的孩子，当成了傻瓜。

6 月 8 号的《人民日报》头版刊登了江西宜春高三学生柳艳兵和另一位考生易政勇在客车上与持刀的歹徒搏斗受伤无缘高考的消息。那目前教育部就表示，等他们身体康复后将为他们组织单独的考试，而截至 10 号傍晚，包括清华在内的多所高校与柳艳兵、易政勇所在中学或他们的家长联系，表示将按招考政策招录两名同学，圆他们的大学梦。 这才是正能量，但不管最后结果如何，都祝福各种学霸、学酥，甚至是学渣都能在人生考试中成为佼佼者。就像那位可爱的校长所说的，高考其实本质上没有考得好与坏的说法，重要的是所有的年轻人在一起，做份试题，然后决定去哪座城市，做什么工作，今后和谁相知，和谁一起旅行，和谁走一辈子。不管故事怎样，结局如何，一切都会是美好的。

是的，第二个网络人气榜热搜词就是带给很多人美好感受的丹麦天使。她是丹麦皇家芭蕾舞团的一名演员，在湖南卫视《天天向上》的节目中惊艳亮相的这名少女征服了电视机前的无数观众，所以被赞为“丹麦天使”。为什么一个外国的少女能引起如此大的涟漪呢？有人说了，因为太久没见过那样清澈的眼神，就像夏日里的一阵凉风，让人在这样的眼神面前平静下来，然后记忆中的美好与善良涌上心头。让每个人都在品味自己的人生，追忆纯真的童年。 而潇潇觉得，对于丹麦天使的追捧，除了是唏嘘对童年的遗憾之外呢，更深层次的是在于对信念的追捧。每个人心中，都有一个完美无缺的天使。但对社会而言，天使的标准是共通的。人们其实是在用这种方式来呼吁社会中那些永恒的东西，那些真、善、美。

好的，接下来我们一起来盘点一下今日之最。首先来看，最心酸的一人分饰两角——真是又当爹来又当妈。但是，哥们儿，这么小的孩子就喂盒装牛奶，这——合适吗？

想要生孩子，首先得有对象，然后再结婚。从对象发展成老婆，那就得求婚啦。来看最可爱的求婚——都说人只有自己站起来，世界才属于你。这就是人为什么要跪着求婚，因为那表示愿意放弃全世界。这下好了，不仅我的世界都给了你，猫的世界也给了你啊。

好啦，时间差不多了。希望大家每天都有好心情。今天的节目就是这样，下周再会。

2012 级播主 7 班　左书潇

【学生作业 2】说新闻训练

各位观众大家好，欢迎收看本期的视说新语，我是成西。看到这幅图您肯定特别奇怪，炎炎夏日我给您看雪景不是涮您吗？其实我是给您带福音来了。5 月 10 号，甘肃河西走廊迎来了入夏后首场大雪，山丹马场气温也降到了 8 摄氏度左右，积雪达到了 10 厘米左右。有人说了哎呀不得了，六月飞雪那是窦娥冤，这五月飞雪是不是出什么大事儿了？其实啊，这都是西伯利亚空气的影响，不足为奇。当然，除了河西走廊以外呢，宁夏、内蒙古等地也在五月入夏后降下了大雪，您要是想感受一下“胡天六月即飞雪”的场面呢，塞外这些地方绝对是您的不二选择。

说完了老天爷的怪事儿，咱再来说说广州妇婴医院的奇事儿。最近广州市妇女儿童医院推出了"五星级产房"，入住这种套房的准妈妈们不仅可以享受到酒店一般的舒适环境，还可以享受随便点医生、24 小时陪护的服务。但这样的星级产房价格也不菲，入住费用是一天 3 000 元。怎么样，身怀六甲的您要是也想这样高、大、上一把，那就请准爸爸们好好为宝宝们奋斗一把吧。

最近啊，辽宁辽源的一位市民反映说，自己亲戚家的一位小孩在培训学校里经常挨老师的打。奇怪的是家长知道此事还没有意见。记者采访后得知，早在报名的时候老师就说了，对于孩子的管理啊，学校会采取奖励或惩罚的两种制度。如果学生的成绩有提高、表现优异，将会赠送现金或者是生活用品；那要是如果违反纪律，老师就会用教鞭打学生手掌或屁股，以示惩罚。为此学校家长双方专门签署协议允许这种做法。那么一些家长明确表示，孩子不听话该打，只有这样才会长记性。咱们很多人在成长过程中也没少挨爹妈皮带拖鞋的打吧。可是一代人又一代人的成长的环境一味地打下去肯定是行不通的。有教育专家就分析说了通过体罚让孩子改掉缺点，强势欺压弱势，只会在孩子心中灌输用武力可以解决问题的错误想法。最关键的是《未成年人保护法》和《义务教育法》都明确规定禁止体罚和变相体罚学生，补习学校不论出于哪种目的都不能把规定凌驾于国家的法律之上。《长江时评》就此评论说了，一方面暴露了补习学校对法律的漠视或无知，另一方面也暴露了家庭保护的缺失。一纸荒唐的协议，把孩子送进了现代私塾，致使孩子身心备受煎熬，有关部门决不能坐视不管。

——2012 级播主 5 班　卫润丰

知识链接

新闻出版广电总局发通报　禁记者私自开展批评报道

国家新闻出版广电总局 6 月 18 日下发通报，要求各新闻单位对记者站、网站、经营部门、采编部门进行集中检查清理，认真纠正存在的违法违规问题，把好新闻采访关，禁止记者站跨行业、跨领域采访报道，禁止新闻记者和记者站未经本单位同意私自开展批评报道。

通报还指出，各新闻媒体要把好报道审核关，禁止记者站和新闻记者私自设立网站、网站地方频道、专版专刊、内参等刊发批评报道；把好经营活动关，禁止记者站和采编人员开办广告、发行、公关等各类公司，禁止记者站和记者从事广告、发行、赞助等经营活动，禁止向记者站和采编人员下达广告及发行等经营任务。

国家新闻出版广电总局相关负责人表示，各级新闻出版广电行政部门要加大对新闻敲诈和假新闻打击力度，通过新闻媒体反复公布举报电话，广泛发动基层单位和群众参与监督。[1]

[1] http://news.xinhuanet.com/book/2014-06/19/c_126640848.htm，新华网.[2014-07-11].

第八章
成为综艺娱乐节目主持人

【学习目标】

1. 熟练掌握综艺娱乐节目的理论知识。
2. 了解综艺娱乐节目主持人需要具备的基本能力。
3. 掌握综艺娱乐节目的基本创作方法，通过实训，具备综艺娱乐节目的主持能力。

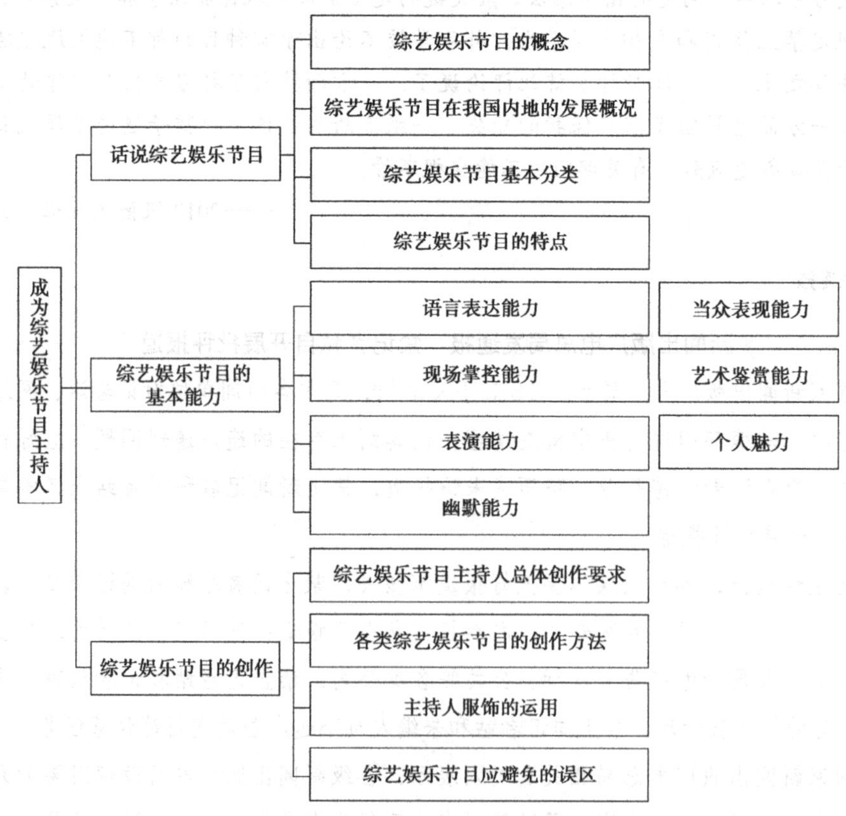

第一节　话说综艺娱乐节目

随着物质生活越来越丰富，人们开始不断地感慨生活平淡。面对家庭、事业、社会的各种压力，大家开始意识到，我们需要改变、需要缓解、需要宣泄、需要快乐。于是，综艺娱乐节目应运而生，并带着它特有的轻松和愉悦走进了千家万户。20世纪80年代以来，在文化市场开放和转型的双重背景下，电视综艺娱乐节目日臻完善，对受众起到了放松身心、愉悦心情的作用。从最初的《综艺大观》《正大综艺》，到之后的《快乐大本营》《开心辞典》，再到现在的《中国好声音》《爸爸去哪儿》等，电视综艺娱乐节目在不断地探索创新，从单一元素到多样化元素的不断融合，综艺娱乐节目逐步成为了电视收视率的三大支柱之一。综艺娱乐节目正在大步迈向每个人的生活，成为这个社会娱乐潮流的主导。

当下，电视综艺娱乐节目蜂拥而至，各大卫视每周都在上演综艺娱乐节目“擂台战”。对于此现象，学界、业界、社会都有自己不同的看法。有人大喊“娱乐无敌”的口号，因为人们需要娱乐来排解压力；也有人担心地提出“娱乐至死”的忧虑。这些说法都有一定的道理，但也有其局限性。因此，主持人在创作综艺娱乐节目的过程中，应该重视受众对节目的需求，从受众的需求出发去发掘、制造娱乐元素并运用于节目之中。

一、综艺娱乐节目的概念

在许多专业书籍中，综艺娱乐节目一般称作“综艺节目”或者“娱乐节目”。那么本书为什么要把它结合在一起称作“综艺娱乐节目”？我们先弄清楚这两个词语最基本的概念。“综艺”（Variety）一词源自美国，是指汇合娱乐艺术，它内容广泛，几乎无所不包。[1]“娱乐”在《现代汉语词典》中的解释，一是使人欢愉、快乐；二是快乐有趣的活动。关于综艺娱乐节目的定义，在学术界和广播电视媒体界也有分歧，以下就列举出几种概念，供大家借鉴。

中国传媒大学教授罗莉老师在她的《当代电视播音主持教程》中对电视娱乐节目这样定义：“指能给人带来多种心理满足，以愉悦为主要因素的节目。”[2]

高鑫在《电视艺术学》中对电视综艺节目有这样的定义：“充分调动电子的技术手段，对各类文艺形式进行二度创作，既保留原有文艺形体的艺术价值，又充分发挥电子创作的特殊艺术功能，给受众提供文化娱乐和审美享受的电视节目形态。”[3]

---

[1] 赵淑萍．综艺节目：独放异彩的电视娱乐艺术奇葩——美国电视综艺节目的创新、风格、模式及其主持人个性、素质分析[J]．现代传播，1991（2）：85.

[2] 罗莉．当代电视播音与主持教程[M]．北京：中国传媒大学出版社，2011：286.

[3] 高鑫．电视艺术学[M]．北京：北京师范大学出版社，1998.

从以上的定义可以看出，**以快乐为核心价值，以愉悦身心、消遣、放松为主要目的，具有娱乐、文化、艺术导向功能的广播电视节目就是综艺娱乐节目**。

二、综艺娱乐节目在我国内地发展概况

综艺娱乐节目在我国出现的时间虽然不长，但却深受观众喜爱，发展的速度迅猛。大致可分为四个发展阶段。

（一）第一阶段：以综艺类节目为主

20 世纪 90 年代初，中央电视台推出两档不同类型的综艺娱乐节目《综艺大观》和《正大综艺》，立即成为广大老百姓在周末晚间排解压力、愉悦心情的一道必不可少的“家庭夜宵”，也让当时两个女主持人倪萍和杨澜，成为家喻户晓的主持明星。特别是每周一期的《综艺大观》，它改变了受众只能在一年一次的春晚上见到众多明星的情况。在此基础上，央视又推出了《同一首歌》《东南西北中》等节目。正是因为综艺娱乐节目轻松愉悦的氛围，这类节目在发展初期就成为了红极一时的电视节目形式。这一阶段的综艺娱乐节目内容以传统的歌舞与曲艺为主，明星表演、观众收看的节目形式相对比较固定，虽然有时也采用主持人向观众提问的形式，但是观众基本不能主动参与到节目中，这种传统综艺节目的不足在于缺乏互动性和参与性。在这一时期，全国各省市广播电视台也相继推出了本土化的综艺娱乐节目，由于部分节目形式单一、现场氛围烘托不够、主持人缺少与受众的互动等，再加上当时社会大环境相对封闭，不利于综艺娱乐节目的成长，使得不少综艺娱乐节目只是昙花一现。

（二）第二阶段：以游戏类节目为主

随着综艺娱乐节目竞争的日益激烈，受众不能满足自己仅仅在镜头外做个“看客”或者“追星族”的身份，他们更多地希望可以亲眼看到自己的“偶像明星”，甚至彼此之间有互动。于是在 1997 年，湖南卫视推出综艺娱乐节目《快乐大本营》，以邀请当时一线的大陆及港澳台明星为嘉宾，在节目的现场与受众互动游戏、演绎节目等，极大地满足了受众渴望互动的心理需求和丰富多样的视觉需求。与此同时，主持人何炅、李湘凭着青春靓丽的外形与机灵幽默的主持风格，赢得了全国受众的喜爱，同时也成为青少年朋友的偶像，在全国范围内刮起一股 “快乐风暴”。这种“明星 + 受众 + 互动”的娱乐化模式为电视综艺娱乐类节目创造了一个更为开放化的大环境。随后 1999 年北京电视台推出《欢乐总动员》、福建东南卫视推出《开心一百》、安徽卫视推出《超级大赢家》等类似节目，各媒体竞先抢占这一“娱乐市场”。一时间“快乐”“欢乐”的风暴充斥各个荧屏，但是这些综艺节目趋于雷同的节目形式使得观众逐渐产生了“审美疲劳”，

收视率开始出现下滑趋势。这一阶段的综艺娱乐节目，娱乐性增强，观众的参与性与互动性增强，各种各样新奇的游戏，轻松活泼的氛围，曾让观众有耳目一新的感觉。但是简单的游戏难以满足受众的需求，其地位逐渐被以知识为主的益智类节目所代替。

（三）第三阶段：以益智类节目为主

1998 年中央电视台推出大型益智类节目《幸运 52》，2000 年又推出《开心辞典》，这两档节目是中国大陆地区益智节目的代表，从而开启了另一条“娱乐大道”。

这个时期，受众可以成为真正的主角，通过聪明才智来获得梦想奖品，从而获得精神层面的愉悦和物质层面的收获。这种节目一般通过海选和现场参与的环节，以期达到电视节目更加平民化的要求，在这种亲身体验的过程中更加激发了受众的参与性与互动性。另外，丰厚的奖品与奖金极大地刺激了观众的参与性，而地方电视台更是看好了这一“新的娱乐市场”将益智节目发挥到了极致。2002 年元旦上海电视开播的《财富大考场》最终奖金高达 25 万元；湖南电视台的《财富英雄》更打出了“千金一题”的宣传语来吸引大众的参与。这一期间，全国各大电视台纷纷进入了“竞猜时代”的娱乐方式。

（四）第四阶段：以真人秀节目为主

2004 年可以定义为综艺选秀节目的“元年”。《超级女声》《我型我秀》和《梦想中国》三箭齐发使得选秀节目初露锋芒。无论职业、年龄、地位，只要你想秀、敢秀就可以来参加节目。这一时期节目特点是：“海选”“全民娱乐”“打造平民明星”为主的大众娱乐风格。其中影响力最大的湖南卫视《超级女声》，2005 年全国报名高达 12 万人，每期比赛的收视率也占据全国同类节目首位。随后，真人秀节目进入了多样化的阶段，各大卫视耗巨资向国外媒体购买优秀真人秀节目的版权，然后再结合我国国情与大众的审美需求进行创新，最后呈现给受众内容丰富的真人秀节目。最具代表性的节目，例如，东方卫视的《中国达人秀》，浙江卫视的《中国好声音》《十二道锋味》，以及湖南卫视的《爸爸去哪儿》《我是歌手》等。

经过这四个发展阶段，综艺娱乐节目完成了从单一元素到多种元素的融合，逐步使受众形成了固定的收视习惯，并形成了一支以年轻受众为主体的收视队伍，一路飙升的收视率也证实了受众对于这类节目的必然需求。

三、综艺娱乐节目主持的基本分类

综艺娱乐节目本身包含的艺术门类众多，节目形态也随着时代的进步与发展更加丰富。目前，综艺娱乐节目种类繁多，大体可分为以下七种类型。

（一）文艺专题类节目

这类节目一般包括两个部分：一是对不同文艺内容、文艺形式、文艺知识、文艺人物所进行的介绍、讲解、访谈等专题文艺节目；二是具有不同文艺娱乐形式或娱乐内容的专题娱乐节目。例如，央视的《舞蹈世界》《民歌·中国》等栏目，这类节目都具有较高的艺术性、观赏性、知识性，对提高受众的审美水平具有一定的积极作用。这类节目的主持人应对所主持的节目中所包含的文艺门类有一定的了解，具备相关的专业知识与信息储备，对各类艺术形式具有一定的认知。

央视《舞蹈世界》

（二）综艺晚会类节目

这类节目一般有两种形式：一是专项的艺术演出，例如，音乐会、戏曲专场演出等；二是集合多种艺术形式的综合演 出，其中也包含以纪念日为主题的庆典晚会等。如央视《春节联欢晚会》《同一首歌》《欢乐中国行》等栏目。

东方卫视《娱乐星天地》

（三）娱乐播报类节目

这类节目主要以报道明星动态、影视作品拍摄进度、演出市场近况等相关消息为主。例如，央视电影频道《中国电影报道》、湖南卫视《娱乐无极限》、东方卫视《娱乐星天地》、光线传媒《娱乐现场》等。

（四）明星访谈类节目

这类节目以访问文体界有一定影响力的人物为主。主持人积极营造轻松愉悦的谈话氛围，启发采访对象讲述自己的亲身经历，以达到吸引受众的目的。具有代表性的节目有《艺术人生》《非常静距离》《鲁豫有约》《超级访问》等。

（五）益智竞猜类节目

益智竞猜类节目是在2000年以后逐步成熟起来的一种创新节目，它以益智竞猜为形式、大众参与为核心。这类节目鼓励大众主动参与，增强了节目的互动性，让广大受众成为了舞台的主角，大大提高了全民的参与意识和观赏欲望。如央视的《开心辞典》《幸运52》，江苏卫视的《一站到底》《芝麻开门》等。

江苏卫视《一站到底》节目现场

（六）真人秀节目

电视真人秀节目是以纪录片纪实性为前提，以游戏为载体，以一定程度的艺术加工为手段，自愿参与者为了达到一定的目的，按照规定情境中的游戏规则，进行竞技活动的节目形式[1]。这类节目重在节目策划与节目情境设计，使用电视纪实的手法展示节目的全过程，给受众一种前所未有的想象与刺激，吸引了许多有特长、有能力、有勇气的受众参与进来，也给这类节目带来了生机与活力。如浙江卫视《中国好声音》、东方卫视《中国达人秀》、中央电视台《星光大道》、北京卫视《最美和声》等。但这类节目的重点在于节目策划和选手表现，主持人在节目中的地位与作用被弱化，因此这类节目的主持本教材不做训练。

浙江卫视《中国好声音》节目现场

关于综艺娱乐节目的分类，随着时代的发展、多元文化的进入，有些节目的形态不是单一存在的。例如湖南卫视的《天天向上》，它是综艺节目的形式，但是节目内容又结合了中华文明礼仪、生活趣事等教育类节目的元素；河北卫视的《家政女皇》，虽是生活服务类节目，却用娱乐节目的形式来进行包装和呈现，主持人方琼、陈诚在节目中融入了角色化的扮演，将诙谐幽默的情景剧融入其中，让受众在轻松愉悦的气氛中学到了不少生活小知识。

[1] 胡波.2004年电视节目收视解析[J].中国广播影视.2005（1）：下半月.

四、综艺娱乐节目的特点

（一）内容的丰富性

综艺娱乐节目有着广泛的收视群体，这就决定了其内容必须要丰富与多元化。此类节目集文化休闲性、娱乐趣味性、信息知识性、宣传打造性于一体，不仅大大增强了节目的可看性，也让我们在节目中满足各种不同感官的需求。“现如今综艺娱乐节目的丰富性取代了以往节目的单一化特征。节目不再单纯地只是一些歌曲、舞蹈或者小品的集合体，而是涵盖了音乐、舞蹈、戏剧、问答、魔术、杂技、相声、小品、朗诵、游戏、时装秀等各种艺术或者非艺术形式，其涉猎的范围之庞大，题材之广阔，内容之丰富是其他节目类型难以企及的。”[1]

（二）形式的创新性

在娱乐节目大行其道的今天，各大卫视纷纷看好了这块“娱乐蛋糕”，几乎都推出了自己的综艺娱乐节目。但是，如何在竞争日趋白热化的同类节目中脱颖而出，不断地给受众制造新鲜感，这就需要节目具备创新意识。

我国目前的综艺娱乐节目自创品牌较少，大多是借鉴、汲取和移植国外的节目形式。但是由于社会性质、文化背景不同，一味单纯地生搬硬套，很难符合国内大众的审美要求，所以我们在借鉴的同时，还需要按照我国基本国情和社会环境的特点去创新。目前，国内已经购买的较有影响力的海外版权综艺节目中，《中国好声音》《爸爸去哪儿》等就结合了我国国情，运用了创新思维。创新思维大体上表现为五个特点。

（1）独立性：与众人、前人有所不同，独具卓识。

（2）连动性：由此及彼，举一反三。

（3）多向性：善于从多角度思考问题。

（4）跨越性：常常表现为超前的思维方式。

（5）综合性：表现为“知识迁移能力”“思维统筹能力”“信息组合能力”等。

（三）主持人的多样性

目前，国内综艺娱乐节目丰富多彩，节目主持人也是在这样轻松愉悦的节目中，发挥各自的优势、特点、风格，尽情地展示自我魅力，争奇斗艳。由于节目风格不同，主持人个性鲜明，就出现了“百花齐放”的局面。

例如，益智类节目《一站到底》李好与晓敏的夫妻档，默契、幽默的语言中略带“相互调侃”的意味，也让选手与受众在紧张的答题氛围中感受到幸福的味道；《欢乐中国行》

---

［1］刘洋，林海．综艺娱乐节目主持概论［M］．北京：中国传媒大学出版社，2007：10.

中的董卿，优雅大方、妙语连珠，也深受大家的喜爱。正是因为主持人拥有多样性的主持风格，才让综艺元素更加丰富化、个性化。

（四）宾主的互动性

综艺娱乐节目大多数采取现场录制的方式。为了达到更好的节目效果，现场参加录制的受众人数众多，这就为节目的传播提供了一种良好氛围。主持人可以很好地利用这样的环境，激发现场受众的参与感，使得台上台下打成一片。“在综艺节目的传播过程中，他们既是欣赏者，有的同时还是直接或间接的参与者。他们的心理状态与欣赏传统艺术不一样，更具有互动性、积极性。”[1]这种良好的宾主互动性，在节目的录制过程中会让人不知不觉间忘却了究竟谁是主人、谁是客人。一旦主持人、受众和嘉宾在节目中的关系变得融洽，那么节目预期的“宾主尽欢”的现场互动目的也就达到了。

【实训】综艺娱乐节目理解练习

让学生介绍自己喜欢的综艺娱乐节目及主持人的经历，并阐述原因。

第二节　综艺娱乐节目主持人的基本能力

一个合格的综艺娱乐节目主持人应集娱乐性、艺术性、知识性和服务性为一体。其能在愉悦大众的基础上，完成大众文化娱乐、陶冶艺术情操、提高受众审美能力的重任。这就要求综艺娱乐节目主持人应具备以下七种基本能力。

一、语言表达能力

出色的语言表达能力是综艺节目主持人最重要的基本能力。语言表达并不是照本宣科，而应该是心与口融会贯通，是个人思想与情感的自然流露，在明确了自己“说什么”的前提下，还要清楚地明白“怎么说”“如何说”“如何说得有效”“如何说得精彩”。主持人如何做到出色的语言表达呢？ 最基本的要求在本书第五章已经进行讲解，这里主要讲解作为一名综艺节目主持人的语言表达能力。

在综艺娱乐节目中，好的语言表达是生动、形象、富于变化的。这要求语言与声音完美配合，才能达到理想的传播效果。语言表达如何具体处理，还应看在什么类型的综艺节目中。例如，在综艺晚会类节目中，主持人语言多数为介绍、串联，需要主持人的表达准确清晰、大方得体、富有情感性；游戏竞技类节目，则需要主持人富有煽动性和感染力的口语表达。

[1] 壮春雨. 电视节目概要 [M]. 杭州：浙江大学出版社，2001：166.

总之，主持人应当做到语言组织更具有艺术性，给受众呈现一份丰富多彩的听觉盛宴。因此，增强主持人的语言表达能力是非常有必要的。

二、现场掌控能力

当下的综艺娱乐节目形式多样化，在节目创作方面预设性较少，主持人自由发挥的空间较充足。因此，主持人在节目中掌控全场的能力就显得尤为关键。

主持人的现场掌控能力分为常规控场能力和突发情况控场能力。大部分时间，主持人需要用到常规控场能力，在节目中需要准确把握节目流程、节目的整体基调和风格，把握情感分寸。比如朱军在《艺术人生》中的表现就值得大家学习。《艺术人生》节目的宗旨是“在温情中流淌感动，在艺术中感悟人生”，基调是赞美、温馨、感动的，因此，朱军每次与艺术家在交谈的时候总是饱含深情，用真挚的情感打动嘉宾。什么时候回忆往事，什么时候展示辉煌，什么时候说出对生命、人生的感悟，都在他的掌控之中。

那么怎样做到在节目时间内，既完成节目任务，又使受众兴致勃勃地获得更大限度的快乐呢？其中最大的技巧就是主持人要关注嘉宾、搭档以及受众的感受，所谓“眼观六路”“耳听八方”，应该努力照顾好现场的每一个人的情绪。[1]

主持人如何掌控全场呢？首先，主持人要和搭档形成默契的配合。其次，要用真诚、热情的态度对待在场的嘉宾。更应在嘉宾出现临时状况时，做到机智、灵活地应变。如遇到节目中突发意外状况，一定要根据节目所处的环境，保持冷静的头脑，快速作出反应，及时引导、控制节目节奏，使受众情绪保持稳定。如果能做到在突发事件中灵活应变，不仅可以力挽狂澜，还能为节目增加亮点，从而展示出主持人的综合素质。

案例启发

李佳明在《黄金 100 秒》中的控场能力

《黄金 100 秒》是一档综艺才艺竞技节目。它是一个老百姓证明自己实力、表达自身心意的舞台。主持人李佳明、杨帆两人分工各有不同。杨帆主要负责与选手的热情互动，而李佳明则掌控节目进程与节奏。由于这些选手来自民众，缺乏舞台经验，所以，一旦站在这样的舞台上，会出现两种极端情况：一是过度表现，根本停不下来；二是过于紧张，答非所问。无论是哪一种情况，都不利于节目的正常进行。每每上述情况出现时，李佳明则会及时插话进入，自然、有机又不露痕迹地把选手引入下一个环节。这样既做到了对选手们的尊重，也把控了节目的整体进度。

[1] 魏南江．节目主持艺术学［M］．北京：中国广播电视出版社，2006：274.

三、表演能力

综艺娱乐节目主持人与其他节目主持人最大的区别在于他们需要具备一定的表演能力。表演能力在节目中呈现出最好效果，就能直接给受众带来欢快，愉悦的感受。

主持人的表演有别于戏剧舞台的表演，它其实是主持人在创作节目的过程中，为了更好地带动节目气氛、达到更好的娱乐效果而进行的角色化表演。

出色的综艺娱乐节目主持人大多具备这种角色化表演的能力，这样的能力不仅为节目增强了可看性。还向受众展示了主持人除了主持能力以外的表演功底，提高了大众对主持人的评价。如在 2009 年 11 月 13 日湖南卫视播出的《天天向上》节目中，主持人欧弟在嘉宾表演武术时，声情并茂地解说道："这位先生，之前从小体弱多病，但是吃了我们'天天向上'的药之后，现在全身孔武有力，而且个性也开朗了许多，现在人也明显长高了，自信心又回到了他的身上，你们看呀……""向上牌年糕，使您孔武有力。"欧弟惟妙惟肖的表演活跃了现场气氛，在嘉宾表演的基础上加深了受众的印象。

值得一提的是，主持人在综艺娱乐节目主持过程中的表演并非纯粹的才艺表演，而是一种"演播"状态（指主持人表演性、动态、有变化地进行播出），它适时地润泽于主持人的创作过程中。

四、幽默能力

我国相声大师侯宝林先生说过："没有笑声的生活是酷刑，没有笑声的生活不称为生活。"可见，幽默的语言对于人们的重要性。幽默是一种健康的语言品格，它可以激起欢快感，把大家带到愉悦的氛围中去。创造快乐，是综艺娱乐节目的宗旨，也是主持人在节目创作中的一个重要元素，因此，在综艺娱乐节目中，主持人幽默风趣的风格是与受众交流的润滑剂，可以达到制造快乐的目的。

主持人幽默感的获得是从开放的思维、活泼的个性、松弛的状态以及对生活的长期观察而来。[1]在生活中做个有心人，不断注意观察生活，在丰富多彩的生活中去积累有趣的语言材料并有意识地进行记忆，一旦用起来，就可以立即调动我们资料库，根据语境、场景应用其中，制造出其不意的幽默效果。主持人如果想达到这样的艺术效果，可以从适度的调侃做起。

（一）自我调侃

这一技巧一般男性主持人运用较多，他们一般会根据节目进程主动暴露自己的小缺

---

[1] 陈虹．节目主持人概论［M］．北京：高等教育出版社，2003：275.

点或是根据自身特点进行自我调侃，以达到逗乐、轻松的效果。例如，主持人李咏也经常自嘲脸型过长、发型像方便面一样。但正是这样的自我调侃，不拘一格，才让他们与受众的关系更亲密。

案例启发

撒贝宁《开讲啦》自我调侃

由撒贝宁主持的访谈节目《开讲啦》走进校园，主持人撒贝宁首次以“开讲人”身份走到台前。尽管当天身体状态不太好，但撒贝宁在录制过程中始终站着面对所有受众。当天撒贝宁受重感冒的影响，声音沙哑，但是敬业的他一上台立刻意气风发，还不忘调侃自己“声音更有磁性”，“绝对会按时吃药，不会放弃治疗”。轻松愉快的开场迅速博得在场受众的笑声与掌声。

（二）相互调侃

这种方式是主持人之间，或者主持人与嘉宾、主持人与受众之间的相互调侃。幽默风趣的调侃可以拉近彼此的距离，达到调节全场气氛的效果。调侃他人一定要从善意的角度出发，如果演变成刻意的、尖酸刻薄的风凉话，那就失去了幽默的本质，相反还会造成负面的传播效果。

《快乐大本营》中何炅与谢娜对话时经常会有这样对彼此的调侃：每当遇到英文单词的时候，何炅总要有意让不擅长英语的谢娜来读，谢娜也明白何炅的用意，于是就将计就计用她特有的“娜式英语”蒙混过关。于是“out”被她说成“奥特”、“fashion”被她说成“欢什”等。这样一来，在主持过程中，让受众更加喜欢谢娜这种不怕出洋相、敢于自嘲、乐于被调侃的娱乐精神，甚至“娜式英语”成为了年轻朋友们相互追赶潮流的语言而流行起来。

【实训】解放天性训练

1. 学生挑选自己喜爱的喜剧片段，根据剧中人物组成表演团队，进行模仿表演。
2. 学生自选笑话，副语言与有声语言相结合，达到一定的喜剧效果。

五、当众表现能力

有些主持人在平时生活中可以侃侃而谈，但是一旦到了镜头前或者舞台上就会手足无措、不知所云了，这就是当众表现力弱造成的结果。这样的情况一般在缺乏经验的主持人身上较为常见。其实，并不是他们的表达有缺陷，而是一种不成熟的心理因素造成的。如果遇到这样的情况，主持人可以在主持过程中不断地对自己进行积极的心理暗示，告诉自己“我可以的”。由此看来，是否拥有良好的心理素质，在面对镜头，受众时表现力的强弱，直接关系到主持节目的质量与效果，特别是在与受众面对面交流或者有突发情况的时候，更能显示出其重要性。

较强的心理承受能力与应变能力是当众表现能力的重要组成部分，它可以确保主持人在各种场合以及突发状况下都可以集中精神、潇洒自如地完成既定的节目流程。此外，综艺娱乐主持人是给受众带来愉悦之感的，应该具有积极向上、乐观健康的心理状态，不要以自我为中心，过分地强调主观意识。良好的心理素质，其实也可以根据主持人的年龄、经历、阅历的不断积累与增长，从而达到更好的节目呈现。

董卿主持《我要上春晚》时，一位演员上台演出，由于太急而没有看到台阶，结果摔倒在地上。董卿看到这样的突发情况，立即走上前去搀扶这位演员，还这样说道："亲爱的观众朋友们，通往我们春晚舞台的道路上就是不止一次地在这样跌跌撞撞中走过来的。我们应该像这位演员一样，不断地爬起，才能在春晚的舞台上有最完美的呈现。"她的话音一落，受众就将热烈的掌声毫不吝啬地送给了这位机智的主持人。

六、艺术鉴赏能力

综艺娱乐节目是集艺术性、娱乐性和服务性于一身的电视节目，综艺娱乐节目主持人在主持节目时，除了愉悦大众以外，陶冶艺术情操、提高大众审美水平也是其重要任务。那么，针对综艺节目主持人来讲，在拥有基本的政治素质、心理素质、技能素质以外，还应具备一定的艺术修养。

音乐、舞蹈、戏剧等常见的艺术形式经常在综艺娱乐节目中出现，尤其是文艺专题类节目。实践证明，艺术修养对于综艺娱乐节目主持人极为重要。

主持人应该掌握一定的艺术知识，并将其恰如其分地运用于节目之中。这就要求主持人在平时生活、学习中要热爱艺术，善于留心去了解、掌握、感悟，从而提高自身艺术修养、增强艺术鉴赏能力。这样不仅有利于受众的理解与欣赏，同时也可以出色地展示主持人的艺术功底。

在《我爱记歌词》中，有个选手要给大家唱《苏三起解》，并说这是一出黄梅戏的代表作曲目。主持人华少立即纠正说："这段是讲述苏三开始押送到外地的时候，见到路人说，如果见到我的夫君，请告诉他我的消息。还有，这段是京剧不是黄梅戏。"这段主持中，主持人华少靠自己平时对戏曲的了解，及时准确地纠正了选手的错误，同时也让节目中的艺术知识准确无误。

七、个人魅力

"魅力"一词在《现代汉语辞典》中的解释："一种很吸引人的力量，是美的客体对认识主体的吸引力。"那么，对于综艺节目主持人来讲，怎样才能具有个人魅力？这主要表现为主持人外在与内在的统一。显而易见，综艺娱乐节目主持人的个人魅力就是一种综合素质的体现。作为综艺娱乐节目主持人，端庄的外表、大方的仪态、不俗的气质与风度、良好的表达能力、独特的思维能力等都是个人魅力的构成要素。主持人的个人魅力需要在长期的工作实践中去发掘和认识。

案例启发

赵屹鸥《年代秀》——个性风格优秀，主持经验相得益彰

深圳卫视 赵屹鸥在《年代秀》节目现场

深圳卫视的《年代秀》自开播以来，已经跻身为最受受众欢迎的娱乐节目之一，节目涉及的受众面广，吸引每一个年代的人。而主持人赵屹鸥的出现也一改娱乐节目的常态，根据自身特点以及多年主持经验，自创了一套独具个性的主持模式："CCTV主播的磁性嗓音＋上海男人的儒雅外表＋超级能表演的上海戏剧学院表演功底"，让这位萌大叔备受欢迎。在节目中，他轻松穿越，跟"60后"的"老姜"和"00后"的"奥特曼"都有共同话题，每代人的记忆都在他的主持、引导下被渐渐唤醒。

【实训】创意自我介绍训练

学生结合自身个性和特点、才艺，完成具有创意的自我介绍。时间90秒。

第三节　综艺娱乐节目创作

一、综艺娱乐节目总体创作要求

（一）主持人参与前期策划

目前，综艺娱乐节目的发展势头总体来说还是喜人的，在传媒业激烈的竞争形势下，只有不断深化节目内容、不断发掘节目优势，才能给受众提供更加优质的节目。有些综艺娱乐节目之所以"有魅力""极好玩""新鲜感强"，主要是在于节目的策划与创意。那么，策划应从哪些方面着手呢？

一是节目的内容。表达的内容和主题的选择应该符合当下受众的需求。

二是形式变化。节目的最终呈现运用什么形式、手段，从而能够引发受众的兴趣点和关注。

三是注重受众在传播中的主体地位。节目最终是为受众服务的，受众也是节目的参与主体之一，更是传播效果的反馈者。因此，注重受众的品位、从受众的需求出发也是前期策划应重点考虑的问题。

主持人是综艺娱乐节目创作的一个重要元素，同时也是由主持人将策划最终展示在受众的面前。因此，综艺娱乐节目主持人应参与节目的前期策划、熟悉节目的内容及流程，才能保证在二度创作的过程中做到心中有数、掌控全场。

具体做法：在节目进行之前，主持人要对节目构思、受众群体、节目流程、嘉宾、现场受众，甚至是预期效果有所了解，然后根据掌握的情况，做充分的案头准备工作。需要特别注意的是，综艺娱乐节目主持人最忌讳照本宣科、生搬硬套。因为现场主持过程中突发因素很多，会打乱原本的部署，优秀的主持人应该做到临危不乱。

在第一章“主持人基本工作职责”中已经提到，参与策划、编辑稿件是主持人工作的一部分。尤其是在综艺娱乐节目中，对主持人现场组织及把控、节目串联及应变能力等方面的要求都是很高的，如果主持人不参与节目创作的过程，仅注重最后的主持环节，将如无源之水、无本之木，无从发挥。

（二）娱乐元素的运用

在综艺娱乐节目的创作过程中，主持人还应注入多种娱乐元素，运用娱乐化手段，最终达到大众娱乐的目的。娱乐元素包括以下几点。

1. 娱乐化的内容

娱乐化的内容，是指能满足受众愉悦、好奇、宣泄心理的节目内容。总之就是选取能引起受众收视兴趣的内容。具有吸引力的节目内容可以使节目达到事半功倍的效果。[1]

2. 娱乐化的形式

在娱乐节目中，娱乐形式是节目内容的外化，也就是节目内容娱乐化的表现方式。例如，《快乐大本营》中有一个环节：“ā、á、ǎ、à”科学实验室。主要是主持人带领嘉宾与受众通过搞笑、新奇的科学游戏形式，吸引大家一起来做实验，最终在欢快、愉悦的科学游戏中，领悟其中的科学道理。

娱乐化的节目内容和呈现形式的关系是相辅相成的，犹如美味的食材需要精美的餐具盛装，才能相得益彰。

3. 娱乐化的造型

娱乐化的造型是指主持人在节目中的造型设计。这主要是通过服饰、化妆等手段打

---

[1] 罗莉. 当代电视播音主持教程［M］. 北京：中国传媒大学出版社，2011.

造而成，主持人的造型一定是符合节目需求的，与主持人整体的心理活动、身份感是一致的。例如，湖南卫视以模仿影视圈经典人物为主的《百变大咖秀》中，主持人何炅与谢娜每期都会顶着超级经典、夸张的造型出场，赢得受众的阵阵叫好声。其中何炅模仿的经典人物造型，如“红孩儿”“哪吒”“许仙”等人物都是栩栩如生，令人觉得既好笑又怀念。娱乐造型是节目的一部分，可以突出节目娱乐化、戏剧化的效果。

4. 娱乐化的编辑

为了产生一定的娱乐效果，在后期剪辑中可以对节目进行娱乐化处理。这包含音乐、音效、字幕、动漫、特技等元素，使得节目整体表现出更显著的娱乐效果。

（1）音乐：演播室现场音乐与后期合成音乐、音效，能在关键时刻烘托出制作人想要达到的娱乐效果。

（2）编辑：运用各种剪辑技巧，根据节目内容与主持人的表现产生意想不到的效果。

（3）字幕：加在适当的位置，可以起到烘托和趣味性的效果。

（4）动漫：与字幕一样，加在适当位置，是一种更加夸张的画面编辑元素。

（三）适时性地加入才艺展示

综艺娱乐节目主持人要多才多艺。所谓“艺不压身”也是说明在艺术的领域里技能越多，主持人在创作的过程中也就会越有灵感、激情以及丰富的表现形式。例如，在央视的春节联欢晚会上，董卿不仅担任主持工作，还和黄宏合作表演相声，与刘谦搭档魔术表演等。这些主持人的才艺元素在节目中被运用得恰到好处，使得节目锦上添花。

由此可见，综艺主持人的多才多艺不仅仅是为了节目创作，同时也能体现主持人综合魅力指数。需要注意的是，主持人不能为了达到自我表现的目的而进行才艺展示，而应根据节目内容需要适时地进行。

（四）在节目中运用具有感染力、煽动性的语言进行表达

综艺娱乐节目主持对主持人语言表达能力要求非常高。除了符合一般节目中主持人语言的基本特征之外，综艺娱乐节目主持人语言还应具备“可欣赏性”。综艺节目由于其本身的娱乐特质，主持在语言表达上较其他类型节目更自如，更轻松，更具有强烈的表现力与感染力。因此，语言表达可根据内容的需求，时而“抒情陶醉”，时而“夸张富于变化”，时而“炮语连珠，弹弹强发”……这样的语言表达才能达到具有感染力和煽动性的效果。

二、综艺娱乐节目的创作方法

综艺娱乐类节目形态较丰富，在本节的基本分类中已经提到。对于不同类型的节目

主持创作来说，还有一定的差别。那么，针对目前常见的三种节目形式：综艺晚会类、娱乐播报类、游戏竞技类来进行具体创作和实训。

（一）综艺晚会类

（1）根据不同类型的晚会，准确把握晚会主题、内容、基调、风格等。

要求主持人对一台晚会特有的情感色彩和节目氛围有整体把握。例如，中秋晚会主持中，主持人的基调表达应该把欢乐、温馨作为情感的主线。如遇赈灾义演晚会，基调应是深情、凝重并具有号召力。

（2）这类节目的主持人总体给人以典雅大方、亲和力强的感觉，主持人语言表达多明快、热情、交流感强，整体形象具有较高的艺术气质。

主持人在进行主持创作的时候要注重与受众、嘉宾进行互动交流，要具有饱满的热情、较强的控场与舞台调度能力、即兴发挥的能力等，巧妙地串联、组织整场节目的各个环节。

（3）晚会舞台主持人的体态语表达。

①主持人出场。舞台主持人一般在晚会中多穿着礼服。

舞台主持人走动要求：体态挺拔轻盈、重心平稳、抬头挺胸、从容自信；行走中，注意步幅适中、不拖沓、脚步要轻巧且富于节奏感；手臂自然摆动，幅度不宜过大或是完全不摆动；上身挺拔，腿部伸直，中腰有支撑感。女主持人还要整体做到步履匀称、端庄优雅；男主持人应该做到步履稳健，让受众产生信赖感。如遇多人搭档，遵循女士优先的原则，搭档之间注意走动节奏一致。

②主持人退场。主持人要退场时，男主持人应等待女主持人先退场，然后跟随退场。步伐节奏可以根据不同晚会性质和基调而定，如《春节联欢晚会》要求脚步轻盈、轻快，《赈灾晚会》要求步伐沉稳、坚定。

③站姿要求。挺胸、收腹、神采奕奕，情绪饱满。一般来说，舞台主持人站立时，应体会脚掌牢牢贴地的感觉。膝盖并拢，寻找小腿到大腿的拉伸感，大腿肌肉提升有紧张感，收腹提臀，在确保自然呼吸的情况下，放松双肩和手臂，找到脖子向上拉伸的感觉，后脑勺有贴墙感，下巴自然放松（不要过分含下巴），双眼平视前方。

在站姿要求上男女主持人略有差别。男生一般选择自然合拢双腿站立或微微分开双腿，但双腿分开的宽度应比肩宽略窄。女生则多为合拢双腿自然站立，但由于个人腿型制约，如两腿无法贴紧，可采取“撤步站立”，即双脚不在同一水平面上，一只脚略微后撤，自然站立，切忌过于生硬。总的来说，站姿应做到自信而不骄傲，挺拔但不僵硬。

主持人站定之后，仍然要保持挺胸、抬头、收腹、提臀、颈部拉伸的状态。

女主持人站姿

男主持人站姿

④话筒持握方式。话筒是舞台主持人的传声工具，因此一定要正确使用它，否则不仅会失去美感，还会影响传声效果。主持人在使用手持话筒时，手握话筒的位置应是整个话筒的中下部，尽量不要手握话筒过紧，做到手形松弛。话筒摆放的位置应在下巴以下，以便于露出面部。主持人应时刻具备话筒意识，不能因为肢体语言而改变话筒与嘴部的距离；另外，无论是主持人自己说话，还是采访嘉宾、受众，主持人的话筒都应掌握在自己手中，对话筒具有主动把控权，以应对突发情况。

男女主持人手持话筒位置

男女主持人站立间距位置

男女主持人现场主持交流

【实训】综艺晚会训练

1. 体态语训练：根据前文中主持人站姿、走姿、热情度及话筒持握的相关讲解，进行具体训练。

2. 开场词训练：教师指定晚会开场词，学生结合态势语的基本元素完成晚会开场主持部分。

3. 晚会基调练习：教师指定不同类型的晚会串词，配合与晚会类型匹配的音乐完成晚会主持。（训练材料请见例稿）

4. 晚会串联能力训练：教师指定晚会流程单，学生分组完成晚会串联与主持。

5. 文艺晚会综合训练：学生八人为一组，策划完成一档文艺晚会。要求四个学生承担主持任务，四个学生承担表演任务，完成一台小型文艺晚会。

例稿一：中央电视台元旦晚会

A：中国中央电视台，

B：中国中央电视台，

C：各位现场和电视机前的观众朋友们，您现在正在收看的是我们在中国北京国家体育馆为您现场直播的《起航 2013》中央电视台元旦晚会。

D：我们今天的元旦晚会将通过中央电视台综合频道、综艺频道、中文国际频道以及西班牙语频道、法语频道、俄语频道和阿拉伯语频道向全球直播。

A：这是一个辞旧迎新的盛典，站在岁末年初的门槛前，我们为 2012 难忘的前行读秒。

B：这是一个携手共进的盛典，欢聚在新一年来临的前夜，我们为即将到来的 2013 共同期待、冲刺。

A：今晚，身处世界东方的我们将以北京时间为节点、将以中国航船为载体，为您呈现上长达四个半小时的精彩的节目。同时，我们还将连线全球各个地区的人民共同告别 2012，起航 2013。

C：在这天地最寒冷的季节，我们用坚定的信念彼此温暖，就像那临霜傲雪的红梅、压不垮的青松。

A：银装素裹、飘雪大地。晶莹浪漫的雪花让大地变得洁白，而时光的足迹也在这白色的情愫中化作了最温暖的记忆。

D：那精灵般的雪花从圣洁的天空中飘落，飘走了春夏秋的身影，飘来了又一个崭新的年份。

A：看，翩翩起舞的花仙子仿佛要为我们打开一个奇妙的世界，就让我们一起在漫天飞舞的雪花中等待、聆听那由远而近的新年钟声。

D：今晚，就让我们在这漫天飞雪中开启冬之恋曲的篇章，写下我们对 2013 最深的爱意。

例稿二：2011 感动中国开场词

男：这里是中央电视台 2011 感动中国年度人物颁奖典礼的现场。

女：感动中国和您一起走过了 10 年，10 年我们每年都在这里约会，和好人的约会让我们更多地感受到春天的气息，10 年我们一直在芸芸众生中寻找，寻找那种支撑我们内心的精神力量。

男：感动从千百年的中国传统当中一路走来，10 年不过是其中短暂的一瞬间感动，还将沿着未来中国的道路上一路走去，10 年不过是有一个起点。

女：回望过去的岁月，10 年来，有的人走了有的人来了。

男：现场有这么多面孔环抱着我们，温暖着我们，伴随我们的记忆走过 10 年，走过岁月，走过历史。就在我们刚刚度过的 2011 年里，我们纪念了很多重大的历史事件，而正是对很多重大历史事件的纪念，加重了这种思考的历史感，今天我们就从一位老人的故事说起，他也是从一段历史中走过来。

女：有人说他代表着一个时代，有人说他是中国科技的帅中之帅，仰望星空的时候我们知道天上有一颗星是用他的名字来命名的，而他自己却说我很不敢当。

例稿三：2012 中国好声音总决赛巅峰之夜

A：现场的朋友，以及电视机前的观众朋友们，晚上好。

B：各位晚上好。

A：这里是浙江卫视中国蓝，今晚你们将在这一刻共同见证正宗好凉茶正宗好声音，由凉茶领导者加多宝为你冠名播出的，浙江卫视加多宝凉茶 2012 中国好声音巅峰之夜群星演唱会。

B：今天是中秋佳节，首先向各位道一声：中秋快乐。现在我们是在上海的八万人体育场，今晚火爆了整个夏天的浙江卫视中国好声音节目将为各位送上最最光芒四射的收关之作。

C：而在今天晚上，所有的学员将为我们带来最最震撼的声音，所以我们要用这个夜晚点燃上海的星空。当然，我们今天晚上的 2012 中国好声音巅峰之夜是由群星演唱会、2012 年度中国好声音巅峰之夜以及六大奖项的颁奖盛典组成。

D：是的，今天晚上你将会看到的是中国好声音学员和诸多重量级的明星嘉宾同台表演，他们将唤起各位在这个夏天观赏所有学员一路成长的记忆。同时，今天晚上四位导师最优学员将会在现场跟导师同台演唱，他们将通过今晚的表演争夺年度好声音的桂冠。

A：今晚，我们将听到的是一个又一个熟悉的旋律，今晚我们将共同见证这个夏天谁走到最后的巅峰之巅，今晚在座的各位你们来自全国各地的观众朋友们，将和 99 位媒体评审团的朋友一起通过场内手机互动的方式以及媒体投票的方式来选出最后的获得桂冠的那一位好声音代表。

C：接下来的时间，准备好你们的掌声，我们要请出今晚最为闪耀的明星们登场。

D：让我们欢迎中国好声音四位导师和他们的四位最优学员。

（二）娱乐播报类

这类节目属于资讯节目，主持人在镜头前组织、串联各种娱乐圈的信息进行播报。

1. 形象要求

这类主持人应具备靓丽清新的外形，青春时尚。

2. 播报要求

积极、热情、感同身受的主持状态；语言风格清新、活泼，节奏明快、有跳跃感，语调变化丰富。

3. 资讯串联

自然承接上下内容、有机地整合播出。

4. 道具使用

为了增加节目的娱乐性，还会根据节目内容需求加入音乐、道具、图片、视频等手段、让受众产生新鲜感。道具样式多种多样，运用道具一定要把握新鲜、适度的原则。

5. 体态要求

在进行播报的过程中，主持人可根据节目内容，面部表情有所变化。切记手势不要过多、过杂，应适当、适度，具有美感。

东南卫视《娱乐乐翻天》主持现场（搭档主持）

湖南卫视《娱乐急先锋》节目现场

央视电影频道《中国电影报道》节目现场

案例启发

东方卫视——《娱乐星天地》

A：嗨，大家好，您现在收看的是由国际品牌贝因美赞助的《娱乐星天地》，我是优佳。

B：大家好，我是皓天。先来关注一下上周日播出的斯柯达中国达人秀。据说有无所不能之称的观察员刘烨同志与苏有朋小伙伴，遇到了前所未有的挑战呀。还出了一些洋相。

A：真的吗？他们两个一个是影帝，一个是偶像，我真的不相信是什么样的独门绝技，让我们的两位男神下不了台呢？我们一起来看一下。

（进入记者发回的关于达人秀的现场报道）

B：看来，这期我们的节目除了有好戏看，还有好歌听啊。接下来我们再来看看每年春节播出的《我和春天有个约会》，这是 S.H.E 每年的主题歌会，也是很多受众很期待的一个节目。时间过得好快，一晃 10 年已经过去了，到了 2014 年的春晚。

A：是的。10 年了。昨天我在节目现场，许多人也在问，10 年了，你准备用什么样的好歌、好段子，给《我和春天有个约会》送上 10 年的生日祝贺呢？那么在录制之前，我们的记者就到后台去打探一番。我们一起来看看吧。

（进入记者发回晚会后台准备情况视频）

B：在这里我们预祝他们演出成功。今天是 1 月 8 日，可是个大喜的日子，大众偶像刘恺威、杨幂在巴厘岛大婚。

A：嗯，因为巴厘岛与中国没有时差，那么“幂粉”就可以第一时间分享大婚的现场幸福味道啦。杨幂穿什么样式的婚纱，也是很多幂粉们讨论的话题。我想一定是最美丽的新娘子。那么也让我们一起沾沾喜气吧！

【实训】娱乐资讯播报训练

盘点近期娱乐圈热点新闻，重新组织、结合图片与道具，完成双人或单人娱乐资讯播报。

（三）游戏竞技类节目

这类节目以游戏为主要形式，在游戏的过程中受众与嘉宾共同参与，营造快乐热烈的节目氛围，使参与者和现场受众共同拥有轻松快乐的感受。

1. 营造氛围

这类节目的主持人除了熟练准确地把握游戏的程序、规则，还要热情、公平地对待每位选手。以满腔热情带动受众、感染受众，与大家同乐、同游戏。多人搭档时，为了共同烘托营造娱乐氛围，主持群还可以进行开场秀（如模拟表演、唱歌、舞蹈、乐器等），这个环节可以展示出主持人多才多艺的一面。对于主持群而言，需做到主持人分工明确、配合默契，学会垫语和补说，适时、适当地发挥自己的作用。

2. 掌控现场

主持人是游戏的组织者，需要准确掌握节目流程与进度，担负着控制节目节奏、掌控现场的重任。这就要求主持人必须统领全局，并引导受众从被动接受变成主动参与。必要的时候主持人还要参与其中，这样可以更好地与现场受众和嘉宾交流、融合，从而营造台上台下热烈互动的氛围。

3. 有效沟通

主持人除了让现场的参与者尽享游戏的乐趣之外，还需要向电视机前的受众传递快乐。因此，主持人不但要执行台本上的节目方案，还需捕捉现场一些趣味点，并运用语言技巧强调那些让人愉悦的细节，把机智、幽默穿插于现场解说与采访中。

4. 煽动激发

主持人善于引导与激发参与者的热情，节目才会出现亮点。煽动激发是主持艺术的较高境界，需要主持人根据现场情况，因地制宜、因人制宜地启发嘉宾与受众，或追问，或调侃，或互动，一段采访、一段模仿、一个适宜的动作都可以增添节目的欢乐气氛，真正做到主持时幽默中见智慧，平和中有高潮。[1]

【实训】游戏竞技节目训练

1. 演播室竞技节目训练：两个学生为一组，完成节目策划，根据节目方案邀请嘉宾参与节目。

2. 户外游戏竞技节目训练：15 ~ 20 人为一组，组内分工完成策划、拍摄、主持、后期剪辑工作，最后以成片呈现。

三、综艺节目主持人的服饰运用

衣着对于一个公众人物而言，十分重要，综艺节目主持人通常个性活泼、形象靓丽，受众对于这类主持人的外在形象有着很高的期望。因此，在这类节目中，主持人的服饰选择应符合流行趋势，服装款式需新颖独特、颜色需鲜艳亮丽，如遇到特殊的节日庆典还可以量身定制礼服。例如，历年央视春晚中，主持人的礼服都是根据个人形象气质量身定制而成的。其中属 2012 年春晚董卿的几套礼服最为耀眼夺目，时而是华美礼服，时

[1] 徐莉，毕凤飞. 主持人口语表达艺术[M]. 北京：中国广播电视出版社，2004.

董卿春晚礼服

而是典雅旗袍，其中一件还被网友直呼感觉董卿走在了巴黎时装界的秀场上。这些品位高雅的服装的确为董卿的主持增色不少。

主持人形象塑造，服装元素十分重要，但是精致美观的饰品也是不可或缺的重要服饰元素。主持人要注重细节的把握，一个小小的配饰，可能会为主持人整体形象起到“画龙点睛”“锦上添花”的效果。

总体而言，综艺娱乐节目主持人的服饰运用原则是大方、独特、鲜艳、时尚并符合主持人的个人气质。奇装异服容易喧宾夺主，影响节目的视觉效果。

四、综艺娱乐节目主持应避免的误区

近年来，一批成功的综艺娱乐节目给各大卫视创造了收视神话和巨大的经济利益，让各大电视台出现了“娱乐无敌”的节目创作模式，这种情况直接导致了全国电视行业生态的失衡。

在激烈的市场竞争下，一些综艺娱乐节目可以做到持续火热，引领收视热潮，但多数综艺娱乐节目只是昙花一现。因此，主持人应了解优秀综艺节目的成功之道，总结被市场淘汰的综艺节目的前车之鉴。

（一）“通俗”而不“低俗”

综艺娱乐节目被有些人理解为“搞笑”“恶搞”“暴力”“肤浅”“哗众取宠”，甚至为了追求高收视率和高收益而走向了“低俗”“媚俗”“恶俗”的“另类娱乐”中去。实际上，它应该是在娱乐大众的前提下，符合大众的基本审美要求，同时又可以提升受众的审美情趣与水平。目前，国内综艺娱乐节目的低俗之风愈演愈烈，有的主持人为了给受众找“乐子”而在节目中忸怩作态、打情骂俏、口无遮拦，甚至说黄色段子等。但是，收视率不是评判节目好坏的唯一标准，要想在大众面前维护媒体的声誉、树立良好的口碑、塑造主持人良好的自身形象，就必须从“低俗就是通俗”的误区中走出来。

综艺娱乐节目是通俗而绝不是低俗和庸俗，因此，综艺娱乐节目也要有道德底线，不能一味地追求卖点而忽视人们的基本接受能力与品行。那么怎样做才能不触及底线呢？我们就拿魏南江老师在他的《节目主持艺术学》一书中对主持人李咏的分析来说明一下。

李咏认为“通俗再低一点就是低俗了”。他举出自己在主持《幸运52》时，在介绍两位选手从小就认识的时候，故意用了“青梅竹马的普通朋友”，还不断地重复称号，就是把大家带到联想的环境，不作任何评价，大家听到都会乐起来，这就是通俗。他们也许有暧昧的关系，但是李咏没有就此延续下去，如果继续下去就真的变成问题了，那就是低俗了。

（二）“真实”而不“做作”

真实是所有节目的灵魂，也是保持节目长久关注度的重要因素。但是目前，有些综艺节目尤其是真人秀节目却“以真实之名，行表演之实”，过于强调“演”和“秀”而忽视“真”。具体来说，有嘉宾身份不真实、目的动机不真实、讲述内容不真实以及节目中流露的情感不真实等现象。[1]例如在《中国好声音》第一季中，有个当年高考落榜生讲述自己对于音乐的热爱，也表示人生不是只有一条路可以成功，因此来参加节目。看上去这个故事很励志，但是随着她在《中国好声音》中的过度成熟表现，让许多受众对她的“当年高考落榜生”身份以及没有舞台经验的说法开始怀疑。结果她不得不出来解释，落榜只是很多年前的事情，之后去了酒吧驻唱。由此可以看出，受众的眼睛是雪亮的，真与假是可以鉴别出来的，过度的包装、表演是不可取的。

（三）给“大众带来娱乐”而非“娱乐大众”

在许多游戏、益智类节目中，参与的大众多是普通人，他们带着最普通的梦想来参加节目，每人的机会都是平等的，人格上更是平等的。因此，综艺娱乐类节目主持人在主持的过程中一定要以一颗平常心去对待每一个选手、嘉宾和受众。但是，有一部分主持人觉得这是娱乐节目，就要娱乐大众，就可以肆无忌惮地嘲笑选手表现，就可以不顾他人感受拿受众当笑料，就可以无隐私地爆料嘉宾的私生活，就可以带有讽刺性的语言攻击搭档等。或许主持人觉得这样的表现有娱乐效果，殊不知，这样的举动已经让受众感到是在“愚弄选手，娱乐大众”。

总而言之，综艺娱乐节目与其他主持节目相比具有一定的特殊性，需要多种相关能力。主持的控场能力、精湛的才艺、能演会说、富有个人魅力等对于综艺娱乐节目主持人来说，都是极其重要的。

[1] 马继霞．泛娱乐生态下综艺节目创作的误区[J]．传媒杂志，2011(12)．

知识链接

电视综艺节目胜出要有“三板斧”

2013年被业内称为中国电视的版权引进年，平均每个月有两档引进版权节目在全国各大卫视播出，而且类型接近。电视节目要胜出，有哪些秘诀？在2014年5月30日举行的“2014星光电视艺术创新创优论坛”上，央视和湖南台的主管领导透露了各自的秘密。

精准化：引进《爸爸去哪儿》，目标受众是女性和儿童。

对时下电视节目竞争之激烈，湖南广播电视台常务副总编辑盛伯骥十分感慨：“年初，《我是歌手》收视还很辉煌，到了《中国最强音》就不太好，接档的《快乐男声》复出显得气力不够，年底《爸爸去哪儿》收视又非常好……作为电视人，我们不能完全把握自己。”他认为：“引进模式的标准不在于它的出生产地或者是否符合我们的平台，而在于是否符合观众的胃口。”他以《爸爸去哪儿》为例：“香港电视节上，有记者问我，你们为什么判断《爸爸去哪儿》这个模式能成功？我回答三点，第一，我们有一个非常好的团队，就是跟《爸爸去哪儿》非常接近的团队；第二，目前在选择上选秀节目太多太滥，如果推出一档这样的节目，比较有收视率；第三，这个节目观众以女性、儿童为主，这样的节目对我们有用。”

极致化：《我是歌手》每个歌手都有一个编剧。

作为引进节目的成功者和受益者，盛伯骥昨日分享了湖南卫视引进节目的三个经验：第一要学会激动。“电视节目属于精神类产品，情感特征和精神认识都是产品成功的关键。因此要学会激动自己，才能感动受众。”第二，要学会叙事。“2013年《我是歌手》《爸爸去哪儿》都把讲故事元素挖掘到极限。团队专门成立编剧组，每个歌手都有一个编剧。歌手在音乐和个人故事上有什么冲突和卖点，编剧和歌手助理、经纪人以及场记都会及时沟通。”第三，要学会精细。“2013年的节目创新中，节目的质量化和精细化考评是我们重要的评估原则。《我是歌手》动用了38台摄像机，每集拍摄1 000多小时的素材量，让节目呈现出大片的效果。”

人际化：2013年是央视创新力度最大的一年。

除节目模式引进之外，还要自主创新。央视综合频道总监钱蔚介绍，2013年对于央视而言是创新力度最大的一年，“整个电视台一年的创新节目是2012年的四倍，同时收视份额总和也是四年的最高值”。要创新必须先找到出发点——“发现中国人内心深处真实的东西”。她说，中国老百姓除了对歌、对舞、对达人感兴趣，还有什么？我们认为是对公益的美好追求，只要点燃它，老百姓的需求就会被无限大地放大。比如《梦想合唱团》《梦想星搭档》，我们用了1+1形式——一个是音乐加公益；我们还把人际关系搬到节目来，明星也采用1+1搭档。这样在我们节目中，两个“1+1”就使这档娱乐节目的社会属性非常富足，也给予我们丰厚的回报。

第九章
成为访谈节目主持人

【学习目标】

1. 熟练掌握访谈节目的理论知识。
2. 了解访谈节目主持人需要具备的基本能力。
3. 掌握访谈节目的基本创作方法，通过实训，具备访谈节目的基本主持能力。

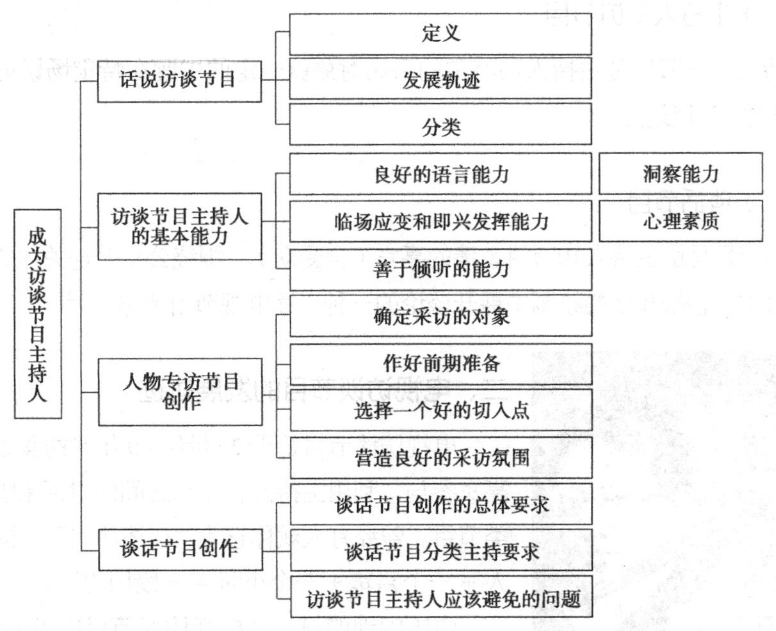

第一节　话说访谈节目

自 20 世纪 90 年代电视访谈节目出现以来，就一直受到人们的关注。随着受众审美情趣的提高和广播电视媒体的发展，访谈节目对节目选材和节目制作都提出了更高的要求。访谈节目除了注重丰富的听觉信息，还需要提高可看性。

电视访谈节目具有很强的互动性，因为在访谈过程中，主持人与被访嘉宾之间始终存在着信息交换和共享，共同推动节目进程、分享信息。在这个互动传播过程中，嘉宾接受采访，交流自己的故事和情感；节目主持人调控、把关，调动对方谈话的欲望和兴趣，双方共同构成节目的核心和灵魂，共同营造一个信息和情感交织的“谈话场”。

一、访谈节目概述

访谈节目，是广播电视节目中专访节目形态和谈话节目形态的统称。

（一）主持人专访节目

主持人专访节目是主持人与特定的采访对象就一定的主题在特定场景进行谈话的一种广播电视节目形态。[1]

（二）谈话节目

谈话节目是由主持人和节目邀请的嘉宾（含受众），围绕公众普遍关注的重要话题，在平等民主、轻松和谐的氛围中展开谈论的一种广播电视节目形态。[2]

骆新：《东方直播室》

二、电视访谈节目的发展轨迹

电视访谈节目始于 20 世纪 60 年代的美国，是指邀请嘉宾参与，利用主持人和嘉宾之间的对话来吸引受众的一类节目。曾经有人戏称它为“口述历史”，即“一个主持人 + 一个嘉宾 + 一个小时 = 一段历史”。

中国内地的第一个电视访谈节目应当追溯到 1993 年 1 月开播的上海东方电视台的《东方直播室》。如此算来，中国电视访谈节目已经走过了 21 年的道路。我国的电视访谈节目的发展，以 1993 年 1 月开播的《东方直播室》为起点，共经历了三个阶段。

---

[1] 张启忠．访谈节目编导教程［M］．北京：中央广播电视大学出版社，2008.
[2] 王群，曹可凡．谈话节目主持概论［M］．北京：中国传媒大学出版社，2007.

（一）兴起阶段（1993—1996）

1993 年 1 月，上海东方电视台的《东方直播室》开播，这是一档每晚 7：00—7：30 的演播室直播访谈节目，与中央电视台的《新闻联播》播出时段相同。当时紧随此栏目开播的还有 1993 年 2 月上海电视台的直播访谈节目《今晚八点》、黑龙江电视台的《北方直播室》、广东电视台的《岭南直播室》和山东电视台的《午夜相伴》等。

《东方直播室》的重大突破就是首次将受众请入演播室，由主持人、嘉宾和现场受众一起，采用“大家谈”的方式，共同探讨老百姓关心的社会热门话题，内容涉及社会、家庭、法律、经济、文化、历史等各个方面。由于当时电视台还没有上星播出，这些访谈类节目传播范围仅限于当地，收视范围很小，因此在全国没有引起大的反响。

（二）发展阶段（1996—2000）

1996 年，中央电视台的《实话实说》开播。《实话实说》首次采用国外“Talk Show”的形式，一炮打响。节目从话题甄选、访谈层次设计、记者前期调查、嘉宾的选择和搭配、主持人的风格定位与现场组织、大屏幕使用、灯光设计、现场乐队、多机摄录和后期编辑等方面都借鉴了国外流行的脱口秀节目的方式，并结合自身特点进行了修改与创新。《实话实说》的巨大成功引发了中国电视访谈节目的流行，各个电视台都试图抢占这块新市场。但由于缺乏《实话实说》的前期精心策划和崔永元那样个性鲜明的主持人，许多后起的节目质量并不理想。但在这段时期仍然出现了一些较有特色的栏目，如中央电视台有《文化视点》《影视同期声》周末版、《半边天》周末版，地方台有北京电视台的《荧屏连着我和你》和《国际双行线》，深圳电视台的《魔方舞台》、重庆电视台的《龙门阵》、上海电视台的《有话大家说》、湖南电视台的《大当家》等。

（三）成熟阶段（2000 年至今）

2000 年 4 月，湖北卫视全新经济类谈话节目《财智时代》开播。《财智时代》在电视访谈节目的发展道路上，虽不起眼但却具有里程碑式的意义。它把访谈节目从以往的社会生活类话题转向经济领域，极富时代气息。这段时期里中央电视台开播的《艺术人生》被称为 2001 年中央电视台“最大的亮点”，《对话》更是被称作 2001 年中国电视界的“最大惊艳”。《对话》凭借其全世界范围内举足轻重的嘉宾和创造性的表现方式，赢得了良好的收视率与广告效果。这个阶段访谈类节目数量增多，节目涉及的话题、内容范围更加广泛。

陈伟鸿：《对话》

三、访谈节目分类

访谈节目分为专访类节目和谈话类节目两大类。

（一）专访类节目分类

1. 人物专访

人物专访是指对具有新闻价值的人物的专访，包括国际国内政要、卓有成就的各行各业知名人士、炙手可热的体育与演艺界明星，还有兢兢业业、默默奉献的劳动模范等。[1]如中央电视台的《面对面》《高端访问》。

2. 事件专访

事件专访主要采访新闻事件的当事人或关联人，目的在于详尽地叙述新闻事实的来龙去脉、前因后果，认识事情的本质意义。如中央电视台的《海峡两岸》。

3. 意见专访

意见专访是就社会关注的某类现象、问题或政策，邀请具有代表性、权威性的人士来做大跨度的、深入的采访。[2]如中央电视台的《央视论坛》。

（二）谈话类节目分类

1. 新闻时政类

这类节目往往围绕当前社会上的热点、难点、焦点问题或令人关注的新闻事件以及引发的社会话题进行讨论，话题一般为比较严肃的“硬话题”。如东方卫视的《东方直播室》、上海人民广播电台的《市民与社会》等。这类节目对宣传党的方针政策、正确引导舆论具有重要作用。

2. 社会生活类

这类节目往往涉及家庭、爱情、婚姻、伦理、道德、人际关系、教育等社会生活内容，话题一般是为大众关注的软性话题。如央视的《实话实说》《半边天》。

3. 综艺娱乐类

这是以休闲娱乐为主要目的的谈话节目，它以谈话为载体，加入较多的综艺成分和幽默的情境设计，充分展现话语中的乐趣，达到戏剧化的效果。李静和戴军主持的《超级访问》就是最典型的例子，它巧妙地设置了游戏情境，通过大范围的外围调查、采访和对明星言语的捕捉，凸显个性、制造悬念，实现主持人、明星嘉宾、场外嘉宾、现场

---

[1][2] 吴郁. 主持人的语言艺术[M]. 北京：北京广播学院出版社，1999.

受众的互动。

4. 专业话题类

节目围绕某一专业领域内的话题，如文化、影视、经济、股市、体育、科技等进行深入的讨论，邀请相关专业人士参与。这类节目一般安排在专业频道或特定时间播出，以吸引特定的受众群。

【实训】访谈节目理解练习

让学生介绍自己喜欢的访谈类节目及其主持人的经历，并阐述原因。

第二节　访谈节目主持人的基本能力

无论是谈话节目还是专访节目，对于主持人都有着严格的采访要求。但节目主持人的采访有别于平面媒体记者的采访，后者的采访重点在于提问，贵在向采访对象提出各种有新闻价值的问题，通过提问从多种角度寻找有价值的信息，深度挖掘新闻。

另外，主持人不仅担负着引导话题、调动情绪、协调气氛的重任，还需要控制节目进程，决定着节目的走势。因此，主持人除了具备采访能力之外，还应该具备以下能力。

一、良好的语言能力

（一）清晰准确的语言表达能力

语言表达能力是一名合格的访谈类主持人应具备的最基本的要求。口齿伶俐，表达清楚才能让受众有信服感。所以，主持人一定要锻炼好自己的语言基本功，言语有心、言语用心、把话说好、说通、说顺、说巧、说妙。在这些基础上加强思维逻辑，准确地把头脑中的语言整理出来，在访谈的时候做到心中有数，在语言表达的把握上要特别注意语言的分寸和节奏。

（二）迅捷的语言组织能力

访谈节目主持人是运用口头语言艺术与受众进行交流对话的，因此必须具备良好的口才以及迅捷的语言组织能力。良好的语言组织能力是一个主持人知识水平、思维应变能力、口语表达能力的综合体现。我们所熟知的一些著名的节目主持人，无不具有出众的口才和表述能力。因为嘉宾的性格各有特点，不同的嘉宾有不同的思维和谈话方式，会存在不同的想法、会表达不同的意见。这就要求主持人在谈话的过程中，根据具体嘉宾与谈话内容作出快速的反应，并且迅速组织语言进行有效表达。优秀的访谈主持人还要做到营造出愉快的谈话氛围，调动嘉宾的表达欲望，掌控节目的谈话进程。

二、临场应变和即兴发挥的能力

临场应变和即兴发挥的能力是主持人在节目中遇到突如其来的情况时，作出迅速反应的能力。

主持人在节目中与嘉宾进行交流时，如果事先准备不足，对采访主题不够了解，对采访对象的心理活动把握不准，机械地按事先设定好的计划来交流，不作临时处理，很容易造成信息传播的中断，这样就达不到理想的传播效果。若想在节目中尽善尽美，不仅要拥有迅捷的语言组织能力，还要有处变不惊、快速反应的能力，做到从容镇定、挥洒自如。比如在王志采访牛群的一场谈话中，牛群对采访提纲中没有涉及的问题避而不答，王志在现场即兴发挥，转变提问方式，巧妙地找出问题的答案。

记者：当时在有些媒体上有过的一些承诺。其中最重要的一点，你说要让老百姓的腰包鼓起来，鼓起来了吗?

牛：这个看怎么说，实际我来的时间不长，有的老百姓的兜里就鼓起来了，因为毕竟还是一部分人先鼓嘛。咱再说五洲牛肉，五洲牛肉干呢，恐怕我没来之前，它每年大约是200万元吧销售额，今年已然突破了8000万元，逼近一个亿，风靡全国，远销东南亚，还闯入欧洲市场。

记者：但是我们从县里了解到的数字来说，你到任的两年期间，人均收入并没有太大的变化?

牛：我们求的就是发展，我们不急于赚钱，也就是说县里考虑的是老百姓的长远利益，不是今天的利益。有时候一时好像有了效益了，它可能是一种形象工程，是一种表面工程，甚至说是短期行为，所以说我们如果从长远的观点来分析这个问题的话，就应该说是非常可喜了，打下的是一个坚实的基础。

记者：我清楚记得你上任的时候有一个承诺，就是要把蒙城变成一个国家级的旅游基地，两年之内。

牛：两年之内，两年之内变成国家的旅游基地，哎哟，第一我没记清我有个两年的限制，但我相信会有的。因为它是庄子的故里，仅就这一点，它没有理由不成为。

记者：两年之内，当时的承诺是信口说的?

牛：我记不清了，两年之前那属于心里没数。因为要是两年让一个还不是省级旅游点和市级旅游点的地方，一下成为国家级，这个属于说空话了。

记者：上任的第二天，你指着黄牛市场的那块牌子告诉大家说，我两年之内要把这块牌子变成国家级的，做到了吗？

牛：没做到。如果我要是说了的话，那我就等于又放了一个空炮。我印象不是特别深，因为当初就是省级的黄牛大市场，现在从知名度上，可以说是世界级的黄牛大市场了。

记者：那你放的空炮很多。

牛：有时候是这样，开始是做一种宣传，因为它有一定的基础，就像这儿呢，原来是国家级的汽车大市场一样，它是先干后说，有的是先说后干。比方说，我从北京到蒙城来，实际上是先说后干。

三、善于倾听的能力

做一个优秀的倾听者，不是单单用耳朵去听，而是要用心倾听。首先是能够和嘉宾、受众真实地进行意见表达和感情交流，做到能够倾听和善于倾听。主持人在现场应能够鼓动起嘉宾和受众的情绪，让他们畅所欲言。尊重别人就等于尊重自己，这样才能引导和调动起谈话激情。当然，在引导话题的同时也要敢于质疑和独立思考，如果一味跟着嘉宾的思路走，驾驭不了节目进程，那主持人就失去了价值。

案例启发

奥普拉的故事

美国电视脱口秀女主持人奥普拉·温弗瑞，多年来在其代表性节目《奥普拉·温弗瑞秀》中大放异彩，成为美国电视、文艺界中的高收入者。她的外表其实极为普通，只是一位四十多岁的黑人妇女，中等身材，相貌平常。那么，她的成功所凭借的是什么呢？正如她个人传记的作者麦尔所指出的："一般说来，广播电视的访谈者提出问题，却并不认真听回答，他们的心思放在其他事情或是下一个新问题上。但奥普拉会仔细地倾听嘉宾们的谈话，并且利用谈话的内容把主题步步引向深入。由于她对受众和嘉宾的生活充满关切，能同他们进行交流，因此大获成功。"

四、洞察能力

节目主持人要懂得在谈话中寻找问题与细节，在采访一个对象的时候要做好访前准备工作，熟悉被访者信息，抓住特点。同时，需要察言观色，感知受访者的情绪变化，捕捉受访者的信息要点，及时调整采访思路，改变提问方式。

访谈类节目主持人的一项重要任务是帮助受众探寻真相，当主持人感受到信息不真实时，需要持质疑的态度。因为往往越是尖锐的问题，越是受众所想了解的问题，找到真实的答案则需要主持人具有深度挖掘的能力。国内外知名的访谈类主持人大多有过当记者的经历，他们了解社会生活、长期历练，能掌握受众的审美要求，精于洞察，善于思辨。

五、心理素质

（一）平等交流的心态

访谈节目主持人应该具有平等的心态，面对不同身份的采访对象应保持相同的采访心理。也就是在“大人物”面前不唯唯诺诺，无“小人物”自卑感；在普通人面前不趾高气扬，无“名人”优越感，以平常心态面对每位嘉宾。

笔者看到过一篇采访凤凰卫视主持人吴小莉的文章，记者问她采访平民百姓和国家总理有何感受，如何把握心态时，吴小莉说：“我把他们都当作一个很值得了解的人！无论是国家领导人还是平民百姓，每个人都有值得挖掘的一面。因此，我能用平等的态度去对待我所有的采访对象。”吴小莉的体会，充分印证了在访谈节目中主持人保持平等心态是节目成功的基础。唯有自尊和自信，才能赢得别人的尊重；只有真诚和平易近人，才能产生心灵的共鸣。

（二）平和的心态

访谈节目主持人面对的采访对象形形色色，职业、地位、年龄、性格，或与之相关联的新闻事件的内容性质等诸多因素，决定了主持人与每一个采访对象之间的访谈都将产生有趣的“化学反应”。无论嘉宾如何变化，摒弃输赢心态是主持人提出好问题的关键。采访要获取信息，而非构成对抗。输赢心态会使主持人无法充分感受采访对象的内心世界，并无法用真诚、平等的交流态度打开对方的心扉，自然也就无法获得媒体和受众所期待的有价值的信息。

另外，访谈节目主持人在节目中一定要流露真实的情感而不表演“真情”。有的主持人只顾一味煽情，倾心于自我陶醉，结果造成节目缺乏感染力；更有甚者，矫揉造作，表演痕迹随处可见，这都难以使访谈节目深入人心。

访谈节目主持人队伍日益壮大，要做一名优秀的访谈节目主持人却绝非易事。除了多学习、多观察、多积累，善于吸取别人的经验、发现自己的不足，更要不断加强自身修养、提高素质、调整心态。唯有把自己塑造成富有亲和力、吸引力和创造力的节目主持人，才能创造出富有影响力的、深受受众喜爱的访谈节目。

第三节　人物专访节目创作

专访节目共分为事件性专访、意见性专访和人物专访三种类型。但由于受到实训环境邀请专家型嘉宾困难等条件的限制，我们在实训过程中，主要侧重人物专访的训练。人物专访特指对新闻人物进行的专访报道。

一、确定采访对象

进行人物专访的第一步就是先确定采访对象。什么样的人物是具有采访价值的？复旦大学资深教授周胜林认为，人物专访的访问对象主要是重要新闻事件中的新闻人物，非新闻人物却具有新闻因素的知情人。

笔者认为，常见人物专访节目的采访对象大体具备以下特征：一是具有社会知名度、关注度；二是具备一定的故事性；三是具有一定的新闻热度。他（她）可以是国际、国内政要、卓有成就的各行各业知名人士、炙手可热的体育与演艺界明星，还可以是兢兢业业、默默奉献的劳动模范等。

二、作好前期准备

作好前期准备就是搜集可靠的原始材料，从被采访者身上要能找出某种有价值、有意义、有新意的东西，预设受众能从采访中看到什么？学到什么？达不到这些目的，采访就失去了意义。

访谈节目主持人应确定采访的方向，发掘专访对象生活中特殊的故事或独特的兴趣爱好，以便从多方面展现人物丰富的精神面貌和内心世界，完成节目框架构想。

美国著名记者约翰·布雷迪在《采访技巧》中说："经验丰富的记者一致认为，每采访一分钟，至少要准备十分钟。"当专访嘉宾确定后，首先尽可能多地搜集与其有关的资料，尽快和嘉宾"熟悉"起来。目前，搜集资料的重要方法是通过网络搜索引擎。但是网络信息良莠不齐，要特别注意信息来源（包括作者、主办机构以及新旧程度等），以保证信息的可信度。网络固然便捷，但也不能忽视书籍、报纸、杂志、网络、影像资料等，广泛地找，细致地看，这会花费很多时间，但是是值得的。因为，只有掌握足够的丰富信息，才能产生多维的视角，去了解一个人、走近一个人。

通过事先准备，在资料里熟悉你的嘉宾，但在生活里又要"陌生着"你的嘉宾，与嘉宾之间保持距离，以保证在采访过程中保持新鲜感。崔永元做节目前要求不与嘉宾见面，道理很简单，因为他觉得嘉宾如果已经对你讲过，就会减少新鲜感，重复只能带来遗漏。

三、选择一个好的切入点

从熟悉的问题入手是一个很好的切入点。主持人和采访对象初次对话通常互相不熟悉，但是主持人为采访会做很多相关资料的搜集和整合工作，因此主持人在采访时，通常从采访对象熟悉的问题入手，或是从自己提前了解到的信息作为双方打开话题的谈资。此举会让采访现场更为和谐，缓解采访对象的压力。[1]

[1] 吴郁.提问：主持人必备之功［M］.北京：中国广播电视出版社，2008.

案例启发

常昊与杨澜

杨澜采访围棋大师常昊时的开场白——“常昊是中国围棋界一流的国手，也被人称为‘神童’。他6岁开始下棋，8岁就获得了‘棋童杯’的冠军，10岁入选国家少年队。年仅25岁的他已经获得了多项全国冠军，现在就差一个世界冠军的头衔了。”杨澜绝对是调动受众和嘉宾的高手。凭借前期的准备和对常昊的了解，短短三句话的开场白，就用了一连串的数字，凸显了常昊的优异成绩，将受众的兴趣和关注度一下子就带动了起来。所以，只有充分的案头工作，调动情绪，才能找到突破口。

案例启发

张越在一次专访中，采访一位退役的女红军。张越到了该婆婆家，并没有第一时间开始采访，而是和婆婆一起打扫院子，一起挑水做饭，吃过饭后，她们坐在炕上开始了谈话，张越亲切地称呼婆婆为大姐，她说“大姐，我们都知道你参加过红军二万五千里长征，而且很辛苦，可是我特别想知道的是，我们都作为女人，在长征中来了月经怎么办呢？”老人这样回答：“月经？开始了长征，大家就不来月经了，长征结束后，身体调理好的，就结婚生子，身体没有调理好的就像我，一辈子孤独终老……”这是张越选择的一个切入点，她并没有直接问老人，您长征路上受了哪些苦，而是通过一个大家都知道的生理问题让老人自己讲述长征的辛苦，这样的谈话是值得我们学习的。

四、营造良好的采访氛围

无论是广播还是电视的人物专访，营造良好的现场氛围都是整个采访的基础，也是节目能否顺利进行并取得成功的关键。不少采访对象由于并不经常面对镜头，因此接受采访时都会显得紧张，有可能对方在私下聊天时表现得能说会道，但是一面对镜头就语无伦次。主持人要减轻、消除他们的这种情绪，节目开始之前可以与其进行一些轻松、愉快的交谈，以减轻他们的压力。可以拉拉家常、开开玩笑等，当然也可以谈一些与节目有直接或间接关系的话题，让嘉宾逐渐进入状态，树立起自信心。

案例启发

文稿策划实例

一、节目名称：《超级访问》。

二、节目主旨：剖析嘉宾的内心世界，让受众能够更深入、更全面地了解嘉宾。

三、节目风格：轻松、随意。

四、节目时长：40 分钟。

五、嘉宾选择：典型代表人物，如网络红人、明星等。

六、人物介绍：简单地介绍嘉宾的生平及成就等。

七、节目流程：

（一）播放片头：以节目 LOGO 为主，伴有音乐与突出节目特点的视频。

（二）开场白：主持人开场并请出嘉宾。

（三）聊天环节：现场提问，可加入与现场受众的互动。

（四）结尾：总结，可加入嘉宾现场表演节目。

【实训】人物专访训练

1. 直播：3 ~ 4 人为一组，任务自行分配（主持、编导、摄像），嘉宾由组员确认并邀请，对嘉宾进行 10 ~ 20 分钟的人物专访。

2. 录播：根据嘉宾情况，可提前预约嘉宾进行专访录制，根据嘉宾要求，完成成带录制。

第四节 谈话节目创作

一、谈话节目创作的总体要求

（一）话题的选择

电视谈话节目的话题样式基本有三种：一是社会思潮系列讨论；二是新闻事件延伸讨论；三是新闻人物访谈。

在话题选择上的总体要求如下。

1. 时效性

选取的事件或话题应该是新近发生的，或得到社会广泛关注的热点话题。受众对这些话题相对熟悉，可能已具有了个人观点，甚至在网上已经进行了热烈的讨论。这样的话题选择，才能紧跟社会步伐，吸引受众并拉近与受众的距离。

2. 争议性

选择一个具有争议性的话题会使节目更加精彩。电视谈话类节目所选定的话题要能够引发思考和讨论，要能让嘉宾和受众的观点产生激烈碰撞，这样充满了矛盾冲突和对立的设置，将使节目具有了戏剧性的因素，会更加吸引受众。

（二）氛围的营造

在电视谈话类节目中，氛围是指演播室里形成的一种交谈的状态与气场。演播室不仅是个语言场，还是一个心理场，在场的人应该感到谈话本身是愉悦、轻松的。目前，我国电视谈话类节目在氛围营造上，可以根据不同情况，采取以下方式，达到氛围营造的目的。

1. 选择适当的话题切入点

主持人在谈话开始时，应以嘉宾和受众最为熟悉的话题作为切入点让嘉宾“有话可说”，或者聊聊家常以调动现场的气氛，拉近与嘉宾和受众之间的距离。适当的话题切入点可以使嘉宾迅速进入谈话状态，为推进谈话进程打好基础。

2. 正式录制前进行“热场”

谈话类节目主持人需要调动嘉宾及受众的交谈欲望，所以节目正式录制前的“热场”十分重要。主持人需要在“热场”的过程中，和嘉宾及现场观众进行充分的沟通和交流，以朋友的心态和他们聊天。直到嘉宾和现场受众的谈话兴致被调动起来，就可以开始录制了。

3. 穿插游戏

穿插一些游戏的形式，可以增加节目的现场参与气氛，使节目变得活跃有趣味，比如节目中与嘉宾进行相关心理测试，或与受众进行有奖问答等。

4. 运用多媒体手段

穿插演播室以外的访谈、背景资料的录像片段或连线播出场外的访问；同时，也可以进行现场微博互动、电话连线等。这样可以多层面、立体化地对话题展开讨论。

5. 加入背景音效

音乐天然就有调节情绪、情感及心理状态的作用，谈话节目可以用与话题气氛相关的音乐作品为背景。同时，也可根据现场气氛，加入不同的音效，烘托节目气氛。

（三）凝练准确的表达能力

语言表达能力是谈话节目主持人应具备的一项基本能力。语言表达能力可以反映主持人的思维能力、社交能力以及性格、气质、风度等。

谈话节目是靠语言支撑起来的节目，也是靠语言的魅力来吸引受众的。无论是节目的构想还是节目所要传达的思想和情感，都需要通过主持人的语言来传递给受众。谈话节目不同于其他类型的节目，可以用丰富的表现手法或者是炫目的舞台特效等来增强现场效果，它主要靠人们言语之间的碰撞来擦出火花，受众希望感受到的也正是言语独特的魅力。

语言表达能力分为口头语言表达能力和书面语言表达能力。针对节目主持人的现场表现，我们在这里着重探讨的是口头表达能力。口头表达能力，也就是口才，是将自己的思想、观点、意见、建议，运用最生动、最有效的表达方式传递给听者，对听者产生最理想的效果的一种能力。

提高口头表达能力，首先要博览群书，扩大自己的知识面，增加自己的知识储备，讲话之前要做好准备工作，充分熟悉节目内容。其次，就是多讲，主动地讲，在节目中采取主动，不要被动地被嘉宾或场上的受众“牵着走”。这样，思维就会逐渐敏捷，口齿就会逐渐伶俐，就会逐渐适应节目录制的各种场面。[1]

（四）平等的交流

在谈话类节目中，有些主持人会处于一些十分滑稽的状态，具体表现如下：

当面对普通老百时，觉得自己是节目的主人，是自己赋予了对方在电台、电视台说话的权利。在这种想法的驱使下，这类主持人总喜欢把自己放在一个高高在上的位置，老是要求对方按着自己的思路说话，顺着自己的想法表态。对方说的话自己喜欢听就让对方多说一些，要是自己不认同便马上抢走话语权，甚至对对方冷嘲热讽。

当面对某个领域的权威人士、专家的时候，这类主持人又会把自己当成一个彻头彻尾的无知者。总是以一个什么都不懂的提问人的角度出发，对对方毕恭毕敬、唯唯诺诺，由着对方侃侃而谈、高谈阔论。对方说一自己不敢说二，最终使自己从一个谈话节目的主持人沦为报幕员甚至是节目的摆设。

以上这两种情况的出现，是主持人缺乏平等的交流意识造成的。

谈话节目制作的目的，在于通过节目了解某人或是某个群体中的人对于某一个话题、现象的看法和认识，而并非是单独表达某一个权威人士或者某一个主持人自己的想法。因此在进行交谈甚至是交锋的过程中，主持人、嘉宾与受众三者之间，不应该有高低贵贱之分，只要言之有理，就应当受到足够的认可和重视。主持人只有树立“人人平等”

[1] 王群，曹可凡．谈话节目主持概论［M］．北京：中国传媒大学出版社，2007：39.

的意识之后，才能够顺畅地和每一个谈话者进行富有成效的信息交流。[1]

（五）准确到位的控场能力

谈话类节目既可以是主持人和嘉宾一对一的交流，也可以是主持人和几位嘉宾同时展开讨论。在多人讨论时容易出现七嘴八舌的混乱场面，甚至会因为个人观点的不同而引发激烈的争执。这时就需要主持人及时干预，缓和现场紧张的局面。

谈话节目因为参与讨论的嘉宾较多，信息量较大且杂，需要主持人在节目进程中及时捕捉信息并进行筛选，通过重复，强调有效信息引导节目方向。为了避免由于信息量大给受众带来的消化不良、一头雾水的现象，主持人应该凝练信息、深化主题，为受众厘清思路，让受众感到“理越辩越明”，而不是各说各话、混淆视听。

二、谈话类节目分类主持要求

1. 新闻时政类

（1）客观公正，避免情感倾向。在谈话过程中，编辑、导演只能为主持人提供大致的谈话提纲，具体说什么、怎么说、用什么词句、什么口气，都需要主持人现场判断和操作。由于新闻要求真实、客观，所以新闻时政类谈话节目主持人，应在谈话内容真实客观的前提下进行表达和交流。

另外，既然要谈论新闻话题，就要拨开新闻的表象看其实质。在这种情况下，主持人往往需要站在个人角度、立场去分析、解读新闻。若要就某一新闻事件进行评论，主持人应搜集多方意见、听取多方声音，引以为据，尽量保持客观，避免在谈论过程中有明显的个人情感倾向。

（2）用词严谨、准确。新闻时政类的谈话节目多会涉及政治话题，在这种情况下，误说一个词都有可能产生严重的后果。所以，在新闻时政类的谈话节目中，由于话题的严肃性和敏感性，即使两个意思相近的词语，都有可能出现截然不同的含义。因此，主持人在表达上应注意用词精确、严谨，一旦发生了口误，后果将无可挽回；而且，这样的表现会被受众视为缺乏基本的常识和政治素养的表现。

（3）把握谈话分寸。在任何节目中，主持人的话语都必须把握好分寸。过分的玩笑或者不恰当的比喻都有可能造成听者的不愉快，甚至让嘉宾或受众对谈话产生抵触情绪。而在新闻时政类谈话节目中，主持人言语的恰当性更为重要。因为这不仅关系到对话者的心情，更涉及新闻的公正严肃性。这就要求主持人把握谈话分寸，做到平实真诚、亲切礼貌。

[1] 王群，曹可凡. 谈话节目主持概论 [M]. 北京：中国传媒大学出版社，2007：47.

2. 社会生活类

（1）贴近生活，还原真实，形成共鸣。社会生活类谈话节目主持人在节目中说的就是生活中的事儿，和受众嘉宾打成一片显然是节目主持人的第一要务。高高在上肯定无法使老百姓对主持人产生信赖感，受众的真实想法和意愿就无法真实地表达。主持人口才再好，也无法引发受众的共鸣。

（2）畅所欲言，集体讨论，气氛良好。就像家庭中的温馨气氛要靠家中的主人精心布置一样，节目现场轻松随意的气氛要依靠节目录制现场的主持人来细心营造。主持人要牢记谈话者、受众都是节目构成的重要因素，只有让大家都积极主动地融入到这个“大家庭”中，才能使参与者在节目中畅所欲言。

3. 综艺娱乐类谈话节目

（1）轻松，自然，活泼。综艺娱乐类谈话节目承担着使受众休闲放松，身心愉悦的“重任”。这就要求主持人在主持节目的过程中用一种轻松的状态与嘉宾交谈，与受众互动。

（2）思维活跃，妙趣横生。在我国内地，纯粹的综艺娱乐谈话节目并不常见，更多的节目是体现在某一档综艺娱乐节目中穿插明星访谈版块。这时，主持人思维活跃、富有幽默感就特别重要了。当然，也应注意尺度的把握。当主持人将幽默搞笑视为主持综艺娱乐类节目的唯一宗旨，而彻底抛弃了舆论导向的时候，难免会出现个别庸俗恶搞的现象。因此，在轻松洒脱、机智灵敏的同时，也不忘舆论导向的正确，远离“三俗”，做到亦庄亦谐、游刃有余。

4. 专业话题类

（1）专业：了解谈话领域，不做局外人。专业话题类谈话节目谈的都是专业性的话题，自然要求主持人对节目中涉及的专业领域有一定的了解。例如，做金融节目，就要了解金融知识；做体育节目，自己最好就是一名体育爱好者。总之，了解谈话节目所涉及的专业领域，甚至成为该领域内的“半个专家”甚至“一个专家”，是做好一个专业话题类节目主持人的必备条件。

（2）业余：明确个人身份，不做伪专家。对于专业节目主持人来讲，具备一定的专业知识，只是应具备的素质之一。只有与谦虚谨慎的外在表现相结合，才算是真正具备了对专业话题类谈话节目的驾驭能力。有的主持人总喜欢甩开节目嘉宾、专家的协作和指导，把原本属于嘉宾的讲解、分析一股脑儿地“独立”完成，这种只做专业不做业余的主持态度很不礼貌。不但抹杀了专家的存在价值，更无法满足受众的需求。

案例启发

文稿策划实例

一、节目名称：《行行有本难念的经》。

二、节目主旨：体会人生百态，了解不同行业背后的酸甜苦辣。

三、播出时间：每周六 21：00。

四、嘉宾：老师、模特、销售人员、公关人员。

五、节目的构成环节：

（一）节目开头的设计

先阐述各个行业光鲜的一面，但其实背后还有很多辛酸。可插入提前录制好的视频（体现嘉宾光鲜的一面）。

（二）谈话提纲

1. 了解性的问题

（1）简单地介绍自己。

（2）喜欢自己的职业吗？

2. 交锋性的问题

（1）越来越多的毕业生，担心会被抢饭碗吗？

（2）觉得自己的职业辛苦吗？

3. 开放性的问题

（1）有想过跳槽吗？

（2）对于自己以后有什么期许。

六、需要的条件：四台摄像机、五个胸麦。

七、需参考的资料：网上搜集相关资料，如其行业的从业人数、工资待遇等。

三、访谈节目主持人应避免的问题

（一）盲目追求形象举止

在节目中，主持人应根据节目内容涉及的领域以及现场环境或背景来选择适合的服装，要注意与嘉宾（谈话对象）的着装协调。言行举止应大方得体，不失风度。有些主持人只为了追求自己的着装效果，在节目中显得突兀；还有些主持人不注重和嘉宾（谈话对象）真诚的沟通，反而过于注重自己在镜头前的个人表现，影响传播效果。

（二）提问水平低

主持人提问水平低，直接影响节目质量；提问不够具体，导致被访对象出现不知如何回答、回答不贴切或答非所问的现象，致使节目质量大打折扣。

另外，在访谈节目中，采访对象（嘉宾）来自各行各业，话题也涉及各方面、各领域。如果主持人没能了解他们的行业（职业）特色，不熟悉他们所要讲的内容，就无法发现问题、提出问题。所以，在努力加强自身业务学习的同时，更要经常吸收各方面、各领域的知识，努力拓展自己的知识面。

（三）多方交流顾此失彼

在访谈节目中，主持人不仅要做到和采访对象（嘉宾）交流，还要与电视机前的受众交流，一些访谈节目主持人会出现顾前不顾后的现象：一种是主持人与嘉宾交流顺畅，却忘了与电视机前的受众交流；另一种是只与受众交流，与嘉宾之间却各说各话。

（四）真诚交流意识不足

访谈节目主持人首先要做到与谈话对象（嘉宾）之间的交流自然、真诚。只有聊得来、聊得活，才能使节目生动、鲜活、有看点。而在一些访谈节目中，主持人没能和谈话对象（嘉宾）做到真诚、深入地交流，只是提出几个模式化的提问，造成提问生硬、干涩，节目内容肤浅、乏味。还有些主持人根本不考虑受众想获取什么信息，而是考虑自身需求，造成节目内容偏移，达不到预期的效果。

在访谈节目中，主持人的真诚会拉近与谈话对象的距离，让对方敞开心扉。主持人要尽量以自然、轻松愉悦的氛围与谈话对象交谈，包括：眼神的交流、呼应，准确及时地对谈话对象所讲的内容作出回应，激发对方的谈话热情。要善于同谈话对象交朋友，发现他们的性格特点，与他们打成一片，这样才能做到真诚、顺畅的交流。

（五）现场驾驭能力不足

在访谈节目中，主持人与谈话对象之间看似简单的一问一答，其实体现了主持人对现场的驾驭和判断能力。节目中常常遇到问题需要独立思考判断，并立刻作出决定，不灵活的应变会使节目质量大打折扣。特别是在直播节目中，更是来不得半点迟疑。有时，谈话对象在现场会出现紧张的情况，这就要求主持人能引导其放松交谈；还有的谈话对象偏离轨道谈些话题外的东西，这也要求主持人巧妙地将其引回正题。面对复杂多变的局面，主持人要做到灵活、机智地处理好一切突发事件。

【实训】谈话节目训练

8人为一组，自行分配任务（主持、摄像、嘉宾），自拟具有时效性的社会热点话题，进行谈话类节目训练。

案例启发

明星访谈节目兴衰史

在曾经的电视荧屏上，明星访谈类节目绝对能称得上是提升收视率的一大利器。从《艺术人生》《鲁豫有约》到《超级访问》《杨澜访谈录》，无一不是收视口碑双丰收的精良之作。然而曾经火遍大江南北的王牌节目，到了如今却渐显颓势。《说出你的故事》（鲁豫有约）、《超级访问》《非常静距离》等访谈类型栏目的全媒体传播指数平均都在0.4以下，与之相比，真人秀类型的栏目的全媒体传播指数平均都在0.4以上。

而除去以上几档苦苦支撑的老牌节目，明星访谈类节目近几年更是少有让人印象深刻的新鲜之作。由此不难看出，电视明星访谈类节目已经走上了下坡路，甚至陷入了收视困境当中。前不久江苏卫视《带你看星星》因为收视持续低迷，5月16日起每周五改播明星真人秀《花样年华》。《带你看星星》的惨淡收场是因为“都教授”号召力不行了吗？非也非也，而是因为《带你看星星》的本质就是个访谈节目，披着韩国的皮，搞了个不伦不类的玩意儿。

明星访谈类节目的颓势虽不是近期才显露端倪，但是近几年来综艺节目的快速发展也加速了明星访谈节目的衰落。那么究其原因，无非是以下几点：首先，就是访谈内容上的一成不变。观众喜欢看明星访谈最重要的一点就是满足对于公众人物隐私的窥探欲。然而，铁打的明星，流水的访谈节目。目前还活跃在电视荧屏上的明星们那些背后的故事已是人尽皆知，能说的部分早已形成了统一的套路、不能说的部分明星也是讳莫如深不愿多谈。在这种挖无可挖的情况下，难免会同一话题反复炒，让节目变得索然无味，也使得观众看节目的兴趣下降，收视率未免会持续走低。其次，观众对于访谈这种对聊形式已经失去了新鲜感。在电视节目不断推陈出新的今天，想要再以简单的对聊节目满足观众的胃口，是不可能的。

中国的电视综艺节目已经进入了“大片时代”，纵观荧屏上的收视宠儿，从《我是歌手》《中国好声音》到《爸爸去哪儿》，无一不是新形式、高成本、大制作。这样的节目带给观众的是一种全新的视听体验。同时也让观众对于节目的精致度及精彩度有了更高的要求。被大制作养刁了胃口的观众很容易对小成本的棚内访谈节目失去兴趣，所以明星访谈节目的持续走低也是一种必然的结局。虽然访谈节目也在寻求突破与变化，但总体看来还是收效甚微。第三，新媒体的冲击。相比于传统媒体的带着枷锁跳舞，网络媒体的口径与自由度显然比传统媒体大了许多。近一年中，各大视频网站自制的明星访谈节目更是获得了蓬勃发展，其中以腾讯制作的《大牌驾到》、爱奇艺制作的《青春那些事儿》最为典型。这些节目不仅能网罗超豪华的大明星阵容、聊着传统媒体不敢触及的尖锐话题，同时还拥有极高的自由度能够不受节目排播的限制，大大提高了热点人物和话题的时效性。相形之下，电视明星访谈节目的短处显露无疑，在有更好地选择前提下，多数观众都不会再为电视明星访谈节目买单。

由此看来，电视明星访谈节目的衰落是遭受种种冲击下的必然结果。虽然节目形式不会马上遭到淘汰，但是电视明星访谈节目想要重拾昔日辉煌再拿下高收视，也可以说是任重而道远。[1]

[1] http：//wenku.baidu.com/view/daf0dc0390c69ec3d5bb7556.html. 人民网。

第四部分

我可以做得更好

第十章 主持人实战演练提高篇

【学习目标】

1. 了解和主持人相关的多机位知识，通过实训，具备应对多机位节目主持的能力。

2. 了解并掌握社教节目主持人外景主持的创作方法，通过实训，具备社教节目外景主持的基本能力。

3. 了解新闻节目主持人演播室连线的相关要求，通过实训，具备新闻节目演播室连线的基本能力。

4. 了解出镜记者现场报道的相关知识，通过实训，具备出镜记者现场报道的基本能力。

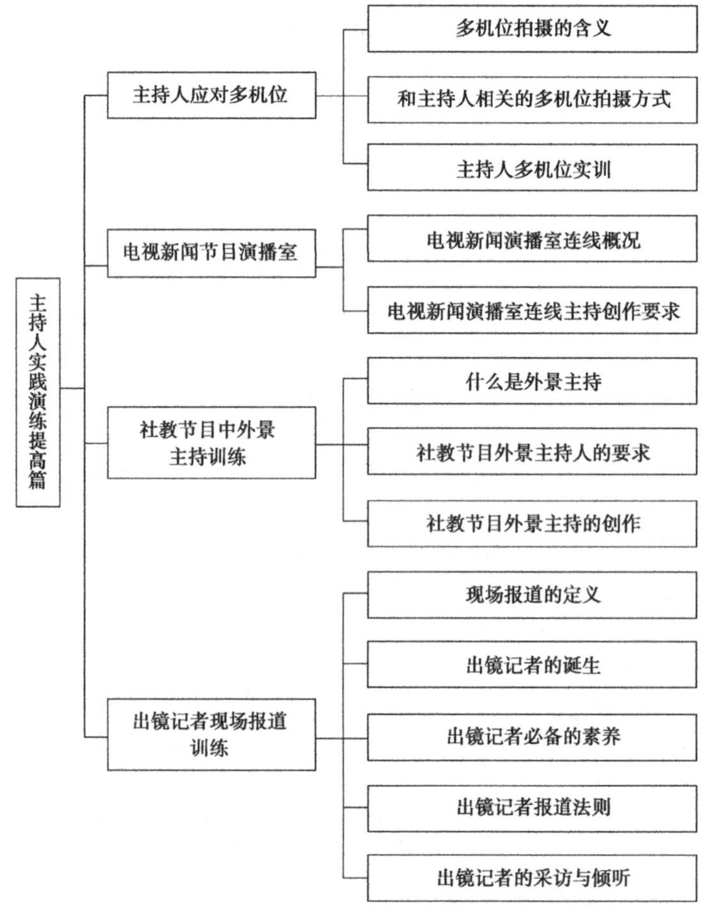

第一节　主持人多机位训练

随着电视媒体的飞速发展，单一镜头拍摄下的视觉观感已逐渐不能满足受众日益提高的审美要求。大家可能也发现了，大多数电视节目都采用了多机位拍摄方式。多角度、多景别的画面降低了受众的视觉疲劳，增强了视觉冲击感，提高了节目可看性。与此同时，多机位拍摄对于主持人的要求就更高了，比如主持人应在何时面对哪台摄像机、要不要转换机位、什么时候该进行转换？主持人在节目中应该如何应对多机位拍摄呢？本节我们将了解主持人需要应对的多机位方式及具体操作方式。

一、多机位拍摄的含义

电视多机位拍摄又被称为 EFP，即电子现场制作（Electronic Field Production）。它是以一整套设备连接为一个拍摄和编辑系统，进行现场拍摄和现场编辑的节目生产方式。EFP 也是电视技术迅速发展的产物，它必须具备的技术条件是一整套设备系统，包括两台及两台以上的摄像机、一台及以上的视频信号切换台、一个音响操作台及其他辅助设备（灯光、话筒、录像机运载工具等）。

电视多机位拍摄方式广泛应用于电视台各类新闻直播录播节目、演播室节目以及各类晚会的直播或录制、企事业单位的各种会议、讲座培训等各种大型活动的拍摄和制作中。在拍摄中，导播在现场进行机位设置、镜头调度、切换剪辑，进而同步播出或录制。在导播切换的同时，每台摄像机上所安装的提示灯也会相应亮起，而主持人则根据提示灯的变换进行相应的转换机位（或者是导播根据主持人的动态来进行切换）。

多机位设置

二、和主持人相关的多机位拍摄方式

多机位拍摄手法，在前文中笔者已进行了简要说明，就是有两台及两台以上的摄像机同时进行拍摄。当前电视节目中，几乎都会用到多机位拍摄。当然，其中有可能是多台机位分别拍摄不同的人物或者景象，比如SNG新闻直播连线中，两台机位拍摄的可能分别是出镜记者和除该记者外的现场场面。因此，就该出镜记者而言，他（她）面对的还是一台机位。又如在一场比赛中，主持人在一旁解说，现场运用多台机位拍摄，但是只有一台机位拍摄主持人，因此，该主持人面对的也是单机位。本书中说的主持人应对的多机位主要是指多台机位拍摄主持人。本书前面章节的实训练习主要为单机位拍摄的练习，主持人只需要对着唯一的摄像机镜头主持节目即可。那么，主持人多机位拍摄的核心问题是——主持人到底应该对着哪台摄像机说话？

其实，在多机位拍摄中，主持人应对多机位拍摄的类型有很多，目前并无一个统一的分类方法。我们就目前一些常见的电视节目形态，将主持人应对多机位拍摄的方式进行简单的分类。

（一）导播自行切换机位式

此类方式无须主持人转机位，主持人只需提前了解哪台机位为主机位（也就是主持人需要应对的机位），然后在整场节目中，主持人就像单机位拍摄那样一直对着主机位说话即可。现场的景别转换、镜头调度，都由导播自行切换。这种方式相对于单机位拍摄，对于主持人而言并无太大改变，只是画面效果可能会出现主持人非正面的画面。

案例启发

《早安海峡》与《家政女皇》的机位

东南卫视的早间新闻《早安海峡》采用的就是单人双机位的拍摄方式。节目中，其中一台摄像机以中景正面拍摄主持人，另一台机位则以全景的形式在主持人的右前方拍摄主持人及其背后的大屏幕。早期节目中采用的就是导播自行切换机位，主持人不用转机位，一直面对其正面的摄像机镜头。因此，我们会发现在全景画面中，主持人处于画面的右侧，直视前方，并没有看被导播切换到的全景镜头。不过这样更容易让受众关注到处于画面主体的大屏幕而不是将全部视线放到主持人身上。

《早安海峡》

河北电视台《家政女皇》节目中，主持人有两位，分别是女主持人方琼和男主持人程成。节目演播室录制的部分运用了三台摄像机拍摄主持人，分别是一台拍全景，正面拍摄两位主持人；其他两台以对角线的形式分别单独拍摄两位主持人的中近景。由于《家政女皇》大部分是以主持人角色扮演的形式进行节目主持，因此，该节目有时会采用主持人不转机位，统一面对正面的大景机位，再由两台近景机位进行细节捕捉的形式进行。我们通过这样的方式更能够看到主持人角色扮演的情绪转换，以及主持人在制作手工环节时的细节操作。

《家政女皇》

（二）单人转机位式

单人转机位，顾名思义，就是有多台摄像机拍摄一名主持人，主持人通过在多台机位中进行转换，给观众呈现出不同景别的画面。目前，我国电视节目中，单人转机位一般采用两种方式：一种是主持人自己设置转机位的时间点，导播根据主持人对应的机位进行切换；另一种是导播自行切换机位，通过设置在摄像机上的提示灯提示主持人转换至正在录制的机位。相对于前一种主持人应对多机位拍摄时不转机位而言，转机位要求主持人每一次面对镜头时都是正面镜头，当然，这对主持人的要求会更高。这样的方式主要出现在节目现场是以主持人为主体，并且需要长时间拍摄主持人的节目中。试想，如果现场一直采用一台机位拍摄主持人，那么画面将有多么枯燥。而采用多台机位对主持人进行不同景别的拍摄，通过现场导播的切换，画面会显得更加灵活生动，减少受众的视觉疲劳感。

但是，不管节目现场运用了多少台摄像机进行拍摄，通常情况下，单人主持时一般只会有两台机位对其进行拍摄，主持人只需要在这两台摄像机之间转换即可。

2号机位全景图

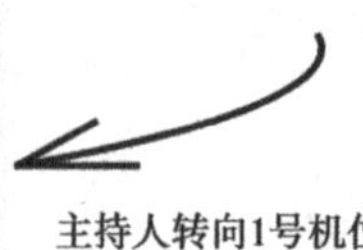

主持人转向1号机位

1号机位中近景图

图解1　单人双机位

单人双机位切换台显示图

案例启发

《焦点访谈》的机位

中央电视台《焦点访谈》中，演播室的录制部分就是采用的单人双机位拍摄方式，一台摄像机拍摄全景，包括主持人全身和其背后的大屏幕，另一台则单拍主持人的半身中景。主持人敬一丹开场的时候总是先面对全景镜头走出，给观众打招呼，然后转到中景镜头和观众聊节目的主要内容。因为此节目是以播放新闻视频和主持人播报导语串联词的形式交替进行，主持人出镜时并没有过多带到其身后大屏幕的内容，因此，这时候主持人是画面的主体。主持人自行转换机位后，我们所看到的两个镜头都是主持人的正面，只是主持人在画面中的位置和大小不一样而已。

《焦点访谈》

（三）双人转机位式

双人转机位与单人转机位相比，不仅现场多了一名主持人，而且还多了一个机位。双人多机位的录制或直播现场，通常是三台或三台以上的机位，但是拍摄主持人的摄像机一般是三台（当然也有例外）。通常情况下，这三台机位分别是中间一台拍摄两名主持人的全景或者中景，另外两台分别以对角线的形式单拍主持人的中近景。与单人转机位不同的是，双人转机位中，主持人一般不自行设计转机位的时间点，因为两个人很难在没有事先约定好的情况下同时转机位。因此，在双人多机位的节目现场，一般是导播切换机位，用提示灯提示主持人进行转机位。

双人三机位切换台显示图

主持人甲
主持人乙
1号机位
2号机位
3号机位
2号机位全景图
1号机位中近景图
3号机位中近景图
主持人乙转向1号机位
主持人甲转向3号机位

图解 2　双人三机位

案例启发

《精彩老朋友》的双人转机位

上海卫视《精彩老朋友》节目中，两位主持人采用的就是双人转机位的方式。这档节目一般是以两位主持人的谈话开场，接着介绍参与节目的嘉宾，然后大家一起参与节目，进行交流、互动。观众不难发现，虽然节目开场时，导播切了拍摄全景机位的画面，然后镜头慢慢推进至中景，但当主持人说话时，特别是当某一位主持人说话时，导播是切换到这名主持人的单人中近景镜头，而主持人这时也刚好是看着这个镜头在说话，并且可以看出，这个镜头不是设置在主持人正面的镜头，而是位于其搭档的那一边。当然，主持人在说话的同时，并非一直直勾勾地看着这个镜头，而是和他的搭档以及现场嘉宾进行交流；而当导播切换至全景的机位时，主持人也随之将眼神和身体转换到正在拍摄的这台机位，这就是双人转机位在节目中的运用。虽然，节目在进行中，现场参与交流、互动的人会增加，似乎并不仅仅是两名主持人，但其实也是同样采用了单人或者双人转机位的方式。具体方式详见之后的多人多机位拍摄。

精彩老朋友

（四）多人多机位式

多人多机位通常运用在大型综艺节目、多人谈话类节目中，比如各大电视台的晚会、中央电视台的《健康之路》、湖南卫视的《快乐大本营》以及《越淘越开心》节目讨论环节等录制或直播现场。这些节目虽然都运用了三台以上摄像机进行录制或者直播，但是大家不难发现，现场拍摄主持人的机位也大多均为我们上述的几种方式。有人可能会问，如果一个谈话类节目，现场三名节目主持人和三名嘉宾各坐于演播室的两边，那么主持人应该如何进行转机位呢？其实这样的设定，我们可以将三名主持人看成一个整体，三名嘉宾也看成一个整体，这样就能将其按双人转机位的方式进行录制。当然，三名主持人面对的是相同的机位，也就是说他们转机位的方式和时间点是相同的。

多人三机位切换台显示图

当然，目前电视媒体的发展迅猛，各媒体间的竞争也很激烈。在这个过程中，各地电视节目也在不断尝试着新的拍摄方式。比如，之前我们所提到的双人转机位，通常都是现场安排三台机位，由主持人对角线的机位拍摄其近景。但是，笔者近日也在某电视娱乐节目中发现，现场进行录制的方式是采用双人双机位。当然，该节目就是把两名主持人看成一个整体，采用的是单人双机位的转机位方式。所以，虽然我们将当前的电视节目多机位录制方式做了一个大致的划分，但是，其实转机位的各种方式在与现在的电视媒体技术、节目内容配合时还在不断创新和发展，大家也可根据具体节目内容和节目播出的要求进行现场的改变。

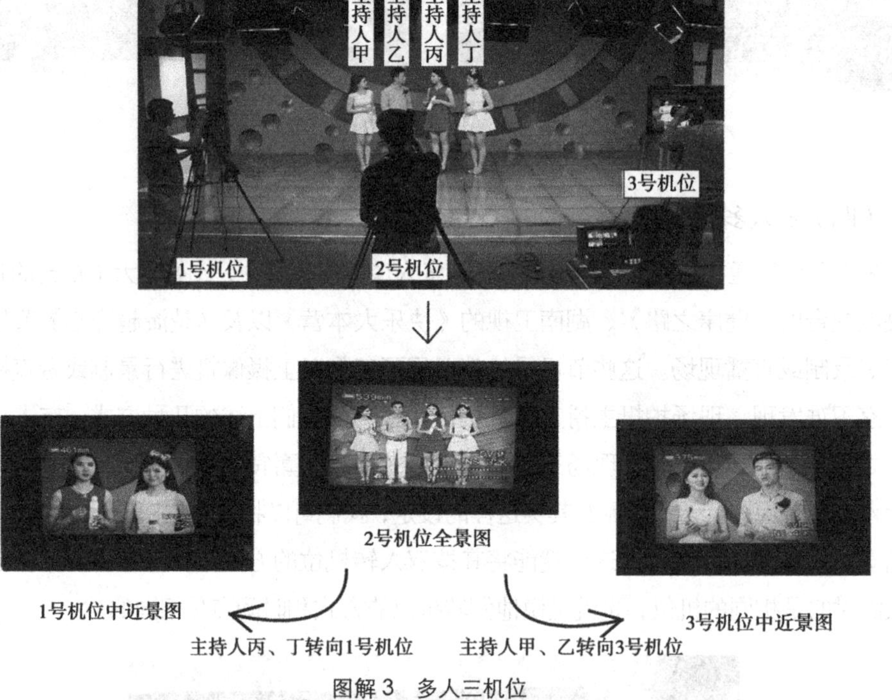

图解3　多人三机位

【实训】熟悉多机位练习

1. 教师在现场播出多个节目视频，让学生分析该节目采用了几个机位拍摄？其中采用了几个机位拍摄节目主持人？

2. 让学生了解主持人应对多机位拍摄的几种方式；多机位拍摄主持人时，机位的布局。

三、主持人多机位实训

我们此前已将主持人多机位转换的方式进行了大体的分类，但是其中主持人不转机位、导播直接切换的方式对于主持人来说，其实和单机位并无区别，主持人只需认清自己的主机位并一直面对这台摄像机即可。因此，我们在主持人多机位的训练中，主要进行单人双机位转换和双人三机位转换方式的练习。

（一）单人双机位实训

单人双机位训练中，我们先按照当前大多数电视节目所采用的机位布局，即两台机位分别位于主持人的前方，两台机位之间有一定距离，并且以不同的景别拍摄主持人，使“1 号机位—主持人—2 号机位”三点之间连成一个三角形状。（详细请参照图解 1：单人双机位）

我们之前已经讲过，单人双机位分为两种：一种是主持人自己设置转换机位的时间点，导播根据主持人对应的机位进行切换；另一种是导播自行切换机位，通过摄像机上的提示灯提示主持人进行转换。虽然这两种方式的主体是一样的，但是其中转机位的方式还是有所不同。

1. 主持人自行转机位

主持人自行转机位就是主持人在录制节目前，自己要事先设置好转换点。通常情况下，转换点一般是出现在语句间的换气口，比如自然段与自然段之间或者是一层意思说完该进行另一层意思的时候，主持人抓住这个换气和语句、层次转换的时间，在原地转向另一台机位。此方法尽量避免边说边转，若边说边转，导播在切换画面时会切出主持人的侧脸画面，特别是在录播节目中，主持人边说边转可能会对后期剪辑造成一定的困难。

除了以找换气口的方式转机位，主持人在现场还可采用借助第三视点转机位，比如主持人手里有道具或者稿件时，可以通过边低头看稿件的同时，边在原地转向另一台机位，再抬起头对应这台机位。此方式经常运用于新闻节目中，不少节目都是主持人先对着一台机位向观众打招呼，然后低头看稿件，并快速抬起头来进入主要内容，这时，主持人已换到了另外一台机位。

2. 主持人根据提示灯转机位

主持人根据导播的提示灯转机位主要是观察位于摄像机上方的提示灯，哪台摄像机上的提示灯亮起，主持人转向哪台摄像机位。值得注意的是，主持人在说话时如果发现提示灯突然亮起，意味着应该转机位，但是此时若边说边转，既会让观众觉得主持人显得匆忙，同时又会出现侧脸在画面中的情况。因此，此时主持人最好还是能找一个换气口或是借助第三视点进行转机位。

另外，主持人在进行这两种方式的练习时，还需注意自己的眼神。在转机位时不能光动眼珠去转换机位，而是应该用头部带动眼睛去转换机位，这点和主持人看提词器的方式相同。否则，主持人呈现给观众的画面中将出现主持人眼神不稳、眼球动作过大，甚至翻白眼的现象。

【实训】单人双机位节目实训

1. 让学生采用单人双机位的形式主持一档节目，转机位的时间点采用自行设置的方式，并运用多种转机位的方法。

2. 让学生采用单人双机位的形式主持一档节目，并让其根据导播的指示，通过看提示灯进行转机位。

（二）双人三机位实训

双人三机位训练中，我们先按照当前大多数电视节目双人三机位的布局，即，两名主持人正前方一台机位，主要拍现场全景或是只拍摄两名主持人的中景；另外两台摄像机分别以对角线的形式拍摄对应的一名主持人，一般给单个的主持人近景。（详情请参照图解 2：双人三机位）

此前，本书已经讲过，在双人三机位中，主持人一般是跟随导播的切换，通过提示灯的变换来进行转机位的，而且两名主持人是向对角线的机位转，而不是转向靠近自己的近景机位。试想，若两名主持人都转向离各自近的机位，而非对角线的机位的话，那么中间的机位则会拍到两名主持人背向对方、无交流的画面。另外，在双人三机位的训练中，主持人并非一看到提示灯变换就进行转动，若是这样，则会给观众呈现出慌乱、眼神不定以及侧脸画面的情况。因此，双人转机位需掌握以下几点。

1. 找换气口法

这种方法和单人转机位中找换气口转机位的方法一样，都是主持人在说话的时候，发现提示灯变换，不要急着边说边转，而是应该在自己说的那句话有换气口的地方再转。

2. 找第三视角法

这种方法还是和单人转机位中找第三视角转机位的方法一样，也是主持人在说话时发现提示灯变换后，可以借助看一眼手里的稿件或是现场的道具，然后再将视线移至提示灯亮起的机位。当然，这样的方式采用的前提条件是现场必须有稿件或是道具。

3. 找搭档法

这种方法只能出现在双人或多人搭档主持的节目中，也是主持人在发现提示灯变换时，不急着马上转机位，而是通过和搭档的交流——可以是双方对看眼神交流，也可以是双方对着点头，然后再将视线移至提示灯亮起的机位。这种方式在转机位的同时，还增加了主持人之间的交流感。

【实训】双人三机位节目实训

1. 让学生策划一档双人搭档主持的电视节目，节目形式不限，现场采用三机位的方式进行切换和录制。

2. 练习过程中，要求学生转换机位时必须采用双人三机位的三种方式进行转机位。

第二节 社教节目中外景主持训练

在广播电视飞速发展的浪潮中，主持人节目和传播方式发生着日新月异的变化。单一的演播室节目已不能满足电视节目发展的要求和受众审美水平的需求。特别是社教节目，因其节目大多是服务大众、贴近生活、贴近百姓的内容，因此，这类节目往往需要主持人从演播室走到户外，在与节目内容相关的实地环境中和百姓进行沟通。于是，在传播手段多样化的背景下，“外景主持人”应运而生。

一、什么是外景主持

外景主持是指主持人走出演播室，来到演播室以外，到和节目内容密切相连的环境进行节目主持。比如，美食节目中，外景主持的场地可以是餐馆、厨房；旅游节目中，外景主持的地点可以是景区；健康类节目中，外景主持的场地则可以是医院等。也就是说，主持人在各个和节目内容相关的真实场景中完成节目主持。

通常情况下，外景节目主持人具有记者和编导的思维，在现场发现、搜集与节目相关的信息并且有选择地把它们传达给观众。

二、社教节目外景主持人的要求

如今的外景主持类节目由于其真实性、时效性、贴近性、生动性，越来越受到观众的喜爱，外景主持人在节目中的作用尤为重要。外景主持人也是主持人队伍中的一员，他们是连接媒体与观众的纽带，是党和政府的喉舌，是配合演播室主持人和栏目组更好地完成节目内容传播任务的人，是观众的向导。外景主持人应具备什么样的素质？本节就将社教节目外景主持人与演播室主持人进行比较，谈谈外景主持人除具备主持人基本素质以外还应符合哪些传播要求。

（一）与环境相匹配的造型

节目主持人的外形是呈现给观众的第一印象，也是带给观众最直观的第一感觉。这并不是说只有外形靓丽、长相帅气的人才能做主持人，而是要求主持人的外形、造型必须与其所主持的节目相匹配。本书在第六章“如何成为社教节目主持人”中提到，主持人应该根据节目内容进行造型。因此，为了符合外景主持的要求，主持人的总体造型要求是选择亮色的运动休闲服饰；妆容方面，避免夸张的演播室妆容，应以生活妆为宜，如果面部妆容色彩浓烈，会在自然光线中显得极不自然，与被采访者形成鲜明对比，不贴近生活；发型一定要简洁干练，女性主持人尽量避免披头散发，因为外景主持过程中，有时会遇到刮风下雨，长散发容易被风吹乱，影响出镜效果。

另外，值得注意的是，外景主持人的造型除了以上总体要求外，还得根据外景环境的变化而变化。

比如，农业节目中，演播室主持人的着装可以是朴素的西装、素雅的妆容、简单利落的发型。但是如果这期节目的外景设置于田间、地头，外景主持人的妆容应为淡妆，因为浓艳的妆容与环境极不相符。另外，主持人就不能再正装出镜了，而应该搭配朴素的休闲服或者“冲锋衣”这类便于行动的服装。如果该节目还需要外景主持人下到田间进行出镜主持和采访，那么该主持人还必须配上运动鞋或者是雨鞋，才显得与主持场景相匹配。

又如旅游节目中，演播室主持人的着装可以是靓丽的裙装搭配高跟鞋。但是此类节目的外景内容传播中通常需要主持人跋山涉水，边走边说，外景主持人的着装就肯定不能和演播室中的主持人一样，而应该穿运动服、登山服等，并搭配运动鞋等登山装备。

总的来说，外景主持人的造型必须与其所处实地场景一致，不然就显得不合时宜，更会给观众一种格格不入的感觉。

（二）外景主持的环境感

社教节目外景主持中，除了要求主持人做到演播室主持人的表达要求——准确、流畅、生动、亲切外，还要求富有环境感。外景主持人的环境感不仅仅来自于主持人的语言和肢体动作，还需要主持人在现场利用镜头语言进行调度，也就是通过自身设计的走动轨迹，让镜头“动起来”。

1. 富有环境感的语言和肢体动作

外景主持人在语言表达和肢体动作上，除了具备主持人有声语言和肢体语言的基本特点外，应该在此基础上更加亲切、自然，还有一个特别重要的要求就是具有环境感。

我们都知道，外景主持人的出镜通常都是设定在一个生活场景中。因此，外景主持人的语言和肢体动作就不能照搬演播室主持人的语言，而是要把演播室的语言变成自己在现场“第一人称”的所见所感所触，及时加入个人感受和评价并配上相应的肢体语言，既让现场感十足，又能让节目内容更加丰富和生动。如果加入有价值的个人点评，还能彰显主持人的个人魅力，能对节目起到画龙点睛的作用。

如主持人在演播室中介绍峨眉山奇景佛光时这样说道：“峨眉佛光，又叫峨眉宝光。峨眉佛光出现在金顶处，当阳光从观察者背后照射过来至浩荡无际的云海上面时，深层的云层就把阳光反射回来，经浅层云层的云滴或雾粒的衍射分化，形成了一个巨大的彩色光环。在金顶舍身岩上俯身下望，会看到五彩光环浮于云际，自己的身影置于光环之中，影随人移，绝不分离。”

而这段内容如果放到峨眉佛光出现时的外景主持人出镜语言中就不合时宜了，主持人就应该将此内容进行适当改变，融合自己在具体环境的真实感受：“（边走边说）午后 3 点半，我终于爬到了峨眉山的金顶舍身岩。现在我是累得上气不接下气，但是我觉得这是完全值得的。（走到云层附近）因为您从这里看下去（手指向云层），您看，多漂亮！这就是云海！而且峨眉山的云海与别处的云海不同的是，您瞧远方（指向远方），看到那个漂浮在云海上的巨大的彩色光环了吗？那就是峨眉山的奇景佛光，而且我的影子还出现在了那圈五彩光环之中。哟，不论我换到哪个角度，我的影子始终都出现那个五彩光环之中（身体随之移动）！很多朋友很奇怪，为什么峨眉山会出现这一奇景呢？秘密就在这阳光里（指向身后的阳光）。原来，当阳光照射在这片云海上时，深层的云层就把阳光反射回来，（再指向云海）再经浅层云层的云滴或雾粒衍射分化，于是形成了我们现在所看到的五彩光环了。看来峨眉山的佛光真是大自然馈赠给我们的礼物！”

外景主持人现场设计走动的轨迹，通过自己的所见所感，加入富有变化的有声语言和肢体语言，不仅让自己的出镜主持和现场实景有机融合，还引领镜头，带领观众看到了与自己语言一致的现场环境，生动的现场感油然而生。

【实训】环境感的语言和肢体训练

教师指定某一外景现场，学生在真实场景中，根据现场情况设计走动轨迹，进行现场主持片段练习。如教师可指定学校某一场景，让学生进行现场介绍。

2. 调动相应感官系统的体验式主持

体验式主持——主持人应该如何体验？一般在具体的外部环境拍摄中，主持人都会碰到实实在在的实物，比如水果、树木、房子、汽车、科技产品等。这些实物通过摄像机拍摄后，仅仅只能给观众呈现出其外形。而观众想了解的并非只是这些实物的表象，大家更希望深入了解这些实物的更多特点。这时，主持人就应该充当起观众的导航器，帮助观众在现场进行深入感受。外景主持人调动其全身相应的感官系统进行体验，然后把自己体验到的感受告诉给受众。

通常做法是，想表现物体的外形采用视觉，即主持人所看到的景象；表现物体的材质，除了视觉外，还应该加入触觉、味觉，即主持人看到、摸到、尝到的感觉；表现实物的声音，则应该采用听觉，即主持人在现场听到的声响。当然，一些不常见的物体，或是主持人自己也没有见过、碰到过的东西，体验后并不能非常详细地表述出来，这时可以借用一种大家常见的物体来与此物体进行比较，如“……跟……的感觉相似”。

在运用感官系统进行体验式主持的时候，主持人同样要时刻将自己放入该环境中，采用相应的环境语言及肢体动作，让观众有身临其境之感。

案例启发

《远方的家》外景主持

在中央电视台《远方的家》的一期节目中，外景主持人带领观众走进云南，感受苗族“上刀山，下火海”的特殊技能，就采用了体验式主持方法，让观众近距离地感受了这绝技。

当绝技师傅在巨型刀刃上行走时，外景主持人在旁边说道：“我们现在最想最想知道的是他的脚。（走向巨型钢刀）你看，（用手压刀刃）像我们的手这样轻轻地压在刀刃上，就有一道划痕，而龙师傅整个人的重量全部集中在脚上，全都压在这个刀刃上面的时候，他是怎么做到的呢？你看，他下来了，下来了。（走向绝技师傅）龙师傅，您先等一下穿鞋可以吗？我可以看一下您的脚吗？（蹲下身，摸绝技师傅的脚）完全没有问题，而且我刚刚看到这脚上一点保护都没有。要休息一下吗，龙师傅？”

接着，主持人为了证明巨型钢刀的锋利，又拿着茄子、苹果等蔬菜在钢刀旁继续出镜说道：“有没有看到我手上拿的水果、蔬菜？这是做什么用的呢？（用茄子向刀刃砸去，茄子被切成两段）试刀用的，没有看清楚？好，再来一次。（再次将苹果向刀刃砸去）看，削水果非常轻松。”

此段出镜内容，主持人就调动了自己的视觉、触觉等感官系统，让观众深入了解了苗家“上刀山，下火海”中所采用的钢刀的真实性，同时也解释了观众对于这一绝技真伪的疑惑。

【实训】体验式主持训练

教师指定某一实物，如某款汽车、手机、厨具等，让学生进行现场体验式主持片段练习。

三、社教节目外景主持的创作

（一）作好充分的前期准备

笔者之前已经提到，社教节目外景主持人除了出镜主持节目外，还需要兼任记者、编导的任务。因此，主持人要提前到现场进行踩点，对将要拍摄的地点、场景、事物等内容进行全面了解，并结合平时自身积累，找寻自己和观众感兴趣的点，进行构思和揣摩。通过查阅资料、询问相关人员等方法，对所拍摄内容的亮点加以总结、归纳和吸收，以备拍摄时所需。

初学者还可以试着写“虚拟稿件”，也就是详细的拍摄提纲，提前做好准备工作。

（二）根据现场情况随机应变

虽然进行了前期准备和现场踩点，但是外景主持由于受到地域、天气、人物等因素的影响，现场情况经常会发生改变。因此，一般来说，只有到了外景拍摄现场，导演和摄像以及外景主持人才会交流拍摄的细节，而主持词在开机前可能都还在不断更改，这很考验一个外景主持人随机应变的能力。例如，要拍摄一期主持人体验桃花节盛况的节目，前期踩点时天气晴朗、游人如织。然而，就在拍摄当天下起了大雨，不仅没有游客，而且还让盛开的桃花残败了不少。主持人在现场出镜时，出镜语言就不能一味地按照之前准备的内容进行，而要根据现场实际情况进行改动，这样才能顺利完成拍摄。[1]

（三）设计“看点”提高节目可看性

从中央到地方的各电视台几乎都开设有社教节目，其种类繁多、节目质量参差不齐。如何从众多的社教节目中脱颖而出？外景主持人就需要抓住受众的心理，在节目中设计一些“看点”来吸引受众的眼球。

1. 找细节、抛悬念

上文中提到，目前我国的社教类节目繁多，观众面临琳琅满目的各类节目随时都有换台的可能。如果节目一开始就让观众猜中结尾，会让观众失去对节目的好奇心，那么该节目就很可能失去观众。

我们小学读书时就学过，写作文要“点面结合”，如果仅仅是停留在表面叙述，而没有细节描述，那会成为“流水账”，使文章苍白、平淡。因此，在外景主持中，主持人同样可以采取“点面结合”的方式进行现场主持。可以根据现场的环境，主持人仔细寻找一些貌似不经意的细节，设置悬念，勾起观众的好奇心，不仅增加了节目的可看性，同时也在一定程度上留住了受众。

2. 用“演播”代替单纯“讲述”

在社教节目中，经常会加入一些小故事。如果主持人平淡无奇的讲述，而不借助其他方式进行诠释的话，会让节目显得枯燥、乏味。在外景主持中，遇到小故事插入时，主持人通常可以进行以下三种方式的诠释。

（1）通过采访他人，借他人之口讲述此故事。但是这就要求被采访者需要有卓越的口才、生动地讲故事的能力，如若不然也会使节目乏味。

（2）后期制作动画片的形式来诠释。此方法虽然生动、形象，但是耗时较多，需要

---

［1］罗佳艺．从生活服务类节目外景主持人的镜头语言谈起——以央视 2 套《消费主张》为例［J］．今传媒，2013（12）．

节目组拥有优秀的后期制作工作人员。

（3）现场拍摄相关画面，通过后期配音的方式进行。此方法也是目前社教节目中穿插故事时经常采用的方法之一。

然而，在外景节目主持中，主持人可以利用现场环境以及主持人自身的表演能力，现场进行演绎，相较以上几种方式，既生动有趣，又不会太过复杂。

【实训】外景主持设计“看点”练习

自备外景主持：在外景主持中，通过寻找细节、演绎故事等方式，设计节目“看点”。

【实训】社教节目外景主持创作练习

学生创作一档美食或旅游节目。要求采用体验式主持方式，并通过多种主持手段来增加节目的可看性。

【学生作品文稿】

《美女美食行》节目文稿

演播室主持人：李春怡

外景主持人：何露瑶

演播室

李春怡：美女美食行，好吃不能停。今天的《美女美食行》来到了四川成都。大家都知道四川是有名的美食之都，而成都作为四川的省会城市，自然是聚集了全省的各式美味佳肴，不管大到装潢富丽的特色火锅店，小到路边摊的烧烤、串串，可以说在成都都能搜罗到。今天的节目中，美女外景主持人露瑶带大家品尝的既不是百年老店，也不是高档餐厅，当然也不会去街边摊，而是一家有门面却没名字的街头小店。您是不是也在奇怪，这家小店是凭什么把我们的美女露瑶吸引去的？那就快去看看吧。

外景出镜

何露瑶：今天真是太热了，我已经被晒得花容失色了（方言配音：“唉，瑶妹儿，热嘛你就去屋头乘凉嘛。”）乘凉？那可不行！您看，我正在这排队，这队伍已经排老长了，如果我去乘凉，那可就吃不到传说中的绝世好冒菜了！据说这家店的冒菜可谓是十里飘香，我在这排队闻着这味道就已经垂涎三尺了！（手指向店门口）对，就这家店！您可能和露瑶一样好奇，这好吃的冒菜店，怎么连个店名都没有？其实，这正是这家冒菜的一大特别之处——没有名字，于是乎，食客们就干脆叫它“无名冒菜”。

（配音）这家店可是成都最地道的冒菜馆子了，您只要来到新城市广场背后，看到排了一队长龙，而且店子没有任何招牌的就是了！每天这个“无名冒菜”都会迎来数百食客。店掌柜早已习惯了这种“门庭若市”的阵仗，还专门派发了“插队禁止令”？

何露瑶：（边排队边展示扑克牌）大家看到我手里的扑克牌了吗？这就是我排队的依据，在这里想插队啊，没门！

（配音）我们的主持人露瑶为了这个“无名冒菜”站得是腿也软了腰也酸了。不过，耐心排队大半个小时后，她终于能与点菜的大姐对上话了。

（现场：何露瑶：大姐，荤冒菜一份！

服务员：好。等你找到座位就给你上菜。）

何露瑶：看来光排到队还没那么容易吃得上冒菜。（边找座位边说）天哪，这才十一点过，十几平的店面，小桌子小椅子几乎摆满了屋子，关键是还找不到一个座位！哟，这位大哥刚巧吃完，我得赶快坐下来。

（现场：何露瑶朝服务员喊：大姐，我这能上菜啦！服务员：好嘞！）

何露瑶：（坐在座位上）咱们现在就耐心等着冒菜起锅吧。估计不少外地的朋友对四川冒菜还比较陌生，刚好利用等菜的时间，露瑶就来跟各位朋友们说说四川冒菜的故事。“冒”在这里是一个动词，冒菜就是把各种食材放一起在麻辣汤料里煮的意思。据说，冒菜还和诸葛亮、刘备有着渊源。

（画面以表演的方式展现：要求演出者扮相贴合配音内容“三顾茅庐”已是家喻户晓的典故，刘备第三次拜访诸葛亮，诸葛亮命内人用隆中土法制作的“冒菜”招待刘备三人。刘备敬爱诸葛之才，更对这种“麻不刺喉、辣不上火、中性温和、色泽鲜亮、口感醇厚”的“冒菜”赞不绝口。此后戎马生涯，刘备时常命御厨依法制作“冒菜”，犒劳三军将士。）

何露瑶：（冒菜上桌，坐着出镜）在成都有这样的一句话“火锅是一群人的冒菜，冒菜是一个人的火锅”，这冒菜几乎涵盖了所有火锅的菜品。（拿筷子挑起碗里的冒菜）您看，有我爱吃的黄喉、牛百叶、鸭肠，还有土豆、藕片、白菜……您想吃啥都能加。（边吃边说）猪黄喉，脆！而且没有任何腥味。很多外省的朋友估计对猪黄喉还不太了解。猪黄喉其实就是猪的喉管，听起来挺血腥的，但是聪明的四川人通过“冒”的方式，让食客只尝到鲜味，尝不到那种腥味。（夹牛百叶入口）来尝尝牛百叶，太新鲜了！爽滑，有嚼劲，赞一个！再来试试素菜，（品尝素菜，边尝边说）每一种菜都很入味。而且，露瑶我也算吃过无数珍馐的人，今天这冒菜有点特殊的味道，除了麻辣鲜香外，还有点淡淡的草药味。

（配音）我说外景主持人露瑶啊，你这味觉也太“专业”了吧？这淡淡的草药味居然也被你尝了出来。“无名冒菜”之所以吸引这么多食客前来，靠的就是这与众不同的草药冒菜底料。

何露瑶：大家看到这几口大锅没？冒菜与众不同之处的秘密就在这里面。（用大勺搅动底料）据说这个底料已经用了10年了，算是冒菜中的“老料”，怪不得格外香浓，而且您看，这是什么？底料里加了这些特殊的草药，既增加了鲜味，而且据说还能久吃不上火，厉害！想知道配方吗？刚才老板说了，这是“无名冒菜”的家当，可不能随便透露。

（配音）各种荤菜、素菜在这口大锅里冒熟，尽情吸收来自锅底的精华。起锅后再淋上红油辣椒，油面上撒上芝麻、花生、葱花、蒜头等配料，还有这特制的四川豆瓣，让人食欲大开。怪不得引得四方食客“闻香而来”。

何露瑶：对了，忘记跟大家说了。这家“无名冒菜”每天营业的时间是早上10点到下午2点，不过老板说一般中午1:30左右所有冒菜就销售一空了。所以，露瑶在这也提醒想来尝鲜的朋友们，一定不要错过时间啦！

第三节　电视新闻节目演播室连线训练

在第七章中，我们已经进行了新闻节目的相关训练，这一节中，我们将在此基础上更进一步，学习在新闻主持中一个十分重要的环节——演播室连线。

当前，电视新闻演播室连线已经成为一种常见的新闻传播形式。它将电视新闻演播室与新闻现场连接起来，在新闻直播时，呈现出零时差新闻报道。表现为双向或多点交流互动，使受众获得多源信息，从而使新闻传播更加及时、灵活、生动，更好地体现出新闻的纪实性、现场性和时效性。

一、电视新闻节目演播室连线概况

电视新闻演播室连线，指电视新闻主持人利用卫星传播技术手段，连接不同地点的新闻现场，远程采访现场记者或当事人，了解刚刚发生或正在发生的新闻事件与事态进展情况的活动。[1]

（一）电视新闻演播室连线分类

1. 电话连线

电话连线，通常是为获得一个新闻事件的最新动态而采用的传播手段。此手段一般运用于时效性强，但却受连线当地条件制约，只能采用电话、手机信号。它的播出形式一般是屏幕上出现连线记者的照片或与新闻事件相关图片和视频，并传来现场的真实声音，更具有真实感与现场感，受众只闻其声、不见其人。[2]

---

［1］［2］罗莉. 当代电视播音主持教程［M］. 北京：中国传媒大学出版社，2011.

2. 视频连线

视频连线，也有人称其为“视窗对接”，与电话连线的不同之处在于，它可以让受众同步目睹新闻现场的情景，从屏幕中清楚地看到相关的画面，更具真实性、现场感和生动性。视频连线不但可闻其声，还可见其人、观其景，可从视听两方面，提供给受众更多的现场信息，满足受众“眼见为实”的心理。可以说，视频连线是最能体现电视媒体传播优势的报道方式。

电话连线

视频连线

3.SNG 连线

SNG（Satellite News Gathering）是“卫星新闻采集”的英文简称，特指装载全套 SNG 设备的专用车，可称为“卫星新闻采访车”。作为一个移动式发射站，电视台工作人员可随时将所在现场的信号通过卫星传送到电视台，电视台再从卫星接收信号播出。因此，SNG 成为电视新闻现场直播的重要技术支持手段。

SNG 卫星直播车

严格说来，SNG 连线是视频连线的一种类型，但是它具备着不同于普通视频连线的优越性。它不受地域限制，可以通过卫星实现在两点和多点间高清、实时传送活动图像、语音及数据等形式的信息，突破了原来传统 ENG 的地形和应用区域限制，使各传媒机构能够更快、更方便、更经济地采集和转播突发性以及重要的新闻事件。因此，SNG 技术在世界各地得到了广泛应用，成为各地电视台和新闻传媒机构经常使用的传输手段。

SNG 技术在 20 世纪 80 年末、90 年代初开始得到应用，近几年，各新闻传媒机构为保持其竞争优势，对新闻采集的时效性要求越来越高，所以在它们的日常运作中，开始大量使用 SNG 系统。由于卫星通信技术和视频与音频信号数字化处理技术的高速发展，SNG 系统的成本不断降低，被越来越多的中小型电视台和传媒机构所接受。

SNG 的出现也催生出了所谓的“SNG 文体”[1]，具体说来，它具备以下特点：一是表达的口语化；二是依赖现场，表达结构多元化。

SNG 连线的出现，不仅对记者提出了较多的要求，对演播室主持人而言，更是需要做好和视频连线相关的一系列创作要求。

（二）电视新闻演播室连线主持特点

（1）主持人一般会通过电话或视频进行采访，根据电话、视频捕捉到的信息，予以追问性采访。在这个过程当中，观众会从演播室连接的新闻现场对新闻事件有更进一步的了解。

（2）在连线的过程中，主持人与受众几乎同时获得一线信息。观众只需要接受信息，但主持人却要快速作出反应，进行针对性提问，替观众提出问题。

（3）连线的过程中，演播室主持人虽然是提问者、引导者，语言却少而精练，主要是以一线记者介绍为主，通过他们较为详细的表述来达到传递信息的目的。

（4）连线结束后，主持人通常会根据连线的内容进行梳理、总结，以加深受众对信息的了解。

（三）电视新闻演播室连线主持人的能力

要做好演播室连线，主持人除了具备新闻节目主持人所需要的基本能力之外，还应具备以下能力。

1. 话题设计的能力

要做好连线，必须要做好问题设计工作。对新闻事件提出具有针对性的问题，直切要害，让观众在有限的时间内从节目中获取最大限度的信息，是新闻演播室连线主持人要具备的基本技能。

2. 善于倾听的能力

新闻演播室连线主持人需要具备倾听的能力。要求主持人能够快速抓取连线对象语言中的信息点，及时提出针对性的问题进行追问，补充完善信息。

3. 评述能力

新闻演播室连线主持人，还需要具备一定的评述能力，针对连线中出现的新闻画面或新闻图片提出自己的看法并加以表述，以完善连线对象表述的内容，使连线更有意义。

---

[1] 张欧. 直播幕后 [M]. 北京. 北京师范大学出版社，2013.

4. 应变能力

在新闻演播室连线中，常常会出现突发情况，如连线无信号、连线对象表述能力欠佳、卫星信号时断时续等。连线主持人必须在这种情况下临危不乱，处理好一切突发状况。

二、电视新闻演播室连线主持创作要求

（一）连线前做好充分准备

新闻连线能够使受众直接进入第一现场，跟随现场记者或当事人的脚步了解事件真相，而主持人在这个过程中，看似不经意地随着节目节奏进行提问，其实需要经过大量精心的准备工作。特别是一些重大新闻，如两会报道、国庆庆典等。主持人需要精心准备与之相关的资料，如历史背景、事件的来龙去脉、近段时间事件的发展等，然后对其进行消化记忆，从中筛选出有用的信息，拟出自己提问的大致方向及问题。

具体说来，要做到以下几点。

1. 累积背景知识

比如，在神舟飞船升空的过程中，对于太空中即将发生的一切没有几个人说得清楚。这就需要主持人提前做大量的调查研究，汇总相关的知识。这样一来，在进行演播室连线的过程中，才不会提出肤浅、幼稚的问题；同时，可以保证在节目过程中给予观众更多的相关知识链接。

2. 搜集幕后故事

幕后故事的搜集，往往能弥补信息的苍白。有时，一点小花絮，可以四两拨千斤。

3. 建立人脉关系

演播室连线中，最为重要的除了主持人之外，还有连线人员的选择，而这一切都需要主持人人脉的建立。当然，主持人背后的编导团队可以安排连线人员，但在连线直播的过程中，主持人连线的人员与主持人本身保持着良好的关系，在对话的过程中会更加轻松、自然，说出的内容也往往更丰富、更真实。同时，庞大的人脉关系也可以为主持人在应对各种新闻时提供足够的信息来源和意见建议。

（二）连线过程中注意观察现场，捕捉信息

1. 观察“现场”

说到新闻连线，我们往往将它与新闻现场直播等同起来，然而实际上他们并不能完全等同。确切地说，新闻演播室连线可以称得上是直播，但是它不一定是“现场”。直播连线的安排十分灵活，早十分钟、晚十分钟无伤大雅，它在时间上并不具备唯一性。

虽然它呈现的方式是直播、是现在进行时的，但是记者所讲述的情况往往是了解到的情况、是过去时的。除非正在讲述时现场出现了可以直播的画面。

所以，现场连线的主持人必须具备能够发现这些“现场”痕迹的能力，并且通过问话将它表达出来。比如北京奥运会圣火在希腊采集，主持人张泉灵并没有问“现场情况怎么样了”这样静态连线的问题，而是观察了记者现场情况后问道：“今天圣火采集的主角，就是那些祭司们和火炬手们在哪里？”这样的具有现场画面感的问题，很好地弥补了连线直播现场感不强的这一情况。

2. 捕捉信息

在连线的过程中，一般采用主持人提问的方式来推进节目，这就需要主持人在连线过程中善于捕捉信息。比如在视频连线中，主持人可以根据视频中出现的画面，观察捕捉相应的信息点，提出自己的问题。同时也需要主持人通过倾听连线人员的回答，适当地插话来补充问题，为观众答疑解惑。

（三）接受信息时要迅速作出信息梳理

电视新闻演播室连线主持，主持人一般会有三种信息的接受：一种是信息量刚好符合节目需要，这种情况较为简单，无须过多处理；一种是信息量极少或没有信息量，这时需要主持人运用自己储备的知识和资料，对手中已有信息进行加工挖掘，使之更为丰满；还有一种是信息量太大，这种情况下，主持人需要迅速在脑中作出信息梳理，逻辑清晰、层次分明地对对方的信息吸收并作出总结，使观众易于理解。

主持人海霞在“云贵交界处突发地震”这一新闻发生时，曾与现场记者进行连线。在倾听了记者现场报道的同时，她迅速作出信息梳理，在连线结束后，为观众作出以下总结：“刚才我们的记者介绍到，他正在从昆明到昭通的路上，整体的道路交通状况还是比较顺畅的，可以说这是一个好消息，因为道路顺畅就可以帮助我们的救援人员和救援物资顺利地到达。但是他也提到了，由于地区是一个峡谷地带，道路狭窄，滚石很多，所以救援人员只能徒步进行救援，这给我们的救援工作也带来了很大难度。接下来我们来连线彝良电视台记者，了解一下那里的情况。”

（四）表述内容与受众思考同步、情绪同步

电视新闻演播室连线主持人必须站在受众的角度去思考问题，即了解受众需要什么、想要了解什么。切忌因为自己了解就认为受众了解，自己不感兴趣就认为受众不感兴趣。在表述的过程中，不能受私人情感的影响，应该紧随新闻基调，了解受众需求。只有这样，提出的问题才是想受众所想、问受众所问。在连线中，连线人员容易陷入思维定势而无暇顾忌受众需求，所阐述的内容往往不是受众最关心的问题。在这种情况下，主持人应及时引导对方的表达思路。

2013 年 4 月，四川雅安发生 7 级地震，央视主持人长啸连线雅安市委书记。介绍灾情时，对方一直“打官腔”，不断介绍四川省党政军领导奔赴地震灾区情况，却对公众关心的伤亡情况及营救情况只字不提。长啸打断他称：“这个我们可能比你知道的还要了解得多，说说现在采取了哪些具体措施，如何贯彻落实吧。”这个举动赢得受众一片赞誉，因为主持人提出的正是受众最为关心的问题。

（五）切忌表情、表述“失范”[1]

美国传播学家艾伯特.梅拉比安在他的《无声的信息》中曾提出这样一个有意思的公式：

沟通双方互相理解 = 语调（38%）+ 表情（55%）+ 语言（7%）

在他看来，人际交往中，表情、肢体等副语言要比有声语言更加重要。当然，在有声语言中，声音也可以体现出表情，那就是语调。

所以，主持人在直播连线的过程中，应该注意自己的表情与肢体动作，包括语调，切忌“失范”。

比如，台湾东森电视台某位主持人在一次重大车祸连线中，由于信号问题一直没有连上，十分焦急。在能够与现场连线之后，他的脸上瞬间露出兴奋之感，并兴奋地说道：“太好了，我们很高兴能采访到一位受害者家属！”这遭到舆论的强烈谴责，使得电视台高层不得不出面向家属道歉。

（六）对话过程中提问要适度，切忌总问“感觉如何”

电视新闻演播室连线中，主持人的任务是获得新闻现场的最新动态，成为连接新闻现场与受众的中介及纽带。为此，在采访中，一要避免与连线中报道者的话语重合，二要注意提问的适宜性。比如在灾难性的连线中，主持人非要要求现场记者采访遇难者家属并回答被采访之后的感受，这就是非常不合时宜的。

（七）连线的过程中准备掌握时间

电视新闻演播室连线（尤其直播）中，主持人对时间掌握的要求很高。因为这项工作是个连接多种信息渠道的枢纽，每一方面都有严格的时间要求，一个环节出了问题，直接影响到其他环节的进行以及节目的完整性。有经验的电视新闻主持人无论是需要增加多少时间、还是减少多少时间，都能应付自如、不留破绽。所以，主持人在连线时，不但要时刻思考着信息和问题，还要有时间观念，知道在规定时间里什么问题该问、什么问题不该问，什么问题应当追问、什么问题浅尝辄止，准确把握节目串联、节目段落、节目结束的时间。

在多点多人连线时，更应注意人员、时间的合理分配，可根据信息的价值有适当倾斜。

---

［1］张欧 . 直播幕后［M］. 北京 . 北京师范大学出版社，2013.

在电视新闻演播室连线中，主持人要在有限的时间内尽量多地问出新闻现场的一切新情况。如若主持人在连线中对一线报道者提问主旨不明、问不到点上或容忍对方说无价值的话，就会耗费宝贵的连线时间。

（八）即时、准确作出应对

在直播连线中，出现突发意外状况是十分常见的。由于卫星信号不好或是连线人员素质不佳，都会出现不可掌控的情况，在这种时候，就需要主持人作出及时、准确的应对。

在演播室连线中，最容易出现的问题之一是连线信号突然中断或信号不清。这种时候，有经验的主持人的做法是，首先通过导播的信息确认演播室连线是否中断，然后冷静地面对镜头陈述事实，表示由于技术或现场天气等原因连线中断。然后，根据新闻内容，对此次连线进行补充或总结，然后根据导播指示引入下一条新闻内容，直到信号再次接通。

在演播室连线中还会出现的常见问题是，连线人员由于紧张过度或经验不足，无法准确描述现场情况或传递有效信息。在这种情况下，主持人应该尽量针对新闻内容提出闭合式的提问，避免对方多说话，通过短时间的你问我答来了解现场最基本的情况，当对方情绪出现好转时再适当提出开放性的问题。最后，需要主持人头脑清醒，仔细捕捉对方语言中的有效信息，然后根据内容作出有效的梳理总结，让观众更容易明白。

还有一种情况是，导播在切换画面的过程中，将连线画面切错。这种情况一般导播会即时进行补救，切回正确的画面即可。但是如果播出的画面出现了非常大的问题，就需要主持人的即时补救了。比如在北京奥运会特别专题节目中，白岩松本应该和现场记者进行连线，但是画面却切换成三个外国人带着黑色口罩走进北京机场。该画面一播出，白岩松立即意识到一个严重的问题，北京的空气问题一直使北京奥组委备受指责，这个画面的播出无疑使之雪上加霜。于是他冲进导播间要求导播切回自己的画面并作出补充：“画面中的三个外国人已经向北京奥组委发出了道歉声明。”问题便迎刃而解。

要说明的是，如果直播现场出现了大的变化，最后的自我救赎，就是索性点破道明，不要欲盖弥彰。出了问题，坦率交代一句，观众反而会感受到直播过程中的真实感，不再计较一些无关紧要的细节。

比如在央视直播长江三峡截流的时候，有一个段落原本是在西陵长江大桥上燃放烟花，但是现场记者临时获悉，燃放工作没有准备好。主持人随即说：“烟花燃放还没有准备好，而我们的直播又要结束了，我们很遗憾看不到西陵大桥燃放烟花的壮观景象了，现在我们播放一个事先准备好的专题片来结束我们 14 个小时的直播……”

话音未落，导播又突然通知现场准备就绪，故障排除。于是主持人再度上阵，说道："直播就是有直播的好处，直播的好处就是可以随时调整，我们刚刚得到消息，现在烟火晚会已经开始了，您看，要不是直播，我们还真不好办。"[1]

其实，在演播室连线当中，会出现的现场突发状况还有很多，我们根本无法一一列举。想要即时、准确地应对突发状况，就必须保持冷静的头脑，听清导播的指令，不要盲目行事；拥有良好的知识储备，保证第一时间可以回应导播需求，在空白时间里填充节目内容；学习前辈的应对方法，在头脑中有自己的应对"手册"；积累丰富的经验，保证自己临危不乱，从这些经验中找到解决的办法。

总而言之，电视新闻演播室主持人在连线主持时应把握以下要点。[2]

（1）连线提问抓事件核心。

（2）连线提问抓现场进程。

（3）连线提问抓新鲜之处。

（4）连线提问抓细节特点。

（5）连线提问应语言精练。

（6）连线交流会把握时间。

（7）连线交流注意人员分配。

（8）连线交流注意时间分配。

（9）连线交流敢于打断无效谈话。

（10）连线交流善于追问有效信息、新闻亮点。

【实训】问题设计训练

教师指定新闻事件，请学生就此新闻事件设计一份演播室连线问题提纲。

【实训】电话连线训练

教师指定新闻事件，两名学生分别作为主持人和连线记者，运用主持人连线技巧就该新闻事件进行连线报道。

【实训】视频连线训练

教师指定新闻事件，配以新闻视频，两名学生分别作为主持人和连线记者，运用主持人连线技巧就该新闻事件进行连线报道。

[1] 韩彪．现场直播——新闻改革的标尺［M］．北京：当代中国出版社，2007.

[2] 罗莉．当代电视播音主持教程［M］．北京：中国传媒大学出版社，2011.

十知识链接

2013 年度中国播音主持金话筒奖在京举行颁奖晚会

由中国广播电视协会主办的 2013 年度中国播音主持金话筒奖于 2014 年 2 月 26 日在京举行颁奖晚会。张泉灵、张斌、沙桐、罗旭等行业精英登顶国内广播主持界的“珠穆朗玛峰”。李瑞英、宋世雄、敬一丹、陈铎、倪萍、李修平、白岩松等 500 多位老中青从业者欢聚一堂。

作为国家级的颁奖盛典，此次颁奖典礼是我国播音主持人职业形象的大展示，全国百余名德艺双馨的播音员、主持人欢聚一堂。

通过电波传送文化精神的优秀播音主持人。因此，这座沉甸甸的奖杯，不仅是对个人从业的肯定，更是对指导过一批老播音艺术家们、关心过领导与同事们、一直默默支持家人与朋友们的奖励！在此，努力创作更多优秀的作品来回报你们！用媒体人崇高的思想境界与强烈的责任意识来服务社会。

颁奖典礼以陈铎、赵忠祥、雅坤、虹云四位 1961 年前入行的前辈用时间的故事来串联：盲人女孩董丽娜十几年如一日为播音梦奋斗，她被请到现场，一圆亲近金话筒的梦想；北京电视台军事节目主持人罗旭，获得军人父亲亲手送上的珍藏帽徽；80 多岁的老人专程从上海赶来为主持人白瑞献花，感谢其帮忙找到失散 60 年的姐妹。这些故事鼓舞并唤醒着在场播音员和主持人的光荣和梦想。

做着分内的事，但怀揣着肩负传递民生、记录历史的使命与责任的梦，孜孜不倦、乐在其中、不言放弃。这执着不仅为职业所赋予的铁肩担道义、妙手著文章的社会责任，也因着“苟利国家生死矣，岂因祸福避趋之”的对国家、对民族、对人生的爱。就像在送评作品里所展示的那样，我们力求从海量的信息当中捕捉世界发展的轨迹，提炼出对中国观众有价值的内容，协助正在融入世界的中国人，对周遭的环境有一个全面和理性的认识。

另外，北京人民广播电台酒杰、白钢，湖南人民广播电台丹阳等获得广播类播音主持作品奖；北京电视台王小佳等获得电视类播音主持作品奖。[1]

【电视新闻演播室节目例稿】

上海电视台新闻综合频道《新闻夜线》节目 2014 年 4 月 17 日

主持人：周瑜　连线记者：崔信淑

周瑜：关于韩国“岁月号”客轮沉没事故的最新进展，马上我们来为大家连线我们刚刚赶赴到韩国的特派记者崔信淑。崔信淑你好。

[1] http：//www.citure.net/info/2014227/2014227174842.shtml.［2014-07-17］中国城市文化网 .

记者：主持人你好。

周瑜：信淑能不能帮我们介绍一下目前你了解到的搜救的最新情况？尤其是你到了现场之后，观察到现在的海况还有天气情况怎么样？因为这个可能会影响到搜救的进展。

记者：嗯，好的，那么今天晚上警方又发现了 4 具遇难者的遗体，所以呢，遇难者的人数也升至 14 人，仍有 282 人失踪。但是现在有个好点的消息就是说当地的天气状况有所好转，浪高从 1.5 米下降到 0.5 米。所以在当地时间 7 点 33 分左右开始，民警又开始进入船体，而且有两艘军舰一直在现场待命，如果船体内有新的发现的话，他们将随时向船体输送空气。

周瑜：嗯，听到天气好转，相信对所有人来说都是一个比较积极的消息，那么我们还想知道现场家属的情况怎么样？因为我们之前听到很多消息说，被困的学生发短信求救说底下可能还有 20 个人活着，另外我们还听到消息说一个男学生被困之后给妈妈发短信说："妈妈我爱你。"我不知道这些消息是否得到了警方的证实，你有了解过吗？

记者：的确我今晚也刚刚去了家属比较聚集的体育馆，现场的情况很让人心酸的，有的家属已经熬了一夜，今天已经是第二夜了，看来今天也将是个不眠之夜。那么在今天晚上 9 点左右一些家属因为不放心救援的情况，还跟着救援的船一起前往事发海域，想要彻夜守在那里，第一时间确认救援消息。那之前有很多家属反映，说收到孩子们发来的短信，但是今天晚间的时候韩国警方表示自从 16 号中午之后，船上的电话都没有使用过。他们已经调查了 300 多份电话记录以及社交软件的使用情况，并没有发现使用过的记录。所以说昨晚微博上流传的船内仍然有人活着等相关消息呢都是虚假的，韩国警方表示必要的时候不排除会追究相关人员的责任。另外，对于昨晚上那条"妈妈我爱你的"的短信消息，警方也是表示无法证实。

周瑜：嗯，好的，谢谢信淑，一方面我们希望能够有及时的消息发布，但我们同时更加希望这些消息在核实之后它是准确的。

随着我国电视新闻的不断发展，"记者型新闻节目主持人"逐渐成为新闻节目主持人选拔的重要标准。而实际上，在西方国家，自从电视新闻问世以来，就一直认为只有具备记者素质的新闻节目主持人，才能够胜任这份工作。所以，我们还需要学习与出镜记者现场报道相关的知识，为成为一名更优秀的新闻节目主持人而努力。

第四节　出镜记者现场报道训练

"新闻发生的时候，我们不是在现场，就是在前往现场的路上。"凤凰卫视的这一口号几乎成为 20 世纪 90 年代以来所有电视人的新闻理念。于是，现场报道承载起了电视新闻所有的光荣与梦想。现场报道能够非常直观地将新闻事件的发生过程和现场情景，将记者在现场采访、报道的真实过程和富有动感的现场气氛用客观真实的手法，原原本本地记录下来，并自然、真实地将事件的本来面目呈现在受众面前，从而让受众产生强烈的身临其境的真切感受。因此，在现代新闻传播中具有重大意义。

一、现场报道的定义

什么是现场报道？不同的学者给出了不同的定义。

定义 1：现场报道是电视记者在新闻事件现场，面对摄像机（观众），以采访者、目击者和参与者身份作出图像的报道。[1]

定义 2：电视新闻中的现场报道是电视报道者置身于新闻事件发生现场，面对摄像机，以采访者、目击者和参与者的身份向观众叙述、评论新闻事件，并同时伴以图像报道的一种报道形式。[2]

通过比较可以看出，要想严格界定出镜记者的定义，有两个问题要搞清楚：第一，谁是出镜记者？定义 1 说是电视记者，定义 2 说是电视报道者。显然，“电视报道者”的范围更加准确，因为除了电视记者，它还将新闻节目主持人也包含进去了。

第二，出镜记者都做了什么？定义 1 只是笼统地概括为“作出的图像报道”。定义 2 概括为“向观众描述、点评新闻事件，并同时伴以图像报道”。与定义 1 相比，定义 2 更为详细，但是在这里使用“叙述”一词是不准确的，因为出镜记者在新闻现场除了将新闻事件进行叙述外，还有一件事就是对现场场景的细致描述。

另外，新闻评论可长可短，现场报道在传达最新信息的同时又要发表评论，受时间上的限制，通常现场报道评论的事件和篇幅都较短，改为“点评议论”更加合适。

综上所述，笔者认为，准确的定义应该是：现场报道是电视报道者置身于新闻现场，面对摄像机，以采访者、目击者和参与者身份，向观众描述新闻现场、叙述新闻事实、点评新闻事件并同时伴以图像报道的一种报道形式。现场报道分为录像型现场报道和直播型现场报道。[3]

二、出镜记者的诞生

（一）现场报道使广播新闻发生质变

“我正站在一个屋顶上俯瞰伦敦。在这一时刻周遭的一切非常安宁。出于国家和个人安全的考虑，我不能告诉你们我现在的精确位置。在我的左边很远的地方，我可以看到愤怒的截击机的反击发出的暗红的火光映衬着灰蓝的天空……我可以看到不远处的一

[1] 叶子．电视新闻：与事件同步［M］．北京：北京师范大学出版社，2007：136.
[2] 付程．实用播音教程：第 4 册［M］．北京：北京广播学院出版社，2003：92.
[3] 宋晓阳．出镜记者现场报道指南［M］．北京：中国广播电视出版社，2008：30.

栋楼，下方好像是有白色的油漆在闪烁，我在白天看到过这栋楼，它缺失了四分之一，在一天晚上被一枚炸弹击中……”[1]

爱德华．默罗

1940 年 9 月 21 日，美国各地听众通过收音机收听到 CBS 广播电台记者爱德华・默罗发自英国的现场直播报道——《这里是伦敦》。在广播新闻领域，爱德华・默罗与同伴威廉姆・夏勒共同探索出一个全新的模式，即将广播由以往传播轻浮的游戏节目、戏剧和喜剧节目变身成为重要的新闻来源。爱德华・默罗也使广播新闻发生质变，被誉为美国广播电视新闻网的“开山鼻祖”。

（二）电视新闻出镜记者现场报道的诞生

1963 年 11 月 25 日，暗杀肯尼迪总统的职业刺客奥斯瓦尔德在由达拉斯警察局转移至监狱的途中，被达拉斯夜总会老板杰克・卢比近距离击毙，现场电视记者出乎意料地将事件现场通过卫星做了实况转播，毫无准备地开创了电视现场直播的时代。[2] 从此以后，美国电视观众透过电视目睹了 20 世纪后半叶几乎所有的重要历史事件。

（三）成熟：CNN 现场报道的出现

1991 年 1 月 16 日凌晨，CNN 的三名记者阿奈特、霍里曼和萧伯纳万万没有料到，他们在伊拉克希德酒店的现场直播报道，掀开了全球电视新闻的竞争序幕。更令 CNN 意想不到的是，它的一夜成名成为日后诸多媒体行动的诱因。而 CNN 对于电视新闻节目样态的影响力更是意义深远，无论是哪个电视新闻频道崛起，业界都会冠以“某某的 CNN”加以称赞，如半岛电视台被誉为“中东的 CNN”，凤凰卫视资讯台被称为“华语的 CNN”。由此可见，CNN 已占据标志性的媒体地位。

（四）中国出镜记者的诞生

在中国，电视新闻出镜记者的出现较晚。由于新闻报道理念的滞后，国内电视新闻报道模式长久以来一直停留在“联播体”新闻样态中。徐俐在《女人是一种态度》中谈及《中国新闻》的节目定位和新闻报道创新时期是如此描述的：“1992 年 10 月 1 日《中国新闻》开播，记者高丽萍站在天安门广场向大家作现场报道。她告诉观众今天的国庆节有什么样的人来到广场，人们在做什么，人们的愿望是什么。这些都在她的现场采访

---

[1] 鲍勃・爱德华兹．爱德华・R．默罗和英国广播电视新闻业的诞生［M］．培勤，译．上海：复旦大学出版社，2005.

[2] 吕宁思．凤凰卫视新闻总监手记［M］．北京：昆仑出版社，2005.

高丽萍

中一气呵成，如行云流水。长达三分钟的新闻，几乎没有什么解说词，基本上都是现场同期声。这样的新闻首次出现在中央电视台的屏幕上，它的效果及影响力是可以想象的。”

从那时起，真正意义上的出镜记者这一报道形式开始在中国的电视新闻报道中出现了。[1]

如今，电视新闻报道已进入直播报道的时代，而出镜记者来自新闻现场的报道是直播报道的一个重要环节，因为没有现场就谈不上直播报道。2004 年 9 月 3 日别斯兰人质事件，在战斗打响后的五分钟里凤凰卫视记者卢宇光发回的现场报道使其一举成名，被誉为“中国传媒史上的经典声音”。

案例启发

别斯兰人质事件

2004 年 9 月 1 日，俄罗斯北奥塞梯共和国别斯兰的家长、老师同学正在体育馆进行开学典礼，一群蒙面歹徒进入，挟持了所有人质。卢宇光第一时间赶到现场进行报道。而战争是在 9 月 3 日开始交火，此次事故共造成 326 人死亡。

卢宇光与女主播王菁的现场连线录音。

卢宇光：战斗是 5 分钟以前开始的，大概在现场 100 米的地方，能看到孩子不断地往外面送，我们的机器落在火力圈里，我们撤到一个墙角……现在又冲出一批人，我们不知道是从哪个方向来的，躲在汽车后面。我们看到不断有部队往里面冲。哎呀呀！恐怖分子向我们这边冲过来。突围了，已经打伤了很多人。哎呀，我们现在正在跑（急促的枪声和喘息声）。

王菁：宇光，你要小心。

卢宇光：现在不要紧。冲出了好多人，向我们开枪，打伤了好几个。

王菁：你能判断出来的人是人质还是武装分子？

卢宇光：根本看不出来到底是谁，我现在趴在地下。现在有妇女和记者受伤……哎呀，太危险了。

王菁：宇光，你所在的位置安全吗？宇光，宇光，听到吗？

电话断了。一个小时后，电话线那头冒出卢宇光颤抖的声音：各位观众，卢宇光在别斯兰现场继续向你报到……原来，俄方反恐机构屏蔽了别斯兰无线电话信号。

[1] 宋晓阳 . 出镜记者现场报道指南［M］. 北京：中国广播电视出版社 .2008：23-25.

凤凰卫视总裁刘长乐从战略角度看待这次惊险的别斯兰事件报道。他说，“9·11”直播，解决了中国媒体在世界大事面前“没有声音”的问题；而此次别斯兰人质危机，由于卢宇光充满了震撼力和恐惧感的现场播报，解决了中国整体在报道世界重大新闻方面“行不行”的问题。虽然只有卢宇光一个人、一个声音通道，但这是一种姿态、一种精神状态。宇光，你是英雄。凤凰卫视资讯台，原本并不知名的电视台，在第一时间、第一现场报道“9·11”事件、阿富汗战争、伊拉克战争、别斯兰人质事件等，创造了中国传媒直播世界突发大事件的数十次“第一”。[1]

三、出镜记者必备的素养

（一）内在素养

出镜记者的五项基本功。

1. 报道

虽然报道能力是新闻主播应具有的基本能力，但是与之相比，出镜记者更需要具备此项基本能力，可以说，这是出镜记者的看家本领。在由摄像、记者组合而成的报道小组中，报道的随行是以出镜记者为中心的。在出镜记者的安排下，摄像记者完成取景拍摄工作。对于出镜记者来说，新闻现场报道是他的天下。从新闻现场信息的搜索、整理、筛选到整个新闻作品的文字结构、画面配合、直播报道的有声语言表达等都在其控制之下。因此，一位优秀的出镜记者首先应当具有极强的新闻报道能力。

2. 表达

表达对于出镜记者来说，应是一种能够出口成章的能力。一个好的新闻作品，首先需要对新闻素材进行整合，再将与之相对应的新闻画面进行完美组合。而在这个过程中“有声语言”的准确表达是使新闻作品为人所知的重要手段。

有声语言表达能力对于当前出镜记者来说，可谓是当务之急。因为现在一些电视台并未专门设置“出镜记者”这一职业角色，在现场连线时不得不采用一些尚未经过“出镜”专业训练的新闻记者进行现场报道，因此，一些记者口齿不清，或是一口气说到底，这显然直接影响到新闻信息的传播效果。出镜的表达目的首先是要让观众听清楚、听明白。所以，出镜记者必须要接受专业的有声语言训练。

[1] 王诗文. 出镜记者［M］. 北京：中国广播电视出版社，2009.

3. 短评

出镜记者在完成表层信息报道之后，有时会根据实际情况对自己所报道的事件发表简短的新闻评论，这简称为“短评”。与近年来纸面媒体新闻评论出现的“短小化”倾向相比，电视新闻出镜记者现场报道同样是“重信息轻评论”。

在节目设计上，评论的主动权通常是交给演播室的新闻主播和嘉宾们。即使是给出镜记者评论的权利，也会考虑节目时间而有所限制，所以出镜记者的评论主要表现形式也会是“短评”。短评首先是篇幅较小，一两句话，大多不会超过 50 个字；其次，短评只会选择一个评论点；最后，短评发表的目的通常是深化主题。

4. 采访

采访是出镜记者的武器，没有了采访一切报道行为都不存在。对于出镜记者来说，需要完成的采访包括幕后采访和镜头前采访。幕后采访是为了获取基本新闻素材、信息，它包括出镜记者自己的调查、各方取证等。镜头前的采访是为了获得新闻更深层次的信息，对于新闻本身起到提示、递进发展的作用。镜头前采访对于出镜记者来说需要注意的事项较多，比如准确提问、恰当用词、体态语的配合等。

5. 技术

对于记者来说，只在话筒前出色地完成报道任务还远远不够。凤凰卫视新闻总监吕宁思在《凤凰卫视新闻总监日记》一书中指出，当前的电视新闻记者必须熟练地使用电脑和操作电子图像资料发送。他还谈道，如今专业摄像机与家用摄像机区别日益减少，出镜记者应该利用身边设备、熟悉操作程序，在电脑上可以简单编辑画面，并利用电脑将画面传回总部。

（二）外部素养

1. 脸部的控制

对于一名记者来说，不仅要具备内在的素养，其外部素养也尤为重要。外部素养指面部的控制，面部包括眼睛、嘴巴。首先，眼睛要正视摄像机的镜头。如果机位架高了就是俯拍，镜头中会出现翻白眼现象；如果机位架低了就是仰拍，镜头中会出现双下巴现象。所以，视线要与镜头保持一致。其次，嘴巴的控制，作为一名记者，常常会遇到一些时政新闻、突发新闻，所以一定要控制嘴巴的笑意，基调要与新闻本身相符合。

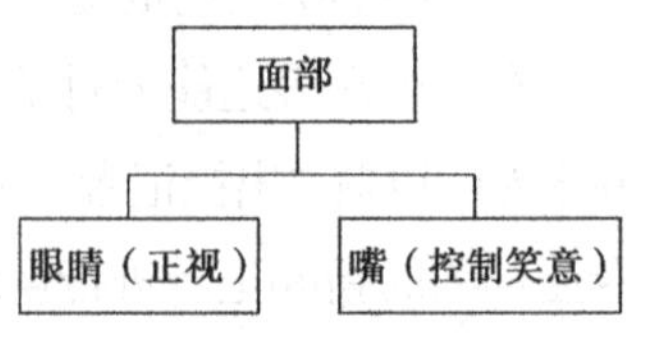

2. 握话筒的要求

（1）正握：当记者单独面对镜头的时候，最好选择单手握话筒，另一只手自然下垂，话筒位置在胸前第二颗纽扣为宜。

（2）提问：记者提问的时候，一般单手握话筒，指向对方衣领处，可用另一只手作为支撑。

正握话筒

提问

3. 采访

此时的站位通常是三角形构成，即摄像记者、出镜记者和被采访者所构成的三角形。但切忌出现正三角形的形状，这样拍摄出的画面会分不清主次。一定要给被采访者更多的画面，以被采访者为准。

采访时的站位

4. 服饰要求

（1）时政类：身着正装。（女性根据采访环境氛围和新闻内容决定搭配颜色）

（2）民生类：选择具有亲和力的服装，服装最好有领有袖，舒适得体。

（3）灾难性：应符合现场氛围，忌穿过于鲜艳、喜庆的服饰，可加入特殊装备，如救生衣、口罩、手套等。

（4）娱乐类：时尚、鲜艳，隆重场合可以选择小礼服。

时政类着装

灾难性着装

民生类着装

四、出镜记者报道法则

（一）清楚明确地说出所在的地理位置

在出镜报道时，明确地说出记者的所处位置是为了证明“我在新闻现场”。

在出镜报道时要说清街道，如果不是很清楚，可以用参照物来衡量。例如，在 2004 年 7 月 10 日，北京遭遇暴雨，央视晚间 21 点的新闻节目《今天》在节目开头记者连线说：“我现在所在的位置是长安街。”众所周知，北京市的长安街从建国门到复兴门共计五里之长。稍有常识的人都知道，“隔街不下雨”的自然现象，更别说十里长街了。所以，在新闻报道中记者对于“位置”的介绍应该更加具体、细致。

（二）出镜背景（典型环境）的选择

出镜背景是记者在现场活动的画面标志。信息含量丰富的新闻背景对现场会起到衬托、强化的作用。千篇一律的出镜形式会给观众带来审美疲劳，而鲜活、生动的出镜形式无疑会第一时间吸引观众的注意力。

所以，在背景的选择上可以选新闻发生的第一地点作为第一背景；也可以选择运动的画面作为背景，即边走边说；还可以选择具体的新闻现场细节作为背景。

出镜形式可分为静态报道和动态报道。静态报道的出镜背景可以是固定的，而动态报道则要求记者在现场要有一定的活动区域空间，由单一画面转为多元画面。在事前完成“走场”。走场是出镜记者顺利完成报道任务的有力保证，哪一点说什么、说多长时间，在直播前都要做到心中有数。

（三）调动其他感官机能，弥补和丰富有声语言传达信息

出镜记者需要利用自身其他感官机能细细体味现场，利用身体语言及其他器官获取信息，丰富有声语言的信息量，使得现场信息从平淡无味变得色、香、味俱全。

（四）与主播的交流

一次成功的现场报道，不仅仅需要出镜记者做好在新闻现场的诸多准备工作，还需要出镜记者来推进现场报道进程，与在演播室中有可能不断提出各种问题的节目主持人进行实时交流。

各个电视台在处理出镜记者与新闻主播、主持人实时交流技巧方面的特色不一。通常手法为一头一尾呼唤对方名字，结束时可加：“现场情况就是这样，以上是某某台某某在某地为您带来的直播报道。”

（五）新闻现场环境描述

环境描述围绕报道新闻主题展开，要求有方位逻辑顺序，比如从上到下、从左到右。有重点描述，有细节观察，语言形象生动、简练干净，让观众有身临其境的感触，能从不同方面了解新闻现场。

五、出镜记者的采访与倾听

出镜记者现场采访和报道作为当前电视新闻报道的一种常态，已经成为电视媒体的一个有力竞争点。而出镜记者的电视新闻报道，最让人注目的表现是出镜记者的现场采访；而现场采访中，核心内容之一就是面对面的提问和倾听。因此，电视新闻报道的优劣程度、电视出镜记者的专业化程度，与出镜记者采访过程中的提问和倾听有着密不可分的关系。

（一）采访前的准备工作

（1）主持人搜集的信息资料一定要多角度、多侧面、多层次，乃至多媒体的，如文字、图片、音像等各种形式的资料。采访提问前的信息资料大体要准备以下几方面的内容。

①此人一生中的重要经历。

②目前最关注的事情。

③采访对象的经历、工作、书籍或文章中的观点、性格、生活等相关状况。

④与采访对象或事件相关的人员的反映，事件的发生、发展，各方面动态等背景资料。

（2）面对海量的信息，不能仅求多与广而不分主次，“眉毛胡子一把抓”，那样无法形成统一的主旨。所以，还得吃透搜集到的资料，做出取舍，整合出为我所用的资料。

（3）善于捕捉细节、挖掘和使用细节，这样才能使采访深入、事件生动、人物丰满、节目耐看。细节是采访准备的重中之重，也是一种能力，更是一种态度、一种精神。

（4）采访前，出镜记者整合、搜集了大量的信息资料，通过分析，对这些材料有了一定的自己的观点和看法。继而形成一套具体的采访方案，包括确定采访的方向和主题、安排整体的布局结构、明确采访的重点、规划采访的流程等。

（5）在采访的过程中，稳定积极的心态是打好这场战斗的基础。记者在开口提问前就应当调动内心的情感，关心被采访对象，不能漠然置之。同时，面对访谈对象的提问应该具有平等的心态，面对不同的采访对象，无论社会背景如何都要“一视同仁”。

（二）采访的提问艺术

美国密苏里新闻学院编写的《新闻写作教程》在谈到采访与提问的关系时说，“采访的成败在很大程度上取决于正确的提问”“提问的方式不但影响记者对情况的调查，也影响采访对象做出什么反应”。此话阐述了提问与采访的关系及提问在采访中举足轻重的地位。主持人、记者的提问是现场采访报道中的灵魂。[1]

1. 提问的方式

提问一般分两类：开放式和闭合式。所谓开放式提问，即问题提得比较概括、抽象，范围限制不严格，给对方充分的发挥空间，适用于搜集情况、调节气氛、缓解压力。所谓闭合式提问，则问得比较具体、单纯，范围限制得很严格，给对方的自由发挥空间很小，要求对方直接回答，适合用来层层追问、深入突破、证实事实。

两种提问的方式各有优势，记者在采访的过程中两种提问方式可以结合运用。

（1）开门见山，直奔主题。在新闻类的采访中多见这种提问方式。这类的访谈对象多是某方面的专家或者是新闻目击者、当事人，直奔主题能满足受众了解新闻和认知新闻主题的急切需求。热门的社会现象、刚刚发生的新闻事件、众说纷纭的焦点话题以及公众关心的焦点事件都可以尝试此方式。此方式经常出现在 SNG 卫星连线中，出镜记者介绍新闻现场。

[1] 陆锡初 . 节目主持人导论［M］. 北京：中国传媒大学出版社，2013.

（2）从熟悉的问题入手。记者和采访对象的第一次谈话，通常都是陌生人。记者为采访会做很多相关资料的搜集和整合工作，因此，在采访时，通常从熟悉的问题入手，或是从自己提前了解到的信息作为双方打开话题的谈资，会让采访现场更为和谐，缓解采访对象的压力。[1]

（3）提问语要注意“五不用”。不用长句、不用倒装句、不用否定语气提问、不用有歧义的话提问，在提问时不要生造词语、任意改用专用名词。学会多用口语，长句分成短句来问。

2. 找准提问的切入点和落脚点

恰当的提问是出镜记者采访的“法宝”。无论采访理论还是采访实践都告诉我们，大而空泛、程式化的提问一定不会收到采访对象的认可，甚至还会引起对方的反感，看破提问者没提前做好功课的浮躁之心，当然就无法做好节目。因此，一定要找准提问的切入点和落脚点。

如何寻找切入点和落脚点？这不是一朝一夕就就能学会的，这需要平时综合素质的提升、知识的积累以及丰富的阅历，也需要在日常生活和工作中从熟悉材料的前提下感悟、思考而来。

（三）出镜记者的倾听

1. 倾听是出镜记者成功的重要因素

倾听是人际传播的重要环节。从传播学的角度来说，听与说是构成传播的两个基本条件。两个人面对面交流时，不能只有说没有听。谈话、对话总是在边听、边想、边问、边答中进行的。一个不善于倾听的主持人、记者，无论他如何能说会道，也不能让节目真正成功，因为他根本走不进对方的思想感情深处，自然也不能从别人的话语中提炼出深层次的信息量。[2]

《光明日报》著名记者、范长江新闻奖获得者樊云芳写了许多好报道，在采访中积累了丰富的经验。她在谈到“采访四决”中，第二诀窍就是“听好”，即倾听。她说：“记者的职责是记，要记好首先要听好，好记者首先是个好听众。何谓好听众？就是忠实的听众。他对采访对象所说的事情真心实意地感兴趣，他专心地听讲，而且鼓励对方知无不言，言不无尽。”

2. 善于倾听才能作出正确的判断

听，并非被动地接受信息，而是主持人要将自己的思维走在参与者和观众的前面。

---

[1] 吴郁．提问：主持人必备之功［M］．北京：中国广播电视出版社，2008.
[2] 杜荣进．中外新闻采写借鉴集成［M］．杭州：浙江教育出版社，1997.

一是在听的过程中，一定要迅速对信息作出判断，发表自己的观点和情感；二是要对其说话的内容作出预测——跟随被访者的话发表论句，预测后续句，及时抓住新冒出来的、有意味的话头；三要在瞬间决定自己接应的语言对策——继续追问还是到此为止，或是另起一个话题。总之，倾听的同时，还要从全局考虑：话题进展到哪一步，是按准备方案走，还是需要进行调整？是否有预设之外的新问题需要展开？因此，只有认真倾听、善于倾听，才能准确理解对方的观点并迅速作出反应，把主题一步步引向深处。

3. 倾听是对采访对象的回应

我们每个人几乎都会有这样的共同点：那就是自己在跟别人谈话时，都希望对方不仅在听，而且是在用心地听。这怎么表现出来呢？比如对方的一个眼神、一个小动作都很有可能让你决定继续或是中止谈话。其实，在采访的过程中，记者的每一个细微的动作和表情都会影响到采访对象及观众。为了让采访对象保持兴奋的谈话状态并勾起其说话欲望，出镜记者必须精神饱满。

六、出镜记者的出镜策划

（1）时间：是指事件发生的时间以及发展过程中的重要时间点。

（2）地点：包括第一现场以及第一现场派生出的其他相关现场。

（3）人物：包括当事人、目击者、相关人员、普通市民等。

（4）现状：事件目前的发展情况、事态情形等。

（5）起因：由事件表象推断出的基本起因。

（6）结束语（短评）：概括性、提示性信息作为结束语。

案例启发

文稿策划实例

突发事件当中的报道文案。（以高速路汽车突然起火为例）

1. 直接要素：为什么会发生火灾，事故发生时的状况是什么。事故规模是多大。几点发生，损毁了几辆车。事故发生后的情况怎样，死了多少人，造成多大的交通瘫痪，这些都是最直接的要素。

2. 间接要素：事故发生后的紧急应对设备和措施，应急道路是否存在，是否能够有水栓，事故进一步扩大的原因等。

3. 与事故相关的社会要素：法律上有什么不完善，保险问题，经济影响，交通运输的影响，直接损失，对于社会一般性的影响，事故再次发生的预防，设备、流程上的预警等。

4. 应该吸取的教训和关注课题是什么：汽车构造上，刹车或者零件制造是否存在问题，是否有相同的事故，应急通道的建设，技术的革新还有文明的暗示等。

【实训】即兴现场报道训练

请以《校园里的足迹》为题，进行现场报道。

要求：

（1）时间 60 秒，文稿写在笔记本上。

（2）出镜词包括软、硬两部分开头。

（3）要有细节的描述、走场的时间和出镜词，必须提前彩排准备。

【实训】策划训练

选取近期你所关注的一次较大的新闻事件，做一份模拟记者现场报道的策划方案。

提示：

（1）思考从哪个角度报道最有新闻价值？为什么？

（2）策划你的采访提纲：作哪些准备？采访哪些人？问哪些问题？

（3）你认为这个采访会有哪些困难，如何解决？

【实训】采访训练

以组为单位，每组 4 ~ 5 人，完成一个 5 ~ 8 分钟的新闻报道。

要求：选择在学校里的一个话题，找到四个不同身份的采访者，组员围绕话题进行采访。

附　录

附录 1　教学案例分析

一、CCTV1 节目单（2014 年 5 月 5 日 星期一）

节目序号	播出时间	节目名称
1	1:25	《动物世界》
2	1:59	《五一七天乐》
3	3:19	《正大综艺》
4	4:09	《今日说法》
5	4:59	《新闻联播》
6	5:29	《人与自然》
7	6:00	《朝闻天下》
8	8:33	《生活早参考》
9	9:08	《天天饮食》
10	9:26	《电视剧：养女 10/35》
11	10:15	《电视剧：养女 11/35》
12	11:06	《电视剧：养女 12/35》
13	12:00	《新闻 30 分》
14	12:35	《今日说法》
15	13:13	《电视剧：唐突的女人 41》
16	14:03	《电视剧：唐突的女人 42》
17	14:52	《 电视剧：唐突的女人 43》
18	15:44	《电视剧：唐突的女人 44》
19	16:36	《中国梦—MV 再扬帆》
20	16:43	《 生活提示》
21	16:55	《第一动画乐园（下午版）》
22	17:35	《第一动画乐园（下午版）》
23	18:05	《第一动画乐园（下午版）》
24	18:59	《新闻联播》
25	19:39	《焦点访谈》
26	20:04	前情提要《大河儿女》40/43
27	20:06	《电视剧：大河儿女 40/43》
28	20:58	前情提要《大河儿女》41/43
29	21:02	《电视剧：大河儿女 41/43》
30	21:59	《晚间新闻》
31	22:37	《客从何处来》
32	23:29	《魅力纪录—超能人类大搜索 1》

CCTV1 节目分析（2014 年 5 月 5 日 星期一）

3

一、节目名称：《正大综艺：宝宝来啦》（重播）

二、播出时间：3：19—4：10

三、主持人：朱迅、史强

四、节目阐述：

《正大综艺》栏目开播于 1990 年 4 月 21 日，是目前中央电视台播出时间最长、播出数量最多（每周一期）的大型电视综艺益智栏目之一。

……

4

一、节目名称：《朝闻天下》

二、播出时间：6：00—8：35

三、主持人：胡蝶、严於信

四、节目阐述：

《朝闻天下》整合了早间时段原有的《6：00 早新闻》《媒体广场》《7：00 早新闻》和《新闻早 8：00》，并把收视效果不佳的专题类节目重播从早间移走，以新闻和服务资讯为主，打造出一个统一的品牌早间高收视平台。

9

一、节目名称：《天天饮食》

二、播出时间：9：08—9：25

三、主持人：王雪纯

四、节目阐述：

《天天饮食》是中央电视台 1999 年 2 月 22 日推出的一个以介绍做菜方法、畅谈做菜体会为主要内容的，融知识性、趣味性、服务性为一体的栏目。它适应了现代人们对生活品质不断追求的心理，将厨艺与饮食文化相结合，做家常菜、聊家常事，寻厨艺乐趣、品生活真味，使人们在繁忙的工作之余，尽享家庭生活中的轻松与恬静。它是中央电视台开播最早，也是唯一的日播饮食栏目，

2006 年 2 月 27 日，节目全新改版。

……

13

一、节目名称：《新闻 30 分》

二、播出时间：12：00—12：30

三、主持人：崔志刚、贺红梅

四、节目阐述：

《新闻 30 分》节目的前身是中央电视台每天中午播出的《午间新闻》节目，每天 12：00 开始播出。因其新颖、灵活的新闻报道方式，深受广大观众的好评和厚爱，是中央电视台十大栏目之一。

2003 年 5 月 1 日，中央电视台新闻频道开播，《新闻 30 分》开始在中央电视台综合频道和新闻频道并机播出，受众面进一步扩大，结构更加合理。广告形式由在节目前后播出改为在节目中插播，大大避免了观众流失，使广告收视率更加接近节目收视率。此外，《新闻 30 分》是央视新闻频道唯一包含了节目时长的节目名称，除特殊情况，新闻内容从来没有超过 30 分钟。

……

14

一、节目名称：《今日说法》

二、播出时间：12：35—13：05

三、主持人：路一鸣

四、节目阐述：

《今日说法》是中央电视台第一档全日播法制栏目。栏目秉持“点滴记录中国法治进程”的理念，以“重在普法、监督执法、促进立法、服务百姓”为宗旨，全力打造“中国人的法律午餐”。

……

20

一、节目名称：《生活提示》

二、播出时间：16：43—16：47

三、主持人：王音棋

四、节目阐述：

《生活提示》栏目以“服务观众、服务生活”为宗旨，紧扣衣、食、住、行、健康等与百姓生活息息相关的话题，进行深入浅出的解答和权威提示，倡导健康生活。节目时长四分钟。每期节目由两个部分组成：一部分是主要提示内容，另一部分是生活小妙招。提示部分重在讲明科学原理、解决方法和注意事项，把主要提示的问题用多个提示点讲清楚、说明白。生活小妙招则着眼于轻松、有趣和实用。

……

24

一、节目名称：《新闻联播》

二、播出时间：19：00—19：30

三、主持人：欧阳夏丹

四、节目阐述：

《新闻联播》是中央电视台每日晚间播出的一档新闻节目，被称为“中国政坛的风向标”，节目宗旨为“宣传党和政府的声音，传播天下大事”。新闻联播作为官方新闻资讯类节目，风格沉稳庄重，从2013年起，其内容越来越贴近民生。

《新闻联播》是国家级电视新闻发布机构，是专题综述和系列通讯领域的开路者。

……

25

一、节目名称：《焦点访谈》

二、播出时间：19：39—19：55

三、主持人：劳春燕

四、节目阐述：

《焦点访谈》诞生至今，迅速成长为一个在中国家喻户晓的电视栏目，也是中央电视台收视率最高的栏目之一。《焦点访谈》所进行的舆论监督推动了中国的改革开放和民主法治的进程。在节目形态上，《焦点访谈》采用演播室主持和现场采访相结合的结构方式，使报道有着落、评论有依据，述与评相互支持、相得益彰。

……

30

一、节目名称：《晚间新闻》

二、播出时间：22：00—22：30

三、节目阐述：

中央电视台《晚间新闻》于1985年开播，节目信息量丰富、特色鲜明、风格清新，是一个集可视性、贴近性和权威性于一体的中央电视台老牌新闻品牌栏目。

……

二、CCTV2 节目单（周末时段）

节目序号	播出时间	节目名称
1	06:43	《周末特供》（纪录片）
2	07:00	《第一时间》
3	09:00	《交易时间》（上午版）
4	10:05	《消费主张》
5	10:40	《生财有道》
6	11:10	《周末特供》（纪录片）
7	11:50	《环球财经连线》
8	12:30	《国际艺苑》（文艺节目精选，无主持人）
9	13:21	《交易时间》（下午版）
10	14:33	《购时尚》
11	15:32	《经济半小时》
12	16:07	《周末特供》
13	16:34	《生活早参考》
14	17:21	《一槌定音》
15	18:20	《财富好计划》
16	19:21	《生财有道》
17	19:54	《消费主张》
18	20:30	《经济信息联播》
19	21:20	《经济半小时》

20	21:56	《央视财经评论》
21	22:30	《环球财经连线》
22	23:12	《周末特供》
23	23:58	《经济信息联播》
24	00:48	《央视财经评论》
25	01:17	《经济半小时》
26	01:52	《神探狄仁杰前传》

CCTV2 节目分析（周末时段）

3

一、节目名称：《交易时间》（上午版）

二、播出时间：9：00—10：00

三、主持人：沈竹

四、节目阐述：

本节目是一档大型财经直播节目，在第一时间对股市、期市、汇市、金市等资本市场进行实时播报、现场分析、权威解读。全天节目中有“投资晨会”“大行观点”“记者调查”“名嘴侃财经”“收盘作业会”等板块。

……

5

一、节目名称：《生财有道》

二、播出时间：10：40—11：05、19：21—19：45

三、主持人：贾继东

四、节目阐述：

本节目服务于百姓致富，节目近期将专注于农村致富专题的制作，挖拔最具指导性的致富故事，为农民朋友学习、交流致富经验提供更多的实际帮助。

……

7

一、节目名称：《环球财经连线》

二、播出时间：11：50—12：30

三、主持人：秦方

四、节目阐述：

《环球财经连线》是中央电视台财经频道（CCTV）午间、傍晚时段的资讯主流框架，是以国际化的视野为特色和追求的综合财经资讯节目。节目将以北京为出发点，放眼全球，选取有国际影响的中国新闻、有中国关注的国际新闻，做到给国内新闻一个国际视角、给国际新闻一个国内落点。汇集全球市场、全球关注、全球资源、全球智慧，横穿 12 个时区，纵贯南北半球，节目将力求给观众带来环球财经旅行的全新感受。

……

9

一、节目名称：《交易时间》（下午版）

二、播出时间：13：21—14：33

三、主持人：姚振山

四、节目阐述：

本节目是一档大型财经直播节目，在第一时间对股市、期市、汇市、金市等资本市场进行实时播报、现场分析、权威解读。全天节目中有《投资晨会》《大行观点》《记者调查》《名嘴侃财经》《收盘作业会》等板块。

10

一、节目名称：《购时尚》

二、播出时间：14：33—15：30

三、主持人：高博、张静

四、节目阐述：

“时尚重塑自我、自信改变人生”，这是《购时尚》节目的主旨，节目将选择那些渴望改变自己，希望融入时尚生活的人，全面展示他们不断自我完善——“变身”的过程，并在此过程中传递时尚资讯与时尚理念，让人们懂得生活、善于生活、热爱生活。

11

一、节目名称：《经济半小时》

二、播出时间：15：32—16：00

三、主持人：小雨

四、节目阐述：

《经济半小时》是中央电视台创办最早，影响最大的经济栏目，于1989年12月18日正式开播。栏目的独特品质——“观经济大势、知民生冷暖”，使得栏目已经拥有了以经济界中高层管理决策人士与技术服务阶层为主体的稳定的收视群体。

……

14

一、节目名称：《一槌定音》

二、播出时间：17：21—18：15

三、主持人：朱轶

四、节目阐述：

本节目是一档艺术品投资大型演播室电视节目。该节目以模拟真实艺术品买卖为主体形式，以“寻找最具眼光的艺术品投资者”为宗旨，把艺术品的文化内涵、投资趋势等相关知识传递给观众，向观众传播艺术品投资的技巧、知识、风险防范，更加凸显财经特色。同时，通过节目提高观众对艺术品的审美情趣。

15

一、节目名称：《财富好计划》

二、播出时长：18：20—19：15

三、主持人：李雨霏

四、节目阐述：

《财富好计划》是一档全新的理财互动节目，节目主旨是要为普通百姓打造一个可与理财专家沟通的平台，为大家的消费生活支招，提供有针对性的理财服务。“财富挑战者”带着自己的“财富计划”来到节目中，与专家和嘉宾互动。由全国30家金融机构代表组成金融圈，评出谁的计划是 “财富好计划”。

……

17

一、节目名称：《消费主张》

二、播出时长：19：54—20：24

三、主持人：熊雄、张静

四、节目阐述：

《消费主张》是一档关注消费、贴近百姓生活的节目，以数据调查、深度分析解读市场动向为核心，讲述与老百姓息息相关的消费问题，包括消费内幕、误区、陷阱、新型消费模式等。

18

一、节目名称：《经济信息联播》

二、播出时长：20：30—21：15、23：58—00：42

三、主持人：姚雪松、章艳

四、节目阐述：

《经济信息联播》为中央电视台经济频道龙头栏目，是国内最具时效的直播经济新闻栏目，当日新闻比例超过90%。第一时间真实、准确、时效、鲜活地报道国内外的重大经济新闻，并在“头条”中对全球的重大经济事件进行深度报道。栏目精确把握中国经济的主体脉搏，是中国经济界最具影响力的经济新闻联播，记录和推动着中国经济成长。

19

一、节目名称：《经济半小时》

二、播出时间：21：20—21：45

三、主持人：赵赫

四、节目阐述：

《经济半小时》是中国中央电视台王牌节目之一，1989年12月18日首播，现每天在中央电视台财经频道晚上21：20播出，每日由赵赫、谢颖颖和马洪涛三人之一担任主持。《经济半小时》内容包括重大经济事件、风云人物等。此电视时事节目以态度严谨、新闻专业、从经济角度进行权威评论著称。

20

一、节目名称：《央视财经评论》

二、播出时长：21：56—22：20

三、主持人：沈竹

四、节目阐述：

《央视财经评论》节目的前身是中央电视台财经频道（CCTV2）于2008年10月27日开播的《今日观察》。节目以多元化的视角，对当天最值得关注的中国经济事件进行深度解读，同时不定期推出研究重大经济问题的系列评论。

21

一、节目名称：《环球财经连线》

二、播出时间：22：20—23：06

三、主持人：章艳

四、节目阐述：

《环球财经连线》是中央电视台财经频道午间、晚间的资讯节目，是以国际化视野为特色和追求的综合财经资讯节目。特点：以主持人口播（说新闻）、配音、连线外场记者来串联整个节目。

……

三、CCTV3 节目单（4 月 28 日星期一）

节目序号	播出时间	节目名称
1	00:01	《我要上春晚》
2	01:26	《黄金 100 秒》
3	02:45	《开门大吉》
4	04:00	《越战越勇》
5	05:17	《生活就是舞台》
6	05:21	《黄金 100 秒》

7	06:40	《天天把歌唱》
8	07:30	《动物世界》
9	07:54	《综艺喜乐汇》
10	10:14	《生活就是舞台》
11	10:20	《开门大吉》
12	11:50	《生活就是舞台》
13	11:55	《我要上春晚》
14	13:19	《生活就是舞台》
15	13:31	《黄金 100 秒》
16	14:55	《生活就是舞台》
17	15:05	《开门大吉》
18	17:00	《生活就是舞台》
19	17:04	《星光大道》
20	19:00	《五一七天乐》
21	20:30	《开门大吉》
22	22:00	《生活就是舞台》
23	22:04	《回声嘹亮》
24	23:35	《生活就是舞台》
25	23:40	《五一七天乐》

CCTV3 节目分析（4 月 28 日星期五）

1

一、节目名称：《我要上春晚》

二、播出时间：00：01—1：20

三、主持人：董卿

四、节目阐述：

顾名思义，《我要上春晚》就是为春晚选拔优秀的民间节目中的人气节目，选拔出来的节目极有可能登上春晚的舞台。节目采用人气投票排名的方式，让各种节目、草根明星一较高低。本栏目自 2010 年 9 月开播以来，吸引了各行各业的演艺人才登上此舞台。

2

一、节目名称：《黄金 100 秒》

二、播出时间：1：26—2：40

三、主持人：李佳明、杨帆

四、节目阐述：

《黄金 100 秒》是一档综艺节目，它以丰富的文艺节目为主体，加上游戏节目的投票淘汰环节。该档节目把综艺类节目的才艺展示与游戏闯关形式相结合，新颖刺激的淘汰方式可以吸引年轻观众的参与和关注，给观众带来前所未有的感受；民间草根达人的新奇才艺展示，也给这个舞台带来无限的创意。

……

4

一、节目名称：《越战越勇》

二、播出时间：4：00—5：10

三、主持人：杨帆

四、节目阐述：

《越战越勇》是中央电视台综艺频道最新益智竞技类栏目，是中央电视台 2013 年主打的一档大型综艺节目，每一期都会邀请诸多老百姓喜闻乐见的明星和挑战级“达人”对决。

……

11

一、节目名称：《开门大吉》

二、播出时间：20：30—22：00

三、主持人：尼格买提

四、节目阐述：

本节目鼓励普通人通过游戏闯关的方式实现自己的家庭梦想，通过多种艺术手段挖掘、展现普通人的人性光辉，与观众进行情感共鸣。《开门大吉》由央视品牌益智节目《开心辞典》团队打造，将一个源自爱尔兰，但是从来没有播出过，也没有团队经验可以参考的欧洲电视创意进行了彻底的本土化改造，大幅度修改了节目规则，增加了中国情感和“家庭梦想”元素。

……

23

一、节目名称：《回声嘹亮》

二、播出时间：22：04—23：35

三、主持人：尼格买提、李　思思

四、节目阐述：

本栏目是一档以唱歌为主的综艺娱乐节目，主要收视对象为青少年及中老年人。

……

四、CCTV6 节目单（2014 年 5 月 9 日 星期五）

节目序号	播出时间	节目名称
1	0:28	儿童片：《旋风小子》（电影）
2	1:54	故事片：《秘闯金三角》（电影）
3	3:18	译制片：《超凡蜘蛛侠》（电影）
4	5:23	频道出品：《燕子盗》（电影）
5	6:59	故事片：《闪闪的红星》（电影）
6	8:57	故事片：《不是闹着玩的》（电影）
7	10:44	《电影报道》（娱乐节目）（重播昨日）
8	11:11	故事片：《就是闹着玩的》（电影）
9	13:04	故事片：《抢钱夫妻》（电影）
10	14:59	故事片：《一不留神》（电影）
11	16:44	《电影人物》（纪录片）
12	17:22	《爱电影》（综艺节目）
13	17:48	《世界电影之旅之资讯快车》（资讯节目）
14	17:59	《电影报道》（娱乐节目）（首播）
15	18:27	频道出品：《侠捕》（电影）
16	20:15	故事片：《小小飞虎队》（电影）
17	22:09	译制片：《黑衣人 3》（电影）

CCTV6 节目分析（5 月 9 日星期五）

……

12

一、节目名称：《爱电影》

二、播出时间：17：22—17：45

三、主持人：王翰涛、蒋小涵、李维嘉

四、节目阐述：《爱电影》包括六个不同形态的栏目，从周一到周五分别为《爱说电影》《爱拍电影》《爱画电影》《爱秀电影》《爱猜电影》，周六和周日为《爱梦电影》。不同的版块之间相互关联又各有侧重。这是电影频道一档以电影为主题的日播综艺类栏目，旗下《说》《拍》《画》《秀》《猜》五档子栏目，分别以不同风格全方位诠释中国电影人文情怀。整个系列节目强调观众的互动与参与，强势的主持人团队，打造个性化而不失亲和力的主持风格，深受观众的喜爱。

13

一、节目名称：《世界电影之旅之资讯快车》

二、播出时间：17：48—17：58

三、主持人：边策

四、节目阐述：

本栏目是国内唯一、最具权威性和前瞻性的国际电影预告片发布平台。节目内容选择分三大类：一是国际最有影响力的影片；二是最有艺术价值的影片；三是具有独特风格魅力的影片。这三大类别可以说涵盖了当今电影产业的主力影片。现在，《资讯快车》已经成为广大影迷了解国际电影的目录　索引。

14

一、节目名称：《中国电影报道》

二、播出时间：17：59—18：25

三、主持人：经纬、李蜜、瑶淼

四、节目阐述：

《中国电影报道》是中央电视台电影频道的电影娱乐资讯栏目。新鲜的影视资讯、快速的热点直击、丰富的背景展现、深度的现象分析，是《中国电影报道》多年来一直保持的基本风貌。它以新主持、新风格、新板块、新周期使观众眼前一亮，耳目一新，其时效性、娱乐性、服务性，让节目更好看。

……

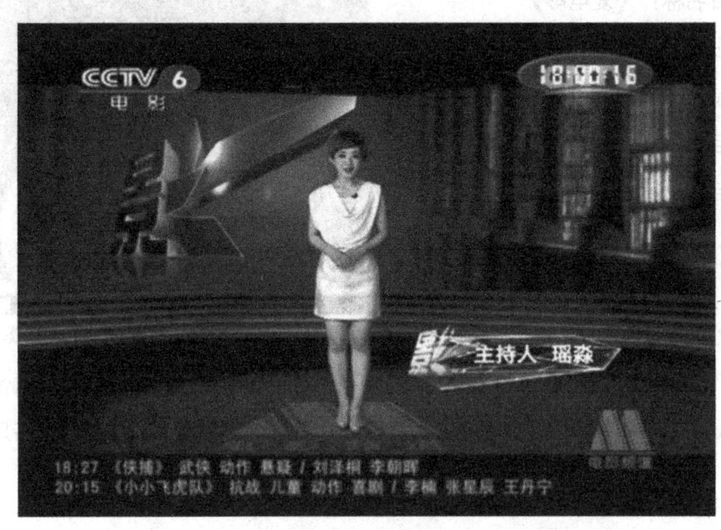

五、CCTV7 节目单（2014 年 4 月 21 日 星期一）

节目序号	播出时间	节目名称
1	06:00	《农业气象》
2	06:05	《农广天地》
3	06:35	《聚焦三农》
4	07:05	《综艺喜乐汇》
5	08:21	《动物世界》
6	08:51	《第一动画乐园》（上午版）
7	09:10	《军事报道》
8	09:40	《军事纪实》
9	10:18	《百战经典》
10	11:20	《第一动画乐园》
11	12:27	《乡土》
12	12:57	《聚焦三农》
13	13:22	《每日农经》
14	13:42	《致富经》

15	14:13	《科技苑》
16	14:43	《农广天地》
17	15:13	《农业气象》
18	15:20	《防务新观察》
19	15:57	《军事纪实》
20	16:27	《百战经典》
21	17:30	《军旅人生》
22	18:05	《美丽中国乡村行》
23	18:30	《科技苑》
24	19:00	《农广天地》
25	19:30	《军事报道》
26	20:00	《军事纪实》
27	20:35	《动物世界》
28	21:12	《农业气象》
29	21:17	《致富经》
30	21:47	《每日农经》
31	22:07	《聚焦三农》
32	22:40	《军旅人生》
33	23:17	《美丽中国乡村行》
34	23:42	《乡土》

CCTV7 节目分析（2014 年 4 月 21 日 星期一）

1

一、节目名称：《农业气象》

二、播出时间：6：00—6：05

三、主持人：管文君

四、节目阐述：

跟天气预报不同的是，农业气象更注重天气对于农业的影响。除常规的天气播报以外，主持人还会在节目中从土壤、作物和播种时机等方面提出小建议。十分人性化，对农耕有很大的指导意义。

2

一、节目名称：《农广天地》

二、播出时间：6：05—6：35、14：43—15：15（重播）、19：00—19：30（首播）

三、主持人：陆梅、曾璐

四、节目阐述：

本栏目主要是向广大农村传播农业科技知识，推广农业实用技术，提高农民朋友的科技素质和生产技能。

3

一、节目名称：《聚焦三农》

二、播出时间：6：35—7：00、12：57—13：23（重播）、22：07—22：35（首播）

三、主持人：张玮

四、节目阐述：

《聚焦三农》栏目是中央电视台农业节目中唯一的新闻类深度报道节目；是在中共中央高度关注"三农"问题，中国全社会热切关心"三农"的背景下成立的。节目分《三农快报》《深度报道》等板块。

……

7

一、节目名称：《军事报道》

二、播出时间：9：10—9：40（重播）、19：30—20：00（首播）

三、主持人：赵方、周雷

四、节目阐述：

《军事报道》以"发布权威军事新闻，展示全军将士风采，传播国防科技知识，追踪世界军事风云"为宗旨，立足军队、面向社会，及时播发党中央、中央军委和四总部关于军队和国防建设的重大方针政策、重要指示；及时报道领导重视、官兵关心、群众爱看、社会关注的军事动态；报道在军队和国防建设上做出突出成绩的先进典型，展现军队和国防建设的新成就、新风貌；报道全国各地军民鱼水情深的"双拥运动"开展情况；报道国外军队建设、武器发展的最新进展；报道国际反恐、战争、地区冲突等军事方面的最新动态。就一些重大军事新闻事件进行追踪采访，对事件的背景和相关资料进行深入的专题报道。

8

一、节目名称：《百战经典》

二、播出时间：10：18—11：18（重播）、16：27—17：27（首播）

三、主持人：雅妮

四、节目阐述：

本栏目的宗旨是“分析战争起因，透视战争深层，解读战争人物，关注战争影响。”作为一档军事历史类的科教文化杂志型电视栏目，《百战经典》主要介绍军事历史上影响深远的经典战例、军事人物及相关背景知识。

……

11

一、节目名称：《乡土》

二、播出时间：12：27（首播）、23：42（重播）

三、主持人：王莉鑫

四、节目阐述：

《乡土》是一档弘扬乡土文化、展现民间风采的纪录片，从文化的视角发掘、展现一方水土的民俗、风物和各类民间文化样式，展示民间艺人的绝活绝技以及他们鲜为人知的艺术人生。呈现一个地区的人文品格，提纯打造一个地区的文化名片，为宣传当地的软实力、人文环境和文化发展、塑造地区良好形象作贡献。

……

13

一、节目名称：《每日农经》

二、播出时间：13：22—13：42（重播）、21：47—22：07（首播）

三、主持人： 李冰

四、节目阐述：

《每日农经》栏目是一档农民科技教育与培训节目，目的是向广大农村传播农业科技知识，推广农业实用技术，提高农民朋友的科技素质和生产技能。

14

一、节目名称：《致富经》

二、播出时间：21：17—21：47（首播）、13：42—14：12（重播）

三、主持人：刘栋栋

四、节目阐述：

该节目内容定位是以百姓视角解读他们身边的致富明星，报道涉农经济发展过程中涌现出的致富经验和创新做法，给观众以启迪智慧、更新观念。

15

一、节目名称：《科技苑》

二、播出时间：18：30（首播）、14：13（重播）

三、主持人：陆梅

四、节目阐述：

《科技苑》栏目是中央电视台七套节目仅有的一个专门传递农业科技信息、农业科学技术和普及农业科学知识的栏目。

……

18

一、节目名称：《防务新观察》

二、播出时间：20：00（首播）、15：20（重播）

三、嘉宾主持人：曹煊一

四、节目阐述：

《防务新观察》是一档战略话题栏目，融权威性和趣味性于一体，将国际政治、军事、经济、文化、科学、工业、社会等各个领域贯通一体。从最新的新闻事件出发，以新视角、新思路，对“新安全观”进行详尽的阐述和分析，用新闻事件在国家防务层面的广度、深度，为增强全民国防意识和国家安全防务理念服务。

……

21

一、节目名称：《军旅人生》

二、播出时间：22：40(首播)、17：30(重播)

三、主持人：俞洁

四、节目阐述：

《军旅人生》是一档人物故事类、专题类军事节目。节目内容紧跟社会新闻热点，以军旅人物为核心，突出国防时代主题，用揭秘、解密的手法，对人物进行透视报道。选题人物以现役军人为主体，通过讲述人物的曲折人生经历，还原人物丰富真实的内心世界，解读人物拼搏进取的励志故事。

22

一、节目名称：《美丽中国乡村行》

二、播出时间：18：05(首播)、23：17(重播)

三、主持人：杜云

四、栏目阐述：

《美丽中国乡村行》是央视仅有的一档纯粹的乡村旅游节目，她以美丽中国的秀美乡村为着眼点，以“乡村旅游、生态文明”为主题，通过外景主持人和美丽乡村体验员的深度体验，展示生态美景、品味健康美食、体验休闲农业，推介有特色的乡村旅游资源，提供全面、丰富的旅游资讯，全景式描绘中国乡村旅游画卷。让观众足不出户领略中国乡村的自然之美、人文之美，倡导新型生态旅游模式。

六、CCTV10 节目单（2014 年 4 月 30 日星期三）

节目序号	播出时间	节目名称
1	00:15	《我爱发明》
2	1:15	《自然传奇》
3	2:00	《地理・中国》
4	6:00	《探索发现》
5	6:45	《讲述》
6	7:30	《我爱发明》
7	8:30	《健康之路》
8	9:15	《地理中国》
9	9:45	《走近科学》
10	10:15	《自然传奇》
11	11:00	《2014 味道》
12	12:00	《百家讲坛》
13	12:45	《我爱发明》
14	13:45	《探索发现》
15	14:30	《健康之路》
16	15:15	《科技之光》
17	15:45	《自然传奇》
18	16:30	《2014 味道》
19	17:30	《地理・中国》
20	18:00	《健康之路》
21	18:45	《我爱发明》
22	19:45	《自然传奇》
23	20:30	《走近科学》
24	21:00	《2014 味道》
25	22:00	《探索发现》
26	22:45	《大家》
27	23:30	《百家讲坛》

CCTV10 节目分析（2014 年 4 月 30 日星期三）

1

一、节目名称：《我爱发明》

二、播出时间：7：30—8：30

三、主持人：石琼璘

四、节目阐述：

《我爱发明》是中央电视台推出的一档全新的科普节目，它贴近生活、贴近百姓，通过展示发明人的新发明、新创意，将科学知识趣味化、形象化，让观众热爱发明，享受创新的乐趣。该栏目的设置不仅开创了一种节目的新形态、填补了中国科普电视的一个空白，而且架起了一座科技成果转化的平台、一座发明人走向市场的桥梁。

2

一、节目名称：《自然传奇》

二、播出时间：15：45—16：30

三、主持人：石琼璘

四、节目阐述：

《自然传奇》是中央电视台10套译制类节目中富有特色的栏目。《自然传奇》以引进、编译国外优秀节目为主，结合节目的主题化、系列化的选题及制作理念，聚焦动植物世界生命传奇故事、探寻揭示宇宙万象的神奇奥秘。它致力于精心打造一个充满神奇自然生命传奇、展现天文地理奇观魅力的平台。

3

一、节目名称：《地理·中国》

二、播出时间：9：15—9：45

三、主持人：胜春

四、节目阐述：

本栏目以地质科考为线索，以普及地理学知识为宗旨，展示我国丰富多彩的地质资源和地貌景观，介绍地质学的新发现、新成果、新探索，展示地质地貌的新、奇、特、美。《地理·中国》栏目，在带着观众感受大自然神奇魅力的同时，传播科学知识，倡导热爱自然、珍惜自然，弘扬科学精神，激发爱国之情，传播人与自然和谐共生、相互依存的理念。

4

一、节目名称：《探索发现》

二、播出时间：13：45—14：30

三、节目阐述：

以系列纪录片的手法，讲述以中国为主的历史、地理、文化的故事，探寻自然界的神奇奥秘，挖掘历史事件背后鲜为人知的细节和人物命运，展示中华文明的博大恢宏，是“中国的地理探索，中国的历史发现，中国的文化大观”。

5

一、节目名称：《讲述》

二、播出时间：6：45—7：00

三、主持人：张小琴

四、节目阐述：

《讲述》是献给所有关注人们命运的观众的电视节目。《讲述》每天为观众讲述一个真实生动、曲折传奇、充满悬念、给人启迪的人生故事。

7

一、节目名称：《健康之路》

二、播出时间：8：30—9：15

三、主持人：冀玉华

四、节目阐述：

《健康之路》是中央电视台10套的节目，以演播室播出为主，每次围绕一个有关卫生与健康的主题，请国内一流的医学专家到演播室做嘉宾直接回答观众的问题。作为一个专栏，直播版每周五次，每次50分钟，完全采用直播形式，在我国电视史上尚属首次。2011年1月1日改版，2013年5月份起每次45分钟。

……

9

一、节目名称：《走近科学》

二、播出时间：9：45—10：15

三、主持人：张腾岳

四、节目阐述：

《走近科学》栏目于1998年6月1日开播，是中央电视台第一个大型科普栏目。2001年7月9日央视科教频道开播，《走近科学》作为其主打栏目在该频道晚间黄金时段播出。该节目以传播科学知识为宗旨，在各类节目评奖中屡次获奖。

……

12

一、节目名称：《百家讲坛》

二、播出时间：12：00—12：45

三、主讲老师：丁赓哲

四、节目阐述：

栏目宗旨为建构时代常识，享受智慧人生，选择观众最感兴趣、最前沿、最吸引人的选题。追求学术创新，鼓励思想个性，强调雅俗共赏，重视传播互动。栏目选材广泛，曾涉及文化、生物、医学、经济、军事等各个方面，现多以文化题材为主，并较多涉及中国历史、中国文化。

……

16

一、节目名称：《科技之光》

二、播出时间：15：15—16：15

三、主持人：程玉婷

四、节目阐述：

《科技之光》是一档为广大科技界、知识界、青少年以及热爱和关注科学的人士打造的一档专业化频道里有新闻性的科技栏目。内容主要包括：在栏目中打造一个十分钟的科技新闻版块，对新近发生的国内外科技新闻摘选集成，使公众通过收看这个版块能了解到当今国内外科技的最新进展；每天一个聚焦专题，对公众关注的国内外科技新闻事件、科学问题做深入的报道，或者是对公众关注的前沿科技做深度报道。栏目主要由“科学故事”“科技资讯”和引进的海外优秀科技节目组成。

……

26

一、节目名称：《大家》

二、播出时间：22：45—23：30

三、节目阐述：

该栏目以全球文化的视野看当代中国，邀请国内外著名专家学者，文艺家、政界、商界精英进行点评和探讨，剖析经济、文化、艺术以及民俗生活等不同领域的变化、现状问题和发展。以更人文的态度关注社会，以更开放的视角关注中国。

……

七、CCTV13 节目单（2014 年 5 月 1 日星期四）

节目序号	播出时间	节目名称
1	00:00	《午夜新闻》
2	00:35	《环球记者连线》
3	01:00	《新闻直播间》
4	01:30	《军情时间到》
5	02:00	《新闻直播间》
6	02:30	《新闻 1+1》
7	03:00	《新闻直播间》
8	03:20	《法治在线》（重播）
9	03:40	《焦点访谈》（重播）
10	04:00	《新闻直播间》
11	04:30	《新闻 1+1》（重播）
12	05:00	《新闻直播间》
13	05:20	《法治在线》
14	05:40	《焦点访谈》（重播）
15	06:00	《朝闻天下》
16	09:00	《新闻直播间》
17	10:30	《2014 五一特别节目——军情时间到》
18	12:00	《新闻 30 分》
19	12:35	《法治在线》
20	13:00	《新闻直播间》
21	18:00	《共同关注》
22	19:00	《新闻联播》
23	19:39	《焦点访谈》
24	20:00	《东方时空》
25	21:00	《新闻联播》（重播）

26	21:30	《新闻 1+1》
27	22:00	《环球连线》（特别节目）
28	23:00	《24 小时》

CCTV13 节目分析（2014 年 5 月 1 日星期四）

1

一、节目名称：《午夜新闻》

二、播出时间：0：00—0：30

三、主持人：王音棋

四、节目阐述：

《午夜新闻》是中央电视台于 2002 年 8 月 6 日开播的一档综合性的新闻节目，前身是中央电视台综合频道每天凌晨 0：00—0：10 播出的《整点新闻》，从 2002 年 8 月 6 日开始在中央电视台综合频道播出，2003 年 5 月 1 日中央电视台新闻频道开播后，在该频道播出，主要报道国内和国际时政、民生、文体等方面的新闻。

2

一、节目名称：《环球记者连线》

二、播出时间：0：35—1：00

三、主持人：李曈曈

四、节目阐述：

本栏目于 2012 年 2 月 28 日凌晨在央视新闻频道首播，是一档专门为驻外记者打造的节目。《环球记者连线》栏目由《环球聚焦》和《环球直击》两个固定版块组成。

《环球聚焦》版块选取当天或当下的国际时事热点，以北京演播室为中心，与非洲分台、北美分台和五大中心站演播室以及事件发生地的驻站记者或特派记者进行视频连线，通过记者对当地媒体报道的梳理和总结，对新闻事件进行多角度解读。

《环球直击》版块主要选取当天的地区性热点新闻事件或具有典型意义的社会现象进行报道。该版块在选题上并不以时效性为第一追求，而是注重对某一事件或某种现象的深入发掘，通过本台驻外记者的观察和讲述，探究事件背后的原因。

……

17

一、节目名称：《军情时间到》

二、播出时间：10：30—11：00

三、主持人：文静

四、节目阐述：

由中央电视台军事部精心策划、强力打造的2013年春节特别节目《军情时间到》于春节期间每晚22：30在CCTV13播出，这是军事专题类节目首次登录CCTV13，并在后来推出多期特别节目。

……

21

一、节目名称：《共同关注》

二、播出时间：18：00—19：00

三、主持人： 朱广权

四、节目阐述：

《共同关注》是CCTV13一档以公益慈善为品牌特色的日播专题栏目，以“关注弱势群体，搭建互助平台，讲述新闻故事，彰显和谐关怀”为栏目定位，以打造中国百姓的精神家园为栏目核心理念。《共同关注》将关注点定位为中国社会大转型时期大量出现的弱势群体身上，节目选取百姓中真、善、美的动人故事为内容，呼唤社会真情，展现互助关爱。同时，发挥央视作为国家媒体的社会功能，适当介入百姓生活，为帮助者和被帮助者搭建起一个互助的平台，通过节目中一个个动人的故事，诠释“构建和谐社会”的理念。

……

24

一、节目名称：《东方时空》

二、播出时间：20：00—21：00

三、主持人： 张羽

四、节目阐述：

新版《东方时空》围绕当天或近期的新闻热点进行全景式、多维度的报道，致力打造央视新闻频道晚间时段的封面文章。充分运用多样化的电视技术和包装手段，使节目在传播方式和手段上更显现代感和时尚感。

……

27

一、节目名称：《环球视线》特别节目

二、播出时间：22：00—23：00

三、主持人：水均益、柴璐

四、节目阐述：

《环球视线》是中央电视台一档晚间国际时事资讯类栏目。挑选当天最为重大、最具影响力的国际新闻事件或动态进行重点分析、评论，并辅以大量翔实资讯和各方观点，揭示事件本质，让世界听到中国的声音。

28

一、节目名称：《24 小时》

二、播出时间：23：00—24：00

三、主持人：肖艳、 徐卓阳

四、节目阐述：

《24 小时》是央视新闻频道推出的一档梳理全天新闻的节目，设有“主播关注”“今日声音”“今日面孔”“数说今天”“图说今天”等小板块。

……

八、北京卫视节目单（2014 年 5 月 5 日 星期一）

节目序号	播出时间	节目名称
1	0:59	《晚间气象服务》
2	1:01	《楚汉传奇》（44）（电视剧）
3	1:49	《楚汉传奇》（45）（电视剧）
4	2:37	《楚汉传奇》（46）（电视剧）
5	3:25	《 楚汉传奇》（47）（电视剧）
6	4:12	《楚汉传奇》（48）（电视剧）
7	5:00	《养生堂》（生活服务类节目）（重播昨日）
8	6:01	《法治进行时》（法制节目）
9	6:20	《养生堂精编版》（生活服务类节目）
10	6:55	《早间气象服务》

11	7:00	《北京您早》（新闻节目）
12	9:04	《这里是北京》（科教节目）
13	9:33	《一仆二主》（29）（电视剧）
14	10:21	《一仆二主》（30）（电视剧）
15	11:11	《一仆二主》（31）（电视剧）
16	12:00	《特别关注》（新闻节目）
17	12:58	《午间气象服务》
18	13:06	《军情解码》（军事节目）
19	14:00	《小宝和老财》（5）（电视剧）
20	14:51	《小宝和老财》（6）（电视剧）
21	15:42	《小宝和老财》（7）（电视剧）
22	16:33	《小宝和老财》（8）（电视剧）
23	17:24	《养生堂》（生活服务类节目）（首播）
24	18:30	《北京新闻》（新闻节目）
25	18:56	《天气预报》
26	19:00	转播中央电视台《新闻联播》
27	19:33	《小宝和老财》（19）（电视剧）
28	20:25	《小宝和老财》（20）（电视剧）
29	21:19	《家，N次方》（20）（电视剧）
30	22:00	《我是大医生》（生活服务类节目）
31	22:56	《档案》（科教节目）
32	23:50	《天下收藏》（综艺娱乐）

……

北京卫视节目分析（2014年5月5日 星期一）

8

一、节目名称：《法治进行时》

二、播出时间：06：01—06：20

三、主持人：关文平

四、节目阐述：

《法治进行时》是一档法制节目。节目关注百姓身边的法律故事，以独特的新闻视角和第一时间的现场报道，真实记录一个个鲜活的案例，帮助广大观众学法、守法、用法。

……

11

一、节目名称：《北京您早》

二、播出时间：7：00—9：04

三、主持人：陆放、张默

四、节目阐述：

《北京您早》于1991年7月开播，是国内开播最早的一档早间电视新闻节目。它力求突出首都都市化生活的特点。在每次一小时的节目时间里，突破地域限制，荟萃国际、国内、本市多种新闻，快节奏、大信息地向观众播报，为京城提供一道最早的新闻大餐，以实现自己“昨天的新闻我们报道最全，今天的新闻我们最早发现，新的一天从《北京您早》开始”的传播理念。 梳理一天大事，提供丰富资讯。通过《夜线出击》《京华新气象》《京城大交通》《晨读时光》等板块，为全国观众提供清晨最适合的新闻早餐。

12

一、节目名称：《这里是北京》

二、播出时间：9：04—9：33

三、主持人：曹一楠

四、节目阐述：

本栏目自2004年开播以来，始终坚持立足于北京本土文化，挖掘城市变迁背后的历史渊源。将一个城市的古老与现代、深沉与幽默完美地融合在一起。

……

16

一、节目名称：《特别关注》

二、播出时间：12：00—13：00

三、主持人：王巍、曹一楠

四、节目阐述：

《特别关注》是一档以民生新闻为定位的新闻栏目。节目始终坚持“关注社会发展、贴近百姓生活”的栏目宗旨，力求用特快的速度、特别的视角、特色的电视手段，突出平民化、地域性、服务性的特点，致力于真实、客观地诠释新闻事件，理性、细致地关注点滴生活。倾听百姓心声、报道百姓关心的事、身边的事、困难的事、烦心的事，为百姓排忧解难，为政府上传下达、搭建沟通理解的桥梁。

……

18

一、节目名称：《军情解码》

二、播出时间：13：00—14：00

三、主持人：罗旭

四、节目阐述：

酷炫的国际军事栏目。以军情“揭秘”为主打，选题涵盖军旅文化与战争文化，解析中外历史上的著名战争及政治战、经济战、心理战、文化战、情报战等不为人知的幕后故事。

……

23

一、节目名称：《养生堂》

二、播出时间：17：24—18：30

三、主持人：悦悦

四、节目阐述：

北京电视台科教中心于 2009 年 1 月 1 日起推出大型日播养生栏目《养生堂》。这是一档以“传播养生之道、传授养生之术”为栏目宗旨的节目。栏目将秉承传统医学理论，根据中国传统养生学“天人合一”的指导思想，按照二十四节气来安排节目内容。每天既系统介绍中国传统养生文化，又有针对性地介绍实用养生方法。

24

一、节目名称：《北京新闻》

二、播出时间：18：30—19：00

三、主持人：聂一菁、王业

四、节目阐述：

“权威发布政策资讯，悉心关怀百姓冷暖”。《北京新闻》是北京电视台收视率最高的新闻节目，一直担当着北京市改革开放、经济发展、社会进步的重要窗口。《北京新闻》报道及时，提供的信息量丰富、全面，报道的角度新颖、巧妙。强化主打新闻的概念，运用新闻背景、组合报道等方式体现编辑部思想。改进时政新闻报道，精简一般意义的会议新闻，加大资讯、新闻的报道量，彻底改造现有新闻叙述方式。

……

30

一、节目名称：《我是大医生》

二、播出时间：22：00—23：00

三、主持人：悦悦、王成钢

四、节目阐述：

《我是大医生》与其他健康节目最大的区别就是采取了医生主持团的概念，节目主持人本身就是医生。“医生梦之队”的设置，是《我是大医生》的核心环节。医生主持团通过有趣的互动、权威的讲解、直观的实证，向大众传播科学、准确的健康医学服务知识。

31

一、节目名称：《档案》

二、播出时间：23：00—23：50

三、主持人：姜波

四、节目阐述：

本栏目为揭秘性的讲述栏目，利用人类与生俱来的天性——好奇心，引起观众的追看与共鸣。栏目选题广泛而深刻，包括涉及中外交往和引起国际关注的内容。第二次世界大战以来，国际、国内已经解密的高等级军事档案、公安档案、安全档案；与中国相关的近、现代国际关系等内容，通过解密档案中的历史秘密，探寻解读各种历史人物和事件的缘由脉络，告诉观众一个又一个惊人的事件和传奇背后的真实故事。

32

一、节目名称：《天下收藏》

二、播出时间：0：00—1：50

三、主持人：那威

四、节目阐述：

《天下收藏》聚焦中国传统文化艺术精品，突显北京地域特色。与其他同类节目相比，这档

节目最大的不同之处在于，用现代化的传播方式及国际化的视角来系统地诠释中国古代艺术品的精湛与美艳。与此同时，“去伪存真”的节目宗旨彰显出与众不同的威严与立场，在温情与柔美之外展现节目冷峻与个性的一面。藏宝人、明星嘉宾、国内外知名鉴赏家汇聚一起，共同就“宝物”的收藏与鉴赏展开论战。在这里，每期上演的都是一场“真”与“假”的较量、“质”与“价”的争锋，一幕幕看不见的刀光剑影，连连上演在收藏的“天下”。

九、东方卫视节目单（2014 年 4 月 28 日 星期一）

节目序号	播出时间	节目名称
1	00:06	《笑傲江湖》
2	01:36	《时尚汇》
3	01:46	《今晚 80 后脱口秀》
4	02:24	电视剧：《辣妈正传》
5	05:17	《潮童天下》
6	05:41	《双城记》
7	06:16	《东方全纪录》
8	07:00	《看东方》
9	09:06	电视剧：《大当家》
10	11:28	《潮童天下》
11	12:00	《东方午新闻》
12	12:30	《狗狗冲冲冲》
13	13:58	《石光荣的战火青春》
14	17:00	《娱乐星天地》
15	18:00	《东方新闻》
16	19:00	转播中央电视台《新闻联播》
17	19:32	梦想剧场：《大当家》
18	21:00	《直播上海》
19	21:15	梦想剧场：《大当家》
20	22:00	《东方直播室》
21	23:24	《江湖笑传》
22	23:30	《子午线》

东方卫视节目分析（2014 年 4 月 28 日日 星期一）

1

一、节目名称：《笑傲江湖》

二、播出时间：00：06—1：30

三、主持人：大鹏

四、节目阐述：

《笑傲江湖》是东方卫视 2014 年隆重推出的大型喜剧类真人秀节目，颇具天分的喜剧表演者聚集于此，来自各行各业的普通人带来各种形式的表演，共同创造中国顶级喜剧盛宴。《笑傲江湖》由大鹏担任主持，首期邀请冯小刚、宋丹丹、吴君如、刘仪伟担任评委。节目共 13 期，2014 年 3 月 16 号起每周日晚 21：30 首播。

2

一、节目名称：《时尚汇》

二、播出时间：01：35—1：46

三、主持人： 李佳念

四、节目阐述：

《时尚汇》是国内一档具有国际化特质的高端时尚节目，节目每期一个时尚主题，邀请演员、设计师、时尚达人等和主持人共同探讨、分享时尚心得。除了教大家如何穿衣打扮，更多的是普及和传达潮流资讯，传授大家化身“时尚达人”的私藏秘籍。

3

一、节目名称：《今晚 80 后脱口秀》

二、播出时间：01：46—2：20

三、主持人：王自健

四、节目阐述：

《今晚 80 后脱口秀》是东方卫视于 2012 年 5 月 13 日开办的一档娱乐节目，是东方卫视着力打造品牌节目之一。以“冷面笑将”王自健为核心的《今晚 80 后脱口秀》升格为周播节目。《今晚 80 后脱口秀》由新锐相声演员王自健担纲，节目基本沿承《今晚 80 后脱口秀》的辛辣讽刺风格，但更时尚，也更具国际气质。

5

一、节目名称《潮童天下》

二、播出时间：05：17—5：40

三、主持人：金炜

四、节目阐述：

东方卫视《潮童天下》针对4—6岁的小朋友，度身定制不同的趣味环节，使孩子们发挥想象、畅所欲言，用镜头记录小朋友们最天真烂漫、活泼可爱的一面。节目以综艺访谈为主要形式，在录制现场突出“无台本、不强加、不干涉”的特点，依靠主持人与小朋友的现场即兴互动产生欢乐爆笑的节目效果，真实展现了孩子们的童真童趣，受到了潮爸潮妈及小朋友们的 喜爱。

6

一、节目名称：《双城记》

二、播出时间：05：41—6：10

三、主持人：王津元、曹景行

四、节目阐述：

《双城记》是东方卫视午间资讯节目《环球新闻站》的周六特别版。《双城记》是一档站在上海人的视角，直面我国港台地区社会民生的新闻访谈节目。区别于其他的新闻节目，《双城记》每期都会让内地观众直面一位本周在港台地区最热门的新闻人物，不是单纯地做新闻，而是直面新闻中最关键的人物。

……

8

一、节目名称：《看东方》

二、播出时间：07：00—9：00

三、主持人：尹红、阿丁

四、节目阐述：

《看东方》是东方卫视在晨间时段倾力打造的大型节目。依托SMG强大的内容资源和制播力量，每个工作日早晨直播120分钟，周末早晨直播90分钟，囊括新闻、气象、专题、谈话、生活服务、观众互动等各种电视元素，是一档完全超越传统早新闻概念的真正意义上的大型晨间新闻直播节目。全栏目集新闻、气象、服务咨询、文化生活、观众互动等多种内容为一体。

……

11

一、节目名称：《东方午新闻》

二、播出时间：12：00—12：27

三、主持人：王津元

四、节目阐述：

本栏目为东方卫视新闻节目，力求在第一时间播报世界各地的最新新闻资讯。在报道时事热点之余，也关注国际经济金融、科技文化和社会新闻，尤其重点关注全球经济、科技领域的新动向、新成果，以及海外文化生活中的新趋势、新鲜事。

12

一、节目名称：《狗狗冲冲冲》

二、播出时间：12：30—13：50

三、主持人：周涛

四、节目阐述：

全国首档原创人与宠物互动竞技秀《狗狗冲冲冲》由五星体育和东方卫视联合制作，为狗狗们带来了一个展现自我的舞台。以独家原创的节目模式，在一众海外模式节目中也显得格外抢眼。

……

14

一、节目名称：《娱乐星天地》

二、播出时间：17：00—17：50

三、主持人：马杰、贝倩妮

四、节目阐述：

作为一档立足上海、放眼全球的纯娱乐资讯节目，本节目自播出以来就一直致力于向广大电视观众全方位展示娱乐圈的瞬息变化。除了会以独特的视角第一时间报道发生在上海本地的娱乐事件外，还会为观众送上及时、全面的全球娱乐资讯。

18

一、节目名称： 《直播上海》

二、播出时间：21：00—21：15

三、主持人：卜凡

四、节目阐述：

《直播上海》是一档定位精准的新闻栏目，及时、全面聚焦上海时政、社会、经济、民生、文化等领域的重要新闻，每晚 21：00 在东方卫视播出。

……

20

一、节目名称： 《东方直播室》

二、播出时间：22：00—23：15

三、主持人：骆新

四、节目阐述：

《东方直播室》是一档将电视手段、网络媒体、短信直播有机地结合起来的新闻专题节目，关注当下热点新闻事件以及引起广泛关注、值得讨论的社会现象，直播转型中的中国。邀请新闻事件当事人到现场，正反双方意见嘉宾深入探讨核心问题，给予各方观点平等、公开的表达机会，在观点的激荡中提供有价值的新闻信息和建设性意见，体现社会关怀。

……

22

一、节目名称： 《子午线》

二、播出时间：23：30—0：30

三、主持人：雷小雪

四、节目阐述：

《子午线》每周一至周五晚 23：30 为各位观众梳理、解读一天的新闻事件。不仅有独家的发现和调查，更通过对媒体报道的梳理，分析出当下纷繁复杂的舆论生态。《子午线》是日播新闻杂志类节目，强调解读与评论。以东方眼光来梳理、整合全天社会资讯，追踪分析新闻热点，关注并引领舆论话题。节目夹叙夹议、以述带评、以评带叙，在强调影响力的同时，注重新闻诠释方式的立体化和表达方式的个性化。

十、四川卫视节目单（2014 年 5 月 5 日 星期一）

节目序号	播出时间	节目名称
1	0:02	《纪录》
2	0:32	《纪录片》
3	3:21	《纪录》
4	6:11	《纪录片》
5	6:59	《汇说天下》
6	7:39	《西游记的故事》（电视剧）
7	6:59	《汇说天下》
8	7:39	《西游记的故事》（电视剧）
9	8:02	《锦绣神州之奇游迹》
10	8:18	《旅游风景区天气预报》
11	8:35	《今非昔比》
12	9:12	《狙击部队（1）》（电视剧）
13	10:21	《狙击部队（2）》（电视剧）
14	11:11	《狙击部队（3）》（电视剧）
15	11:54	《喜乐汇》（小品）
16	12:12	《生财有道》
17	12:42	《午间气象播报》
18	12:53	《狙击部队（4）》（电视剧）
19	13:43	《狙击部队（5）》（电视剧）
20	14:35	《狙击部队（6）》（电视剧）
21	15:27	《狙击部队（7）》（电视剧）
22	16:18	《狙击部队（8）》（电视剧）
23	17:06	《狙击部队（9）》（电视剧）
24	17:49	《天府新商界》（广告）
25	17:57	《今日视点》
26	18:30	《四川新闻》
27	18:55	《天气预报》
28	19:00	转播中央电视台《新闻联播》
29	19:34	《虎刺红（1）》（电视剧）
30	20:27	《虎刺红（2）》（电视剧）
31	21:22	《虎刺红（3）》（电视剧）
32	22:00	《四川新闻》
33	22:30	《迷宅幻影》（电影）

四川卫视节目分析（2014 年 5 月 5 日 星期一）

5

一、节目名称：《汇说天下》

二、播出时间：07：00—7：30

三、主持人：张弛、穆瑞琪

四、节目阐述：

节目以"聚焦热点、关注民生"为主旨，以"开放的视角、多元的言论"为追求，用轻松的方式，带领观众深入了解关注度高和贴近性强的各类新闻，让观众感受更加立体多元的新闻解读　方式。

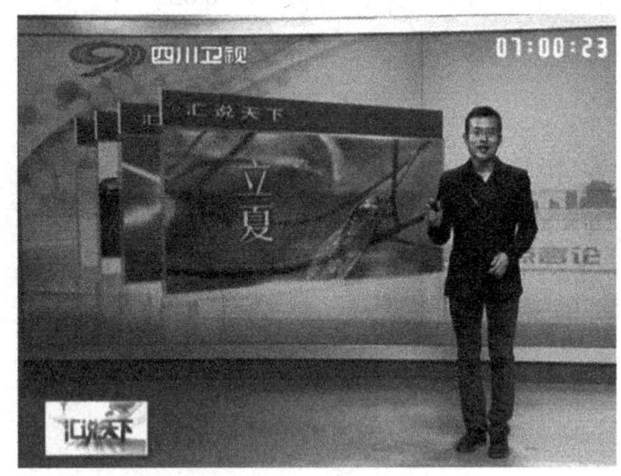

……

11

一、节目名称：《今非昔比》

二、播出时间：8：35—9：05

三、主持人：楷晨

四、节目阐述：

《今非昔比》是一档大型财智类访谈节目，栏目的宗旨是当一个奋斗者的梦想化作现实，抚今追昔、共同见证。中国经济的和平崛起、和谐社会的推动，引领着中华儿女进入了空前的创富风潮。

……

25

一、节目名称：《今日视点》

二、播出时间：17：57—18：23

三、主持人：李丹、童米

四、节目阐述：

四川卫视自办日播新闻节目，每晚 18：00—18：25 播出。节目聚焦省内独家新闻，追踪国内外热点，是国内外具有较大影响，以实事新闻报道为主的全国性、地区性、综合性权威的媒体。

十一、湖南卫视节目单（2014 年 5 月 8 号 星期四）

节目序号	播出时间	节目名称
1	0:00	《我的纪录片》（首播）
2	0:30	《越淘越开心》
3	1:20	《变形记》
4	3:30	《爱情正在直播（26）》
5	4:30	《我的纪录片》（重播）
6	5:00	《新闻大求真》（重播）
7	5:30	《我们约会吧》
8	7:00	《湖南新闻联播》（重播）
9	7:30	《播报多看点》
10	8:00	《步步惊心（1）》
11	9:07	《步步惊心（2）》
12	10:14	《步步惊心（3）》
13	11:21	《步步惊心（4）》
14	12:30	《花儿与少年（1）》
15	14:30	《贤妻》（4）》
16	15:40	《贤妻》（5）》
17	16:50	《贤妻》（6）》
18	18:00	《新闻大求真》（首播）
19	18:30	《湖南新闻联播》（首播）
20	19:00	转播中央电视台《新闻联播》
21	19:30	《如果我爱你（13）》
22	20:20	《如果我爱你（14）》
23	21:10	《如果我爱你（15）》
24	22:00	《星剧社》

湖南卫视节目分析（2014 年 5 月 8 号 星期四）

2

一、节目名称：《越淘越开心》

二、播出时间：00：30—01：10

三、主持人：潘丹、魏巍（KK）

四、节目阐述：

《越淘越开心》是由湖南卫视在 2010 年 4 月全面推出的新节目，是阿里巴巴集团旗下网络零售商圈淘宝网与湖南卫视达成合作，开创传统电视与电子商务跨媒体合作的先例。节目致力于打造国内乃至亚洲第一档电视和网络互动的娱乐综艺秒杀购物节目。

……

7

一、节目名称：《我们约会吧》

二、播出时间：5：30—7：00

三、主持人：邱启明

四、节目阐述：

《我们约会吧》节目立足当下社会时尚交友需求，以“单身族群”为核心，各色男士勇敢登场，在 24 位女嘉宾面前展示真我。主持人在节目中营造快乐的氛围、开放式的结局，搭建一个真实的恋爱交友平台。《我们约会吧》是当下青年不分年纪、无任何级别限制的时尚恋爱交友栏目，单身男女对待爱情态度鲜明，主持人针对每个不同的嘉宾都有准确精练的点评。

……

9

一、节目名称：《播报多看点》

二、播出时间：7：30—8：00

三、主持人：段俊

四、节目阐述：

在户外用国内独创的“走上街头、向人们面对面播报资讯”的新颖形式；在棚内用国内独创的“资讯聊天剧”的新颖形式——三位主持人在清新、明快、时尚的演播室里，或者“喊话式评论”，或者“角色扮演式评论”，风格清新。

……

18

一、节目名称：《新闻大求真》

二、播出时间：18：00—18：28

三、主持人：李锐、刘烨

四、节目阐述：

湖南卫视策划的“中国第一家传言求证中心”——《新闻大求真》2012年7月播出。在信息传播如此快速的今天，身边有太多的传言，传言到底哪个是真、哪个是假我们也无从得知。所以，湖南卫视打造了一档求真栏目，用顶尖的实验室、权威的专家，告诉观众可信的答案。

……

十二、江苏卫视节目单（2014年4月29日 星期二）

节目序号	播出时间	节目名称
1	00:24	《探索一发现：世纪战争》
2	05:14	《芝麻开门》（精华版）
3	06:14	《万家灯火》
4	07:00	《江苏新时空》
5	07:20	《解放战争系列纪录片》
6	07:45	电影：《搭错车》
7	09:25	《甄嬛传》
8	16:15	电影：《少林搭棚大师》
9	18:00	《新闻眼》
10	18:30	《江苏新时空》
11	19:00	转播中央电视台《新闻联播》
12	19:36	《金玉良缘》
13	22:00	《芝麻开门》
14	23:20	《时代问答》
15	23:46	《晚间新闻》
16	23:57	《一站到底》（精华版）

江苏卫视节目分析（2014 年 4 月 29 日 星期二）

3

一、节目名称：《万家灯火》

二、播出时间：06：14—07：00

三、主持人：国粹

四、节目阐述：

《万家灯火》是一档健康科普类节目。这档节目中网罗了国内顶级、极受欢迎的健康教育专家。精致的节目内容、丰富的专家资源、独特的解读视角、实用的科普知识，让《万家灯火》在全国同类节目中独树一帜。节目坚持传播先进文化、科学知识，为百姓支招、解疑释惑，着力为观众提供全方位的健康咨询，构建健康生活。

……

9

一、节目名称：《新闻眼》

二、播出时间：18：00—18：30

三、主持人：金思辰

四、节目阐述：

《新闻眼》是一档新闻杂志类栏目。不同于常规资讯类播报新闻节目的是，《新闻眼》打出了“看天下，知冷暖”的口号，从民生出发，多角度地去诠释新闻观点。节目涵盖了新闻资讯、真情故事、深度解读等诸多方面的内容，全景、多触角、深入地挖掘新闻内容。另外，节目整合了电视、网络等多平台的新闻资源，引入了微博、拍客等新鲜元素，增加了电视与新媒体之间的互动感，新闻内容更具时效性。

……

13

一、节目名称：《芝麻开门》

二、播出时间：22：00—23：20

三、主持人：彭宇

四、节目阐述：

《芝麻开门》是一档全新公益游戏闯关节目，全年共 52 期。通过一边答题、游戏，一边抢奖品，答题为抢奖品赢得抑或是消耗时间。《芝麻开门》采用的是两人组队参加，一人答题、一人冲关的形式，题目挑战完成难度层层递进。只有完成答题挑战，才能进入冲关环节，由小组的另一人在赢取的既定时间内冲进奖池来赢取奖励。

……

16

一、节目名称：《一站到底》

二、播出时间：24：00（当天播出的为精华剪辑版）

三、主持人：李好、李莎旻子

四、节目阐述：

《一站到底》是一档益智攻擂节目。采用场上参与者分别单独厮杀的模式，让不同职业、社会标签的参与者在限定的时间内进行 PK。每期 11 个人参加，分 10 位守擂者和 1 位挑战者。守擂者手中都有不同价值的奖品，而挑战者将通过 20 秒的限时答题与守擂者对抗，挑战者获胜将赢得守擂者的奖品，而守擂者获胜将成为新的挑战者并赢取挑战者手中所有奖品。任何一方失败，都将掉下擂台被淘汰出局。连续战胜五名对手的挑战者有权选择带着赢得的奖品离开，或是冒着被对手 PK 掉的风险继续战斗，赢得更多奖品。

……

十三、安徽卫视节目单（2014 年 5 月 1 日 星期四）

节目序号	播出时间	节目名称
1	00:27	《新安夜空》
2	00:37	《旅游天气预报》
3	00:40	《新上门女婿》
4	02:55	《淮军（10）》
5	04:21	《徽风皖韵》
6	04:51	《每日新闻报》（重播）
7	05:17	《超级新闻场》（重播）
8	06:17	《徽风皖韵（8）》
9	06:50	《超级新闻场》（首播）
10	07:56	《快乐梦多多》
11	08:13	《想你》
12	11:45	《男生女生向前冲》

13	13:37	《想你》
14	18:00	《每日新闻报》（首播）
15	18:30	《安徽新闻联播》
16	18:53	《天气预报》
17	19:00	转播中央电视台《新闻联播》
18	19:33	《老有所依》
19	22:02	《佳恩别哭》
20	23:58	《新安夜空》

安徽卫视节目分析（2014 年 5 月 1 日 星期四）

9

一、节目名称：《超级新闻场》

二、播出时间：06：50—07：50

三、主持人：孙鹏飞

四、节目阐述：

《超级新闻场》是一档大型杂志化早间新闻栏目，每天清晨 6：30 在安徽卫视首播（2014 年，首播时间改为 6：50）。内容来源广泛，有自采的新闻，有全国兄弟台的交流，有观众发来的图片、视频，还有对来自网络的大量信息的精选和点评。节目给了主持人很大的自由活动和发挥空间，使他们从传统的播报台上解放了出来，充分发挥“说新闻”的特点，很多观众都表示“耳目一新”。

……

12

一、节目名称：《男生女生向前冲》

二、播出时间：11：45—13：15

三、主持人：王小川、亚群、余声、王乐乐、宋秋熠、白羽

四、节目阐述：

《男生女生向前冲》是安徽卫视的一档全民榜样健身节目，属于综艺娱乐类节目中的游戏竞技类节目。节目每期会分男女两队，以选手游戏闯关模 式，闯不同的关卡赢取不同的礼品。

……

14

一、节目名称：《每日新闻报》

二、播出时间：18：00—18：30

三、主持人：王小川

四、节目阐述：

这是一档全媒体时代的电视新闻杂志节目，内容包罗万象、形式不拘一格，从重大事件到百姓生活，从报纸广播到网络微博，统统囊括其中。既有新闻的锐度，也有综艺的态度，更有微博的思路，适应了信息爆炸时代，观众在快节奏、高压力生活下，快速浏览信息、迅速给予评论的需要。主持人用“说新闻”的方式对新闻事件进行引入，播报方式为提词器与评论相结合。

……

十四、凤凰卫视节目单（2014 年 5 月 8 日 星期四）

节目序号	播出时间	节目名称
1	0:00	《凤凰子夜快车》
2	0:30	《时事辩论会》
3	1:00	《开卷八分钟》
4	1:10	《金曲点播》（无主持人）
5	1:15	《鲁豫有约—说出你的故事》
6	2:15	《完全时尚手册—食色行野》
7	2:35	《金曲点播》（无主持人）
8	2:45	《有报天天读》
9	3:15	《凤凰冲击播—军情观察室》（重播）
10	3:55	《凤凰焦点关注》
11	4:25	《金曲点播》（无主持人）
12	4:30	《凤凰全球连线》
13	5:00	《时事开讲》
14	5:25	《锵锵三人行》（重播）
15	5:50	《凤凰观天下—震海听风录》
16	6:25	《全媒体全时空》
17	7:00	《凤凰早班车》

18	8:00	《凤凰早班车》（重播）
19	8:55	《大外交新思维》
20	9:00	《凤凰大视野》
21	9:40	《凤凰全球连线》（重播）
22	10:05	《鲁豫有约—说出你的故事》（重播）
23	10:55	《时事开讲》（重播）
24	11:25	《凤凰观天下—震海听风录》（重播）
25	11:55	《大外交新思维》（重播）
26	12:00	《凤凰午间特快》
27	12:30	《有报天天读》（重播）
28	13:00	《锵锵三人行》（重播）
29	13:30	《凤凰焦点关注》
30	13:55	《娱乐大风暴》
31	14:15	《完全时尚手册—食色行野》（重播）
32	14:35	《全媒体全时空》（重播）
33	15:00	《资讯快递》
34	15:30	《金曲点播》（无主持人）
35	15:40	《凤凰冲击播—军情观察室》（重播）
36	16:20	《凤凰大视野》（重播）
37	17:00	《大外交新思维》（重播）
38	17:05	《金曲点播》（无主持人）
39	17:10	《开卷八分钟》（重播）
40	17:25	《有报天天读》（重播）
41	18:00	《娱乐大风暴》
42	18:25	《全媒体全时空》（重播）
43	19:00	《完全时尚手册—相对论》
44	19:25	《凤凰观天下—石评大财经》
45	20:00	《凤凰大视野》（重播）
46	20:35	《凤凰焦点关注》（重播）
47	21:00	《时事直通车》
48	22:00	《凤凰冲击播—社会能见度》（重播）
49	22:35	《凤凰全球连线》（重播）
50	23:00	《时事开讲》（重播）
51	23:30	《锵锵三人行》

凤凰卫视节目分析（2014 年 5 月 8 日 星期四）

1

一、节目名称：《凤凰子夜快车》

二、播出时间：00：00—00：30

三、主持人： 胡小童

四、节目阐述：

综合报导世界大事，载送全日新闻精髓，《凤凰子夜快车》是凤凰卫视子夜时段的新闻信息节目，为观众带来全国，以及国际社会的大小新闻、最新动态和局势发展。由于欧美及中东地区的时间与亚洲刚好相反，关心世界局势发展的观众可以从《凤凰子夜快车》获得当地最新消息。

2

一、节目名称：《时事辩论会》

二、播出时间：00：30—00：55

三、主持人： 黄海波

四、节目阐述：

辩论让事实越说越清，真理越辩越明。在场内激辩的同时，可通过现代科技，随时加入争论，让观众不再冷眼旁观。

3

一、节目名称：《开卷八分钟》

二、播出时间：01：00—01：10

三、主持人： 梁文道

四、节目阐述：

现代都市人生活节奏太快，娱乐方式多样，读书越来越成为一种奢侈。《开卷八分钟》是凤凰卫视日播读书节目，由著名学者梁文道先生主持。节目每天用短短的八分钟时间介绍一本书，希望让观众用最简便、快捷的方式了解到书籍的精髓。

……

5

一、节目名称：《鲁豫有约—说出你的故事》

二、播出时间：01：15—02：10

三、主持人：陈鲁豫

四、节目阐述：

《鲁豫有约》为香港凤凰卫视的电视谈话性节目，2008年，湖南卫视购买中国内地独播版权并于4月14日开始播出。2010年1月4日，《鲁豫有约》登陆安徽卫视，每周一到周五的晚间21：27分播出。

节目寻访拥有特殊经历的人物，一起见证历史、思索人生，直指生命的体验与心灵秘密，创造一种新颖的谈话记录。主持人鲁豫是带着对人的关注与被采访者的心灵对话。

6

一、节目名称：《完全时尚手册》

二、播出时间：02：15—02：35

三、主持人：李辉

四、节目阐述：

《完全时尚手册》是凤凰卫视唯一的带状生活资讯节目。该节目以一种新时代的杂志形式，更加贴近都市的时尚脉搏。

……

8

一、节目名称：《有报天天读》

二、播出时间：02：45—03：10

三、主持人：李炜

四、节目阐述：

《有报天天读》与其他信息节目不同的地方是，内容充实、信息丰富、节奏明快、充满动感和创意，是个既有个性也有独到见解的节目。主持者声情并茂、言简意赅。节目分为六个环节，分别是《天天头条》《天天浮世绘》《天天速报》《天天焦点》以及《天天点题》。

有报天天读搜罗全球主流的媒体和重要报纸、杂志的最新信息和精华焦点，其中包括美国《纽约时报》《华盛顿邮报》《洛杉矶时报》；英国《泰晤士报》《金融时报》《卫报》《国际先锋论坛报》《华尔街日报》和《亚洲华尔街日报》等，以及来自五洲各地的主流传媒。由《新周刊》举办的2003中国年度新锐榜中，本节目更获颁年度电视节目奖。

……

10

一、节目名称：《凤凰焦点关注》

二、播出时间：03：15—04：10

三、主持人：马斌

四、节目阐述：

一览无余、一跃千里，在环球视野下明察秋毫，在时空穿梭中紧扣关键，集中关注补充观点，融合全媒体、全世界焦点资讯，无限共享。汇聚了全球各地众多媒体的精华，涉及国际上特别知名的媒体，既有国际上五花八门的新闻，也有很多非常中国本土化的新闻，再加上一些评论，是一个信息量非常大，同时话题深入的一个节目。

……

12

一、节目名称：《凤凰全球连线》

二、播出时间：04：30—04：55

三、主持人：任韧

四、节目阐述：

热点、国际事件、政治话题、社会舆论，凤凰全球连线带您与全球连成一线。凤凰全球连线正好显示出这支传媒队伍的实力。凤凰全球连线不同于一般新闻节目，要力图吸取国外最新流行的新闻节目制作趋势，将新闻节目化，即是对一个新闻话题进行深入思考，是要人动脑筋。通过联机，传递不同角度不同人群对同一新闻事件的看法和表述，形成全球谈论一个新闻话题。

13

一、节目名称：《时事开讲》

二、播出时间：05：00—05：25

三、主持人：姜声扬

四、节目阐述：

眼观四路，看透时局背后；启动智慧，以理性观点作精准预测；耳听八方，贯通世界脉络，《时事开讲》为您权威解读时事。时事开讲乃时事评论节目，石齐平、何亮亮等主持人针对当前最热门的新闻话题，以精辟见解及不凡口才，对国际和国内的重大事件、突发新闻，从华人的角度与视野作出分析评论，并展望事态发展的状况。请来相关专家，深入讨论事件的真相及内幕，为观众提供更多的最新信息和背景资料，使观众更立体、更全面地了解和判断国际与两岸形势。

……

15

一、节目名称：《凤凰观天下—震海听风录》

二、播出时间：5：50—6：20

三、主持人：邱震海

四、节目阐述：

邱震海于1997年获德国图宾根大学博士学位后到香港工作，先后任香港《文汇报》外交新闻高级记者、香港创新发展集团推广总监。现任凤凰卫视主持人、评论员。擅长国际问题研究与分析，每周从新闻热点中挑选重大的国际新闻事件，邀请来自新闻事件的相关者、资深外交官或权威专家，共同围绕事件展开深层次的讨论交锋，以挖掘事件中的冲突效果或深层含义。

……

16

一、节目名称：《全媒体全时空》

二、播出时间：6：25—6：55

三、主持人：杨娟

四、节目阐述：

《全媒体全时空》是凤凰卫视第一个全媒体节目，也是该台晚间首档新闻资讯节目。节目糅合全媒体资源，就当天热点话题，打造一个全媒体参与报导、民众互动讨论的平台，把民间草根的声音传播出去。

……

17

一、节目名称：《凤凰早班车》

二、播出时间：7：00—8：00

三、主持人：杨舒

四、节目阐述：

《凤凰早班车》内设《今日头条》《专线大观》《晨早财经》及《凤凰气象站》等多个重要栏目，内容更见充实。《今日头条》尽将各大报章、电子传媒、国际主要联讯社的头条要闻扼要报导，是观众早上准备开始一天日程前的最佳装备，是丰富早餐以外必不可少的精神食粮。

……

19

一、节目名称：《大外交新思维》

二、播出时间：8：55—8：58

三、主持人：邱震海

四、节目阐述：

《大外交新思维》旨在发掘时政背后重要的外交故事，围绕最热的新闻话题串联历史，解读时局，追根溯源。主持人从一个外交事件，迸发一个思维火花，燃亮出大历史的纵横脉搏，从国邦之间的交往，参透世界格局的变迁。

……

20

一、节目名称：《凤凰大视野》

二、播出时间：9：00—9：30

三、主持人：陈晓楠

四、节目阐述：

本栏目是凤凰卫视极具分量的节目，洋溢历史纵深感和凝重感，是活生生的近、现代历史教材，乃不折不扣的民族史诗，时刻震撼人心。大气魄、大视野和大主题是凤凰大视野的理念。紧凑、深入、集中、有连贯性，将观众关注的历史及具有社会意义的事件全新曝光。

……

26

一、节目名称：《凤凰午间特快》

二、播出时间：12：00—12：30

三、主持人：姜声扬、杨舒

四、节目阐述：

凤凰卫视中午的强档新闻节目，国际经贸、社会、财经及政治新闻都第一时间为受众送上。

……

29

一、节目名称:《凤凰焦点新闻》

二、播出时间:13:30—13:55

三、主持人:马斌

四、节目阐述:

本栏目是由综合型门户网站焦点中国网和经济瞭望周刊全力打造，旨在利用互联网媒体的优势传播中国和谐社会建设过程的人和事，力求成为互联网最权威的信息发布平台。本栏目作为焦点中国网最具影响力的栏目，坚持用事实说话的宗旨，及时报道社会生活中的各种重大事件，对具有代表性的人和事予以曝光或表扬。

……

30

一、节目名称:《娱乐大风暴》

二、播出时间:13:55—14:15

三、主持人:田川

四、节目阐述:

本着“天下娱乐，一网打尽”的精神，凤凰卫视推出重量级娱乐信息节目娱乐风暴。节目充分利用凤凰卫视的优势，联机全球，第一时间报导娱乐圈最新动向、热门八卦情报、炙手可热的巨星艺人星踪以及娱乐盛事。这绝非单纯的传统式娱乐信息总汇，更发挥凤凰卫视强势的中心调度，发布权威讯息、总汇情报、驰骋天下、无所不包。

……

44

一、节目名称:《石评大财经》

二、播出时间:19:25—20:00

三、主持人:石齐平、林玮婕、简福疆

四、节目阐述:

《石评大财经》是一档定位为深度政经评论性的周播专题节目。节目对当周发生的重大政经新闻和事件进行信息梳理、趋势分析和深度点评。节目以中国的政治经济政策、宏观经济走势、产业发展趋势、金融市场动向、社会民生议题五部分为主要关注点；同时放眼亚洲和国际社会，关注全球政经政策与金融市场变化，主持人以其独特而新颖的视角，为观众提供前瞻性、全局性和策略性的政经类深度分析和精辟点评。

……

47

一、节目名称：《时事直通车》

二、播出时间：21：00—22：00

三、主持人：任韧

四、节目阐述：

《时事直通车》内设有《头条新闻》《国际专列》《美的时事点评》《国际集锦》《海峡两岸》《港澳聚焦》《科技报导》《财经消息》和《社会掠影》多个环节。每逢重大事件，还必有评论员现场作时事点评。

……

51

一、节目名称：《锵锵三人行》

二、播出时间：23：00—23：25

三、主持人：窦文涛

四、节目阐述：

《锵锵三人行》是凤凰卫视出品的谈话类节目，由主持人窦文涛与中国传媒界之精英名嘴，一起针对每日热门新闻事件进行研究并各抒己见。但却又不属于追求问题答案的正论，而是俗人闲话，一派多少天下事、尽付笑谈中的豪情。达至融汇信息传播、制造乐趣与辩析事理三大元素于一身的目的。

十五、《优购物》节目分析

（一）节目名称：《优购物》

（二）节目阐述：

《优购物》是一档大型电视购物节目，属于生活服务类节目中一种特殊的形态。节目以主持人介绍产品为主，说服观众购买产品。

附录 2　教学进度表

一、教师学期工作计划

包括拟承担的教学任务、指导的实践教学环节、自我教学能力发展规划、教学改革、学科建设、自我专业水平的提升计划等方面。

二、学期授课进度计划表

课程（一）：__________ 授课班级：__________ 周学时：________

教学周：__________周

周次	①授课章节②内容提要③实训环节	备注
第 1 周	① ② ③	
第 2 周	① ② ③	
第 3 周	① ② ③	
第 4 周	① ② ③	
第 5 周	① ② ③	
第 6 周	① ② ③	
第 7 周	① ② ③	
第 8 周	① ② ③	
第 9 周	① ② ③	

学期授课进度计划表（续）

周 次	①授课章节②内容提要③实训环节	备注
第 10 周	① ② ③	
第 11 周	① ② ③	
第 12 周	① ② ③	
第 13 周	① ② ③	
第 14 周	① ② ③	
第 15 周	① ② ③	
第 16 周	① ② ③	
第 17 周	① ② ③	
第 18 周	① ② ③	

附录 3　课堂实训记录表

课堂实训记录表

实训内容：________________　　　　　　　________年______月______日

序号	姓名	平时成绩	实训评语	备注
01				
02				
03				
04				
05				
06				
07				
08				
09				
10				
11				
12				
13				
14				
15				
16				
17				
18				
19				
20				

参考文献

[1] 赵玉明，王福顺 . 广播电视辞典［M］. 北京：北京广播学院出版社，1999.

[2] 辞海［M］. 上海：上海辞书出版社，1982.

[3] 俞虹 . 节目主持人通论［M］. 杭州：杭州大学出版社，1996：9.

[4] 肖东坡 . 定位立本，差异制胜：《乡约》的栏目定位和品质构建［C］// 白谦诚 .2007 年全国主持人优秀论文选集 . 北京：中国广播电视出版社，2007.

[5] 毕铭鑫 .《乡村大世界》的实践：谈综艺节目的主持节目化［C］// 中国电视艺术家协会主持人专业委员会 .2008 年全国主持人优秀论文选集 . 北京：中国广播电视出版社，2008.

[6] 戴元光，邵培仁，龚炜 . 传播学原理与应用［M］. 兰州：兰州大学出版社，1988.

[7] 陆锡初 . 节目主持人概论［M］. 北京：中国广播电视出版社，1991.

[8] 俞虹 . 节目主持人通论［M］. 修订版 . 北京：中国广播电视出版社，2004.

[9] 江泽民同志视察人民日报社时的讲话［N］. 人民日报，1996-10-21.

[10] 陆锡初 . 节目主持人导论［M］. 北京：中国传媒大学出版社，2013.

[11] 白谦诚，胡妙德 . 主持人：第 9 辑［M］. 北京：中国国际广播出版社，2001.

[12] 施陶 . 主持人的案头功夫［M］// 韩泽 . 节目主持学新论 . 南京：南京大学出版社，1996.

[13] 一财 . 美国偶像称《超级女声》涉嫌盗版［N］. 扬子晚报，2005-07-31.

[14] 罗伯特 · C. 艾伦 . 重组话语频道［M］. 北京：中国社会科学出版社，2000.

[15] 李幸 . 电视节目形态之我见［J］. 现代传播，2001（5）.

[16] 吴洪林 . 节目主持艺术［M］. 上海：上海三联书店，2007.

[17] 李晓红 . 浅谈节目主持人的镜头感［J］. 青年文学家，2011（21）.

[18] 现代汉语词典 [M] .6 版 . 北京：商务印书馆，2012.
[19] 张颂 . 播音语言通论 [M] . 北京：北京广播学院出版社，1994.
[20] 吴郁 . 主持人语言表达技巧 [M] . 北京：中国广播电视出版社，2011.
[21] 约翰·甘柏兹 . 言语共同体 [M] . 北京：北京大学出版社，1985.
[22] 陆锡初 . 节目主持人导论 [M] . 北京：中国传媒大学出版社，2013.
[23] 陆锡初 . 节目主持人的点评议论艺术 [J] . 现代传媒，1998（4）.
[24] 罗莉 . 实用播音教程 [M] . 北京：北京广播学院出版社，2002.
[25] 冷智宏，许玉琪 . 电视生活服务类节目定位、形态与包装 [M] . 北京：中国广播电视出版社，2003.
[26] 罗莉 . 当代电视播音主持教程 [M] . 北京：中国传媒大学出版社，2011.
[27] 仲梓源 . 电视新闻播音主持教程 [M] . 北京：中国传媒大学出版社，2008.
[28] 李丹 . 对《主持人学》课程中新闻主持人培养的思考——从行业发展的角度制定新闻主播的培养策略 [J] . 四川师范大学学报，2010（4）.
[29] 周树臣 . 中国新闻杂志类节目的发展趋势 [J] . 今传媒，2011（11）.
[30] 吴郁 . 主持人的语言艺术 [M] . 北京：北京广播学院出版社，1999.
[31] 赵淑萍 . 综艺节目：独放异彩的电视娱乐艺术奇葩——美国电视综艺节目的创新、风格、模式及其主持人个性、素质分析 [J] . 现代传播，1991（1）.
[32] 高鑫 . 电视艺术学 [M] . 北京：北京师范大学出版社，1998.
[33] 胡波 .2004 年电视节目收视解析 [J] . 中国广播影视，2005（1）下半月版 .
[34] 刘洋、林海 . 综艺娱乐节目主持概论 [M] . 北京：中国传媒大学出版社，2007.
[35] 壮春雨 . 电视节目概要 [M] . 杭州：浙江大学出版社，2001.
[36] 魏南江 . 节目主持艺术学 [M] . 北京：中国广播电视出版社，2006.
[37] 陈虹 . 节目主持人概论 [M] . 北京：高等教育出版社，2003.
[38] 徐莉，毕凤飞 . 主持人口语表达艺术 [M] . 北京：中国广播电视出版社，2004.
[39] 马继霞 . 泛娱乐生态下综艺节目创作的误区 [J] . 传媒杂志，2011（12）.
[40] 张启忠 . 访谈节目编导教程 [M] . 北京：中央广播电视大学出版社，2008.
[41] 王群，曹可凡 . 谈话节目主持概论 [M] . 北京：中国传媒大学出版社，2007.
[42] 吴郁 . 提问：主持人必备之功 [M] . 北京：中国广播电视出版社，2008.
[43] 罗佳艺 . 从生活服务类节目外景主持人的镜头语言谈起——以央视 2 套《消费主张》为例 [J] . 今传媒，2013（12）.

[44] 韩彪 . 现场直播——新闻改革的标尺 [M] . 北京 . 当代中国出版社，2007.

[45] 叶子 . 电视新闻：与事件同步 [M] . 北京：北京师范大学出版社，2007.

[46] 付程 . 实用播音教程：第 4 册 [M] . 北京：北京广播学院出版社，2003.

[47] 宋晓阳 . 出镜记者现场报道指南 [M] . 北京：中国广播电视出版社，2008.

[48] 鲍勃・爱德华兹 . 爱德华・R. 默罗和英国广播电视新闻业的诞生 [M] . 培勤，译 . 上海：复旦大学出版社，2005.

[49] 吕宁思 . 凤凰卫视新闻总监手记 [M] . 北京：昆仑出版社，2005.

[50] 王诗文 . 出镜记者 [M] . 北京：中国广播电视出版社，2009.

[51] 杜荣进 . 中外新闻采写借鉴集成 [M] . 杭州：浙江教育出版社，1997.

后 记

经历了接受编写任务、形成编写团队、集体策划构思、具体行文写作这一系列细致并艰巨的工作过程后，我们整个编写团队（四川电影电视学院主持教研组全体教师）精诚合作，终于在 2014 年 6 月 7 日，也正是 2014 年高考的第一天完成了《节目主持人实用技能训练教程》这本教材的编写。此刻，除了写作完成之后的畅快之感，脑海中涌现更多的是回忆，心里涌动更多的是感谢！

13 年前，那年的夏天我也和今天参加考试的学生一样，是一名普通的高考考生，心中怀揣着对播音主持专业热忱的梦想。走过了千军万马的独木桥，有幸进入四川师范大学电影电视学院（现四川电影电视学院）进行系统、专业的本科学习。感谢我的大学、我的恩师们，使我学会了认真学习、严格实训、勤于思考，懂得了学艺先做人的道理，你们在我的人生中镌刻上永生难忘的座右铭：未来属于对成功充满渴望的人！

十年前，我成为了成都人民广播电台的一名广播新闻节目主持人。感谢我的指导老师和同事们，是你们以媒体人的专业和严谨，给我上了人生课堂中一堂最生动的实践课程，让我将主持人需要的职业素养铭记于心。

九年前，我在担任广播节目主持人的同时，回到母校四川师范大学电影电视学院成为了一名专业教师。感谢播音主持系赵小蓉主任（《主持人学》课程的开创者），是您手把手毫无保留地给我讲解授课内容及教学方法，让我从此和主持教学结下了不解之缘。感谢我可爱的主持教研组同事们，你们严谨治学、乐于分享的工作态度深深影响着我，让我在轻松愉快的工作环境中和你们一道成熟、成长。

六年前，我成为四川师范大学教育科学学院课程与教学论专业的一名研究生。感谢我研究生阶段的老师们，特别是我的导师巴登尼玛教授，是你们提高了我的学术修养，让我将研究生阶段学习到的先进的教育理论及理念运用于实际的教学工作中，有效地提升了课堂教学的质量。

在进入播音主持教学的第九个年头里，感谢重庆大学出版社的邀请，让我编写一本和主持人培养有关的专业著作。通过这本书的写作，我更加用心地思考相关的专业问题，认真地搜集和主持人培养相关的文献、优秀的主持人节目案例、同类院校的主持人才培养方法，希望在行业需求的大背景下，通过总结前人的经验，写出更加适合本专业学生使用的教材。

还要特别感谢我2011级和2012级本科班的学生们：赵一龙、吴志杰、徐聪锐、刘磐、叶凯、高瑞东、夏岩、姚秋池、柳瑶、贺泽航、左书潇、郑雯、王雅欣、田倩、谭君瑶、周芯羽、崔萌、谢丰含、刘畅，是你们辛苦地摘录老师们选择的节目视频，才产生了这本教材中前沿生动的节目案例。

要感谢的人还有很多，我想只有更好地做好自己的本职工作，真正做到为学生成才而努力，才算更好地回报那些在成长道路上给予我支持的人吧。我和我们整个编写团队的老师们：任云芳、王明辉、石雨冰、宋池都还不尽成熟，本书的编写还存在不完善的地方，我们渴望得到同行们的批评与指正！

最完美的事，莫过于和志同道合的人一起做自己热爱的事业吧，让我们共同努力，坚持对播音主持教育事业的热爱，圆更多怀有主持梦想的年轻学子的愿望！

李 丹

2014年6月7日